ISO 9001: 2015
품질경영시스템

저자 이무성 ──────────────────────

- 공학 박사/품질관리 기술사
- 한양대학교 대학원 산업공학과 졸업
- 한국표준협회 전문위원 역임
- 방위사업청 자문위원 역임
- 중소기업청 지도위원 및 평가위원 역임
- 한국산업인력공단 훈련기관 평가위원 역임
- 광주시 자연채 상표 심의위원
- (주)효성일렉트 외 품질경영시스템 자문
- 한국호텔경영학회 학술이사 역임
- 한국상품학회 이사 역임
- 현, 동원대학교 사회경영학부 교수

──────────────────────

ISO 9001 : 2015
품질경영시스템

2018년　6월 20일 초판 인쇄
2018년　6월 25일 초판1쇄 발행
2020년 11월 20일 초판2쇄 발행

지은이 이무성 ｜ **펴낸이** 이찬규 ｜ **펴낸곳** 북코리아
등록번호 제03-01240호 ｜ **전화** 02-704-7840 ｜ **팩스** 02-704-7848
이메일 sunhaksa@korea.com ｜ **홈페이지** www.북코리아.kr
주소 13209 경기도 성남시 중원구 사기막골로 45번길 14
　　　 우림라이온스밸리2차 A동 1007호
ISBN 978-89-6324-567-6 (93320)

값 20,000원

ISO 9001 : 2015
품질경영시스템

이무성 지음

9001:2015

북코리아

머 리 말

1987년 ISO 9001 품질경영시스템 표준이 제정된 이후로 4차례의 개정을 거쳐서 명실공히 국제표준으로서의 가치를 인정받고 있다. 이 표준은 품질경영시스템으로서의 역할을 수행하고 있음을 의미하며 모든 산업에서는 기본적인 시스템 표준이라고 하겠다.

최근 개정된 2015년 판 ISO 9001 표준은 기존 표준의 골격을 획기적으로 바꾸어서 모든 ISO에서 제정하는 국제표준시스템을 하나의 구조로 통일하기 위한 HLS(High Level Structure)를 적용함으로써 경영시스템 간의 주요 골격을 표준화하고 있다. 또한 리스크 기반 사고방식을 새롭게 요구하고 있으며 여기에는 리스크와 기회에 대한 잠재적, 현재적 상황을 대내적인 기업 경영환경 전략을 수립하는 데 고려하도록 요구하고 있다.

ISO 9001 표준을 통하여 제조업뿐만 아니라 서비스업종, 교육, 행정분야까지도 품질과 고객을 인식하고 실행하도록 용어와 개념을 범용적으로 활용할 수 있도록 변경되었다. 고객이 누구인지, 고객의 요구사항이 무엇인지를 정확히 파악치 못하는 조직에서는 언젠가는 도태될 것이라는 저변 인식이 확대되고 있음을 알 수 있다. 결국 고객만족, 고객감동이라는 것을 창출할 수 있는 조직만이 생존한다는 것이다. '불량이 없는 완벽한 품질, 최고의 품질'을 추구하고 조직이야말로 고객만족경영과 이해관계자의 이익을 위해 끊임없이 연구, 노력하는 것이다.

우리나라에서 ISO 9000's 품질경영시스템을 도입한 지도 30년 정도 되는 시점에서 품질경영에 대한 전반적인 인식확산과 체질화에 상당한 기여를 한 것도 사실이다. 그렇지만 이제부터는 '양'보다 '질'적인 차원으로 보다 업그레이드가 필요한 시점이다.

맹목적인 인식에서 벗어나서 ISO 9001 시스템에 대한 품질경영시스템의 철학을 다시 되새겨 볼 필요가 있다. '그것을 왜 하는가?'라는 의문점을 가지고 이해하고 실천해야 할 것이다. 이러한 차원에서 기존의 강의 원고를 보완하여 품질경영시스템의 실천적 지식을 전달하고자 하는 것이 본 저자의 의도로써 『ISO 9001:2015 품질경영시스템』을 저술하게 되었다. 이 책의 개념을 통하여 기업, 금융기관 및 공공기관 등의 모든 조직이 경쟁력을 갖추고 고객만족 경영의 초석을 다지는 데 기여하기를 바란다.

끝으로 이 책의 출판에 적극적으로 배려를 해주신 북코리아 사장님을 비롯한 임직원께 진심으로 감사드리는 바이다.

2018년 6월

이무성 씀

차 례

제1부

ISO 9001 품질경영시스템 개요

ISO

9001:2015

1. 품질경영시스템의 개요

1.1 품질이란?

품질이 무엇인가 하는 것은 품질관리활동에 있어서 중요한 개념이다. 이것에 대한 개념 정의는 획일적인 것은 없고 보는 관점에 따라 달리 정의되고 있다.

종전에는 '품질이란 제품의 효용성을 결정짓는 성질 또는 제품이 그 상용 목적을 수행하는 데 있어 갖추어야 할 성질'이라고 하며 이는 여러 가지 품질특성의 집합에 의해 구성된다.

따라서 관점을 달리하는 품질의 정의는 제품품질 그 자체의 품질기술적인 측면과 품질특성을 고려하는 협의 개념뿐만 아니라 모든 조직 활동의 서비스의 질, 업무의 질, 관리의 수준, 기업경영의 질, 조직의 효율성과 생산성, 고객만족도 등이 광의의 품질개념으로 포함한다.

여기서 협의 품질개념을 구체적으로 언급하면 그 제품 고유의 성질 혹은 품질특성을 그 제품이 갖는 품질기술적인 특성으로 나타내며 외관, 형상, 치수(공차), 조립성, 작동성 및 재질 등으로 구분될 것이다. 특히 재질은 기계적 성질, 물리적 성질, 화학적 성질 등으로 구분하여 순도(%), 인장강도, 경도, 파단력, 연신율(%), 함수율, 전도율, 저항, 중량, 접착력, 회분(%), 건조시간, 고형분, torsion, 점착력, 화학성분 그 외 신뢰성, 안전성, 보전성, 포장성 등으로 나타낸다.

광의의 품질개념은 보다 현대적인 사회에 더욱 요구되고 있는 개념으로서 코스트 가격, 이익, 생산량, 생산계획의 변경, 납기, 소비량, 보증기간, A/S 신속성, 시장조사, 소비자의 불만조사, 공정의 조사와 피드백, 조처 등을 대상으로 한 ① 고객의 요구에 합치되는 고객만족 정도(조직 내부 및 외부의 고객 총칭) ② 제품이나 서비스를 경제적 산출로 인한 생산성 정도 ③ 관리의 수준, 업무의 질, 자원(인적, 물적)의 질, 경영의 질 등이 조직의 경쟁력 정도 등의 보다 확대된 품질 개념으로 변화하고 있다.

다음은 몇몇 단체 및 전문가의 품질에 대한 개념을 설명하고 있다.

한국산업표준(KS)에서는 '품질이란 물품 또는 서비스의 평가대상이 되는 고유의 성질, 성능의 전체이다'라고 정의하고 있다.

TQC의 주창자인 파이겐바움(A.V Feigenbaum)은 '품질이란 제품이나 서비스의 사용에서 소비자의 기대에 부응하는 생산, 기술 및 보존, 마케팅에 관한 특성의 전체적인 구성'을 뜻하는 것으로 정의하고 있다.

이시카와 가오루(石川) 교수는 품질이란 단지 제품의 질뿐만 아니라 A/S, 경영의 질. 회사 및 인간의 질까지도 포함하는 것이라 한다. 이는 품질의 개념을 실현하기 위해 TQC(전사적 품질관리) 일환으로 하부 조직에서는 bottom up 방식으로 품질관리 분임조 활동을 창안, 전개하고 경영층에서는 top down 방식으로 방침관리를 전개하여 전원참가, 전부문 참가, 종합적인 측면 고려(Q, C, D)하는 전사적 일본식 품질관리를 전개하였다.

국제표준화기구(ISO)에서는 품질에 관한 정의(ISO 9000 : 2000)를 다음과 같이 설명하고 있다. '품질이란 고유특성의 집합이 요구사항을 충족시키는 정도'라고 정의하고 있으며 품질은 품질 단계마다 확인하여 명확히 하려는 노력이 필요하며 품질에 대한 요구는 시대 흐름에 따라 변하므로 주기적인 고객의 요구사항을 검토하는 것이 필요하다. 또한 '품질'이란 용어는 빈약한, 좋은 또는 우수한과 같은 형용사와 같이 사용될 수 있다.

만족스런 품질의 성취는 전체적으로 품질루프의 모든 단계를 수반한다. 이들 여러 단계의 품질에 대한 기여는 때로는 강조를 위해 분리되어 파악된다. 예를 들면 요구의정의, 제품설계, 사용적합 및 수명에 기인하는 품질 등이다.

또한 문헌에 따라서는 품질은 사용적합, 목적적합, 고객만족, 요구사항에 대한 적합으로 나타낸다. 이들은 위에서 정의한 대로 품질의 어느 특정사항 만을 표시한다.

앞서 설명한 협의의 품질과 광의 품질을 통합한 조직경영 전반적인 사항으로의 품질을 확대, 해석하고 있다. 즉 품질이란 앞서 설명한 제품의 특성에만 국한하지 않고 사람 및 전체 경영시스템의 품질특성을 말한다.

1.2 품질의 분류

　품질은 요구의 파악으로부터 품질평가에 이르기 까지 여러 가지 품질에 영향을
미치는 상호활동의 모델인 품질루프(quality loop)의 단계를 [그림 1-1]에 따라 품질
을 분류하여 본다.

　1) 시장품질/요구품질: 제품 및 서비스에 대한 요구사항의 파악에 따른 품질, 즉
　　　user가 요구하는 품질
　　　① 시장요구사항의 파악, 특정고객 요구사항의 파악
　　　② 새로운 시장의 탐색, 마케팅의 기회 확대
　　　③ 시장에서 영향, 지위, 점유율, 이미지 정도
　　　④ 신제품 개발 및 개선에 관한 아이디어 포착

　2) 설계품질/목표품질: 시장품질의 요구사항을 제품, 서비스, 공정설계에 반영
　　　하는 품질

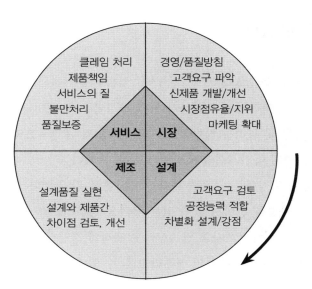

[그림 1-1] 품질분류별 품질루프의 단계

① 고객요구사항의 적정성 검토 및 차별화 설계

② 공정능력(4 M)을 고려한 효율적 공정설계

③ 다양한 사용조건 하에서의 기대성과 및 강점개발

3) 제조품질/적합품질: 제품, 서비스 및 공정설계의 적합성에 기인한 품질

　① 설계품질을 공정(process)에 실현된 품질

　② 기준이나 규격, 규정된 절차와의 비교, 차이점 검토: 지속적 개선

4) 서비스품질/지원품질: 제품, 서비스관련 지원 기능의 품질

　① 취급, 보관, 포장, 보존 및 인도 등의 전반적 물류관리의 지원

　② 제품 수명기간 이해관계자에게 제공하는 설계특성과 제품가치의 유지

이 경우 서비스의 질, 불만처리, 품질보증, 클레임처리 등 고객에 의해 평가되므로 성과 품질이라고 한다. 상기 언급한 이외에 재무품질, 인적품질 등이 있다.

1.3 품질경영이란?

품질경영이란 ISO 9000(품질경영시스템: 기본 및 용어)에서 정의한 것을 보면 '품질에 관하여 조직을 지휘하고 관리하기 위해 조정되는 활동'이라고 하며 여기서 품질에 관련하여 지휘 및 관리는 일반적으로 품질방침 및 품질목표의 수립, 품질기획, 품질관리, 품질보증과 품질개선을 포함한다고 볼 수 있다.

품질경영은 조직내부의 관련 관리자를 비롯한 경영층의 적극적인 리더십에 의해 품질의 요구사항을 만족시킬 수 있는 결과를 성취하고, 이러한 것들이 품질목표와 관련되어 모든 이해관계자를 만족시키고 조직의 경영성과 지표를 효율적이며 지속적으로 개선시키는 경영활동의 일부라고 할 수 있다.

1.4 품질경영의 원칙

　성공적으로 조직을 이끌고 운영하기 위해서는 체계적이며 투명한 방식의 경영이 요구된다. 조직의 성공은 모든 이해관계자들의 요구를 수용하고 처리함에 있어 지속적인 성과를 개선하도록 설계된 경영시스템을 실행하고 유지하는 성과물일 것이다. 조직을 경영하는 것은 경영의 원칙 중에서도 품질경영을 포함한다.

　다음은 품질목표를 용이하게 달성하기 위한 품질경영의 원칙은 [그림 1-2]에서와 같이 ISO 9001 : 2000에서는 8대 원칙에서 개정된 ISO 9001 : 2015에서는 품질경영 7대원칙으로 변경되었다. 그 중 고객중시, 리더십, 프로세스 접근방법은 의미의 변화가 없으며 적극참여, 개선, 증거기반 의사결정, 관계관리/관계경영 원칙은 기존보다 강화, 확대되거나 명확한 의미해지는 방향으로 바뀌었다. 그리고 경영에 대한 시스템 접근방법은 프로세스 접근법과 중복되는 개념으로 삭제되었다.

　다음은 개정된 ISO 9000 : 2015의 품질경영시스템-기본사항과 용어에서 인용한 품질경영원칙 전문을 재해석하여 제시한다.

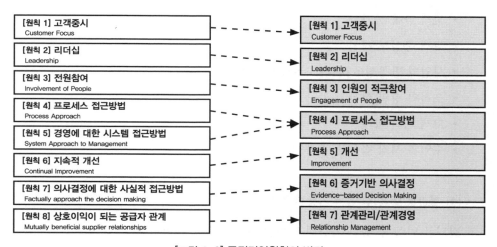

[그림 1-2] 품질경영원칙의 변경

1) 고객중시

(1) 설명

품질경영의 중요한 초점은 고객의 요구사항을 충족시키고, 고객의 기대를 넘기 위해 노력을 하는 것이다.

(2) 근거

지속적인 성공은 조직이 고객 및 기타 이해관계자의 신뢰를 끌어내고 유지할 때 달성할 수 있다. 고객과의 상호작용에 대한 모든 측면은 고객을 위한 보다 큰 가치를 창조할 기회를 준다. 고객 및 기타 이해관계자의 현재 및 미래의 니즈를 이해하는 것은 조직의 지속적 성공에 기여한다.

(3) 주요 이점

몇몇 잠재적인 주요 이점은 다음과 같다.
- 고객 가치 증가
- 고객 만족 증가
- 고객 충성도 개선
- 사업의 반복성(repeat business) 향상
- 조직의 평판 향상
- 고객 기반 확대
- 수익과 시장 점유율 증가

(4) 결과를 얻을 수 있는 가능한 조치

결과를 얻을 수 있는 가능한 조치는 다음 사항을 포함한다.
- 직간접적인 고객을 조직에서 가치를 받는 사람들로 인식(ISO 9001의 4.3)
- 고객의 현재와 미래의 니즈 및 기대를 이해(ISO 9001의 4.3, 10.1)
- 조직의 목표를 고객의 니즈 및 기대에 연계(ISO 9001의 6.2.1)

- 조직 전반에 걸쳐 고객의 니즈 및 기대를 전달(ISO 9001의 5.2.2)
- 고객의 니즈 및 기대를 충족시키기 위해 제품 및 서비스의 계획, 설계, 개발, 생산, 인도 및 지원(ISO 9001의 조항 8)
- 고객만족을 측정·모니터링하고 적절한 조치(ISO 9001의 9.1.2)
- 고객만족에 영향을 줄 수 있는 이해관계자의 니즈 및 기대를 명확하게 하고, 조치를 취함(ISO 9001의 4.2, 9.3.3)
- 지속적 성공을 달성하기 위하여 고객과의 관계를 적극적인 관계관리(ISO 9001의 5.1.2)

2) 리더십

(1) 설명

모든 계층의 리더는, 목적 및 지향하는 방향을 일치시키고, 사람들이 조직의 품질목표 달성에 적극적으로 참여하고 있는 여건을 만든다.

(2) 근거

조직은 목적과 지향하는 방향의 일치 및 인원의 적극적인 참여에 의해 조직은 그 목표 달성을 위해 조직의 전략, 방침, 프로세스 및 자원을 밀접하게 관련시키는 것이 가능하다.

(3) 주요 이점

몇몇 잠재적인 주요 이점은 다음과 같다.
- 조직의 품질목표 충족에 대한 효과성과 효율성의 향상
- 조직의 프로세스 보다 나은 협조
- 조직 내 계층 간 및 기능 간 의사소통의 개선
- 바라는 결과를 낼 수 있는 조직 및 인원의 실현능력 개발 및 개선

(4) 결과를 얻을 수 있는 가능한 조치

결과를 얻을 수 있는 가능한 조치는 다음 사항을 포함한다.

- 조직 전반에 걸쳐 사명, 비전, 전략, 방침 및 프로세스를 의사소통(ISO 9004, ISO 9001의 5.2.2)
- 조직의 모든 계층에서 행동에 대한 공유 가치, 공정성 및 윤리적 모범을 창출하고 유지(ISO 9004)
- 신뢰 및 진실(integrity)의 문화를 확립(ISO 9004)
- 품질에 대한 전 조직적 의지표명의 장려(ISO 9001의 5.1.1)
- 모든 계층의 리더가 조직의 인원에게 긍정적 모범임을 보장(ISO 9001의 5.1.1)
- 인원이 책무를 갖고 행동하기 위해 필요한 자원, 교육 · 훈련 및 권한을 제공(ISO 9001의 5.3, 7.1, 7.2, 7.3)
- 인원의 기여에 대한 고무, 격려, 인정(ISO 9004)

3) 인원의 적극적인 참가

(1) 설명

조직 내 전체 계층에 있는 역량과 권한을 갖고 적극 참여하는 인원은, 가치를 창출하고 제공하는 조직의 능력 증진에 필수적이다.

(2) 근거

조직을 효과적이고 효율적으로 관리하기 위해서는 모든 계층에서 모든 인원을 존중하여 참여하도록 하는 것이 중요하다. 공헌을 인정하고, 권한을 주고, 역량을 향상시키는 것에 의해 조직의 품질목표 달성에 인원의 적극적인 참여가 촉진된다.

(3) 주요 이점

몇몇 잠재적인 주요 이점은 다음과 같다.

- 조직의 품질목표에 대한 조직 사람들의 이해도 향상, 그리고 품질목표의 달

성 의욕의 향상
- 개선활동에 있어 인원의 참여 증진
- 개인의 성장, 주도성 및 창의성의 강화
- 직원의 만족 증대
- 조직 전체에 있어 신뢰 및 협력의 증진
- 조직 전체에 있어 공유된 가치와 문화에 대한 관심 증대

(4) 결과를 얻을 수 있는 가능한 조치

결과를 얻을 수 있는 가능한 조치는 다음 사항을 포함한다.
- 개인 기여의 중요성 이해를 촉진하기 위하여 인원과 의사소통(ISO 9001의 7.4)
- 조직 전체에 협력을 촉진(ISO 9004)
- 개방된 토론과 지식 및 경험의 공유를 촉진(ISO 9001의 7.1.6)
- 성과에 관한 제약조건을 명확하게 하고, 두려움 없이 솔선하여 행동할 수 있도록, 권한 위임(ISO 9001의 5.3)
- 인원의 기여, 학습 및 개선을 표창하고 인정(ISO 9004)
- 개인의 목표에 대한 성과의 자기평가 가능(ISO 9004)
- 직원 만족에 대한 조사를 하고, 그 결과를 전달, 적절한 조치 시행(ISO 9004)

4) 프로세스 접근법

(1) 설명

일관된 시스템으로 작용하는 상호 관련된 프로세스로 활동이 이해되고 관리될 때, 일관성 있고 예측 가능한 결과가 보다 효과적이고 효율적으로 달성될 수 있다.

(2) 근거

QMS는 상호 관련된 프로세스로 구성된다. 이 시스템에 따라 어떻게 결과가 도출되는지 이해함으로써 조직의 시스템과 시스템 성과를 최적화할 수 있다.

(3) 주요 이점

몇몇 잠재적인 주요 이점은 다음과 같다.

- 개선에 대한 핵심 프로세스와 기회에 노력을 집중하는 능력을 증진
- 밀접하게 관련된 프로세스로 구성된 시스템을 통해 일관되고 예측 가능한 결과 도출
- 효과적인 프로세스 관리, 자원의 효율적인 활용 및 부서 간 장벽의 감소를 통한 성과의 최적화
- 조직이 일관성, 효과성 및 효율성에 관련하여 이해관계자에게 신뢰 제공 가능

(4) 결과를 얻을 수 있는 가능한 조치

결과를 얻을 수 있는 가능한 조치는 다음 사항을 포함한다.

- 목표를 달성하기 위해 필요한 시스템과 프로세스의 목표를 규정(ISO 9001의 4.4)
- 프로세스를 관리하기 위한 권한, 책임 및 책무를 수립(ISO 9001의 4.4)
- 조직의 능력을 이해하고, 실행 전에 자원의 제약을 명확히 결정(ISO 9001의 7.1)
- 프로세스의 상호의존관계를 정하고, 시스템 전체에서 개별 프로세스의 변경의 영향을 분석(ISO 9001의 4.4)
- 프로세스를 운용하고 개선하는 것과 함께, 시스템 전체의 성과를 감시, 분석하고, 평가하기 위해 필요한 정보가 이용 가능한 상태에 있을 것을 확실하게 함(ISO 9001의 4.4)
- 프로세스의 출력과 QMS 전체적인 결과에 영향을 줄 수 있는 리스크를 관리(ISO 9001의 4.4, 6.1)

5) 개선

(1) 설명

성공적인 조직은 지속적으로 개선에 초점을 두고 있다.

(2) 근거

개선은 조직이 현 수준의 성과를 유지하고, 내부와 외부 조건의 변화에 대응하여 새로운 기회를 창조하기 위하여 필수적이다.

(3) 주요 이점

몇몇 잠재적인 주요 이점은 다음과 같다.

- 프로세스 성과, 조직의 실현 능력 및 고객만족의 개선
- 예방조치 및 시정조치 전에 근본 원인 조사 및 결정의 중요성 증진
- 내부 및 외부 리스크와 기회를 예측, 이에 대응하기 위한 능력 강화
- 점진적인 개선과 획기적인 개선 모두의 고려를 증진
- 개선을 위한 학습의 활용에 관한 연구
- 혁신에 대한 의욕감 향상

(4) 결과를 얻을 수 있는 가능한 조치

결과를 얻을 수 있는 가능한 조치는 다음과 같다.

- 조직의 모든 계층에서 개선목표의 수립을 촉진(ISO 9001의 10.1)
- 개선 목표를 달성하기 위한 근본적인 기법 및 방법론 적용의 방법에 관하여 모든 계층의 인원에게 교육 및 훈련(ISO 9001의 7.2)
- 개선 프로젝트의 성공적인 촉진과 완성을 위한 역량을 갖춘 인원을 보장(ISO 9001의 7.2)
- 조직 전체에서 개선 프로젝트를 실시하기 위한 프로세스를 개발, 전개(ISO 9004)
- 개선 프로젝트의 기획, 실행, 완료 및 결과를 추적, 검토 및 심사(ISO 9004)
- 신규 또는 변경된 제품, 서비스 및 프로세스의 개발에 개선의 고려를 통합(ISO 9001의 10.1)
- 개선의 인식, 인정(ISO 9004)

6) 객관적 사실에 입각한 의사결정

(1) 설명

데이터 및 정보의 분석과 평가에 입각한 의사결정에 따라, 바라는 결과를 얻을 수 있는 가능성이 높아진다.

(2) 근거

의사결정은 복잡한 프로세스가 될 가능성이 있어, 항상 얼마만큼의 불확실성을 동반한다. 의사결정은 주관적일 수도 있고, 여러 유형과 원천의 입력을 포함하는 경우가 종종 있다. 인과관계 및 잠재적이고 의도하지 않는 결과를 이해하는 것이 중요하다. 객관적 사실, 근거 및 데이터 분석은 의사결정의 객관성 및 신뢰성을 높인다.

(3) 주요 이점

몇몇 잠재적인 주요 이점은 다음과 같다.
- 의사결정 프로세스의 개선
- 프로세스 퍼포먼스 평가 및 목표 달성 능력의 개선
- 운용의 유효성 및 효율의 개선
- 의견 및 결정을 리뷰, 이의제기, 변경 능력의 향상
- 과거 결정의 유효성을 실증하는 능력의 향상

(4) 결과를 얻을 수 있는 가능한 조치

결과를 얻을 수 있는 가능한 조치는 다음 사항을 포함한다.
- 조직의 성과를 실증하는 주요 지표를 결정, 측정 및 모니터링(ISO 9001의 9.1.1)
- 필요한 모든 정보를 관련된 인원들이 이용가능하게 함(ISO 9001의 7.1.6)
- 데이터 및 정보는 충분히 정확하고, 신뢰성이 있고 안전함을 보장(ISO 9001의 9.1.1)
- 적절한 방법을 활용하여 데이터와 정보의 분석 및 평가(ISO 9001의 9.1.3)

- 인원이 필요에 의해 데이터 분석 및 평가하는 역량이 있음을 보장(ISO 9001의 7.2)
- 경험과 직관과의 균형을 맞추어 근거를 기반으로 한 의사결정과 조치(ISO 9001의 10.1)

7) 관계관리/관계경영

(1) 설명

지속적 성공을 위해서는 조직은 공급자와 같은 관련 이해관계자와의 관계를 관리해야 한다.

(2) 근거

밀접하게 관련된 이해관계자는 조직의 성과에 영향을 미친다. 지속적 성공은 조직의 성과에 대한 이해관계자의 영향을 최적화할 수 있도록 모든 이해관계자와의 관계를 관리할 경우, 지속적인 성공은 보다 달성되기 쉬워진다. 제공자 및 파트너와의 네트워크에 있어서 관계관리는 특히 중요하다.

(3) 주요 이점

몇몇 잠재적인 주요 이점은 다음과 같다.
- 각각의 이해관계자와 관련된 기회와 제약사항에 대한 대응을 통해 조직 및 그 이해관계자의 성과 향상
- 이해관계자와 함께 목표와 가치관에 관한 공통 이해
- 자원과 역량의 공유, 품질 관련 리스크의 관리에 따른 이해관계자의 가치를 창출하는 실현능력의 향상
- 제품 및 서비스의 안정된 흐름을 제공하는 잘 관리된 공급망

(4) 결과를 얻을 수 있는 가능한 조치

결과를 얻을 수 있는 가능한 조치는 다음 사항을 포함한다.

- 관련된 이해관계자(예를 들면 공급자, 파트너, 고객, 투자자, 종업원, 사회 전체) 및 조직과의 관계를 명확히 함(ISO 9001의 4.2)
- 관리할 필요가 있는 이해관계자와의 관계를 정하고, 우선순위 결정(ISO 9004)
- 단기적인 이익과 장기적 사고와의 균형이 맞춰진 관계 구축(ISO 9004)
- 관련 이해관계자와 정보, 전문적 지식 및 자원을 수집, 공유(ISO 9001의 7.1.6)
- 개선에의 대처를 강화하기 위하여 적절하게 성과를 측정, 이해관계자에 대한 피드백 실시(ISO 9001의 8.4)
- 제공자, 파트너 및 기타 이해관계자와 협력, 개발 및 개선활동 실행(ISO 9004)
- 제공자 및 파트너에 의한 개선 및 달성을 장려, 인정(ISO 9004)

1.5 시스템이란?

현대사회가 문제의 규모가 점점 커지고, 복잡하고, 다원화된 사회로 전환되면서 종래의 접근방식으로는 문제해결이 힘들어지고 있다. 특히 기업조직 내 안고 있는 문제해결에서 인간 그 자체의 한정된 능력으로는 쉽게 해결할 수 없다는 것이다.

조그마한 소규모 회사에서는 오히려 시스템보다 인간 위주의 업무추진이 더 효과적일 수도 있으나 조직이 커짐에 따라 한계성을 보이고 있다. 즉 시스템(system)의 중요성이 강조된다.

시스템이란 '어떤 특정한 목적을 가지고 이를 성취하기 위해 여러 구성인자가 서로 유기적으로 연결되어 목적 달성을 위해 상호 연결하는 것'이다. 이를 구체적으로 설명하면 시스템이 되기 위한 요건으로 다음 세 가지가 갖추어져야 한다는 것이다.

① 시스템은 명확한 목적이 있어야 한다.
② 시스템의 구성인자가 상호 유기적으로 연결되어 있어야 한다.
③ 이 구성인자들이 목적을 달성하기 위해 절차, 자원, 정보, 에너지 등을 사용한다.

기본적인 시스템 개념 모형은 [그림 1-3]에서 제시한 바와 같이 투입(input), 프로세스(processor), 산출(output)로 구성된다. 시스템은 경계가 있으며 경계선 내부가 시스템이고 경계선 외부가 환경이 되는 것이다.

시스템을 분류할 때, 시스템 내부에서 모든 것이 일어나고 외부와 단절된 시스템을 폐쇄적 시스템(closed system)이라 하며 외부환경과 정보, 물질, 에너지 등을 교환하고 영향을 받는 시스템을 개방적 시스템(open system)이라 한다. 기계를 예를 들면 시계와 같이 계절(외부)에 관계없는 기계는 폐쇄적 시스템이며 에어컨처럼 실내온도가 내려가면 작동을 중지해야 하는 기계는 개방적 시스템이 되는 것이다.

따라서 품질경영의 대상이 되는 그 어떤 조직의 시스템일지라도 개방적 시스템으로 되어야 한다. 따라서 시스템 개념도의 원형이 실선이 아닌 일점쇄선으로 그려진 것도 개방적 시스템을 의미하는 것이다.

시스템은 몇 개의 하위시스템으로 분류될 수 있으며 각 하위 시스템이나 프로세스 간에는 상호 연결 및 작용이 존재하는데 이것을 연계성(interface)이라고 한다. 시스템을 활동적으로 보면 프로세스로 접근하여 전개하는데 프로세스 출력이 다음 프로세스의 입력이 되어 각 프로세스가 서로 연계되어 활동한 결과물이 전체의 경영성과로 집약된다.

품질경영에서 시스템을 중요시 하는 것은 시스템의 각 프로세스 간의 활동이 시

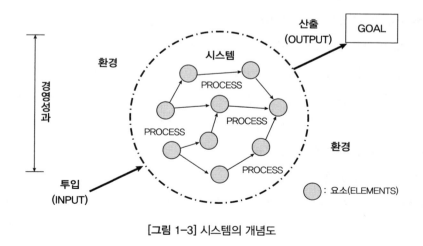

[그림 1-3] 시스템의 개념도

스템의 시너지 효과를 극대화하기 때문이다. 이러한 시너지를 발휘하기 위해서는 시스템이 저절로 일할 수 있도록 하는 것이며, 개개인의 노력이 결집된 시스템 에너지를 낼 수 있도록 하는 것이 시스템이다.

시스템의 개념을 보다 현실적으로 부연 설명하면 다음과 같다.

첫째, 시스템이란 '그렇게 하라고 명령하는 것이 아니라 그렇게 될 수밖에 없도록 만드는 것'이다.

둘째, 시스템은 목수의 연장과 같아서 사용자의 역량만큼만 효과적이다. 그러나 아무리 역량이 훌륭한 목수라도 도구가 없으면 집을 짓지 못한다. 그래서 목수는 끝없이 훌륭한 연장을 개발하여야 한다.

셋째, 개인의 능력은 아무리 훌륭해도 시스템의 벽과 한계를 극복하지 못한다. 지속적인 개선을 하려면 먼저 시스템부터 개선해야한다.

넷째, 품질도 경쟁력도 시스템의 산물이다. 국제경쟁이란 바로 시스템경쟁력이며, 품질경영도 품질경영시스템의 구축과 실행이 회사의 경쟁력을 가지는 출발점인 것이다.

조직에 시너지 능력을 가지려면 관련 절차, 프로세스, 팀워 형성이 항상 변화를 추구해야 한다. 우리의 기업들은 아직까지도 신속한 변화에 대응하지 못하는 시스템적인 결함을 안고 있다.

국가적인 경제위기나 기업경영의 위기도 바로 우리의 총체적 국가의 시스템 즉 관료화된 조직, 행동과 의사결정이 더딘 조직, 벽이 형성된 부서 내 이기주의적인 조직, 절차와 법규는 있으되 지키지 않는 조직 및 조직원, 특히 회사 내 업무의 흐름이 특정 사람중심이고 모든 업무처리가 일정기준과 절차가 없이 개개인의 머리와 즉흥적인 판단에 의존하는 조직이 과연 얼마만큼의 시스템의 시너지가 창출될 수 있을까?

바로 이런 것 등이 우리가 지향하는 선진 국가시스템과 비교하여 보면 낙후되어 있음을 인정해야 하고 앞으로 우리의 사고방식, 일하는 방식, 공공기관의 서비스정신 등이 바뀌어야 한다.

GM의 전회장인 잭웰치는 조직의 경쟁력은 최고경영자의 리더십과 장기 비전과 전략제시, 조직 간의 장애물 제거, 신속한 의사결정 및 하부조직에 대한 권한이양, 유연한 사고력, 조직원간의 지식공유를 위한 지식경영체제, 시스템의 핵심역량 극대화 그리고 개개인의 아이디어 제안과 그와 대응한 보상체계 등을 들고 있다.

하나의 프로젝트팀을 형성하기 위해서는 여러 가지 기능조직에서 인력을 차출해야하고 프로젝트가 끝나면 다시 기능조직으로 환원시키는 조직 운영 방법이었다. 기능조직은 전문가를 수용하는 저장고인 셈이다. 이를 매트릭스조직이라고 하는데 이 때의 문제점은 하나의 조직원이 두 사람의 상관으로부터 지시를 받고 보고를 해야 하는 것이다.

최근의 조직으로 핵심역량을 갖는 시스템이다. 다른 사람이 흉내 낼 수 없는 자기 고유의 핵심 역량을 가진 사람들이 하나의 팀을 이뤄 팀 단위의 핵심역량을 키워 나가는 조직이다. 하나의 팀 속에는 여러 분야의 달인이 모여 있어서 무엇이든 자신감을 키워나간다. 모든 팀은 사령탑이다. 남의 힘을 이용하여 그들의 목적을 수행하는 리더들이다. 때로는 나의 팀이 다른 팀과 협조하고 때로는 다른 팀이 나의 팀과 협조하는 상부상조의 시스템 속에서 시너지효과를 내고 그의 성과를 나눈다.

1.6 품질경영시스템의 정의

품질경영시스템(Quality Management System; QMS)이란 ISO 9000에서 정의한 것을 보면 품질에 관하여 조직을 지휘하고 관리하는 경영시스템이라고 한다.

구체적으로 품질경영시스템은 품질경영을 실현하는 데 필요한 조직구조(organizational structure), 절차(procedure), 공정(process) 및 자원(resource) 등을 가지고 형성된 네트워크(networks)를 말하며 이는 품질목표를 충족시키는 데 필요한 유기체라고 할 수 있다.

품질경영시스템을 구축하고 실행하기 위해서는 다음과 같은 사항을 염두에 두고 이행하여야 한다.

① 품질방침과 품질목표를 달성하기 위한 품질경영시스템을 개발, 수립 및 실행

한다.

② 회사의 사업 유형에 적합하게 품질경영시스템을 구축하고 적용한다.

③ 품질경영시스템의 기능(역할)은 다음 사항에 대하여 확신을 주는 일이다.

- 품질경영시스템이 이해되고, 유지되며 효과적이다.
- 제품이 실질적으로 고객의 요구 및 기대를 만족시킨다.
- 사회요구사항(제품책임, 환경, 안전보건)이 언급되었다.
- 문제 발생 후의 원인조사보다 문제발생의 예방에 역점을 두고 있다.

즉, 품질경영시스템이란 품질경영을 실행하는 데 필요한 품질목표와 방침을 정하고, 이를 달성하기 위해 필요한 인적, 물적 자원을 확보, 지원하고, 각 계층별, 기능별 조직구조, 절차, 프로세스를 정하여 문서화하고, 이 문서화된 절차, 프로세스를 실행하여 관련 필요한 근거를 기록하고, 그 실행 결과를 분석, 검토하여 품질목표를 향한 지속적인 피드백 활동이 유기적으로 연계되어 활동하는 경영시스템이라고 하겠다.

1.7 품질경영시스템의 요건

품질경영시스템의 적용대상은 제품의 품질과 관련된 모든 활동, 즉 제품 및 프로세스의 라이프 사이클 내의 모든 단계 즉, 업무기획, 시장조사/마케팅, 설계/개발, 생산/설치운용, 검사/시험, 판매/A.S 및 폐기/재활용까지 포함하여 시스템 구조 내에서 상호 작용하여 시너지효과를 발휘토록 한다.

그리고, 품질경영시스템의 요건은 크게 다음과 같이 이루어진다.

1) 경영자의 책임

경영자는 조직을 위한 품질방침과 품질목표를 수립하고, 고객의 요구사항 및 내부목표가 만족될 수 있도록 적절한 프로세스가 실행됨을 보장해야 하고, 동시에 품질 목표를 달성하기 위하여 효과적인 품질경영시스템이 수립, 실행, 유지됨을 보장하여야 한다. 또한 필요한 자원의 가용성을 보장해야 하며 내, 외적 고객의 만족을 위한 조직 내 지속적인 개선을 유도해야 한다.

모든 품질의 결정체 및 성과는 곧 경영자의 책임이다.

2) 책임과 권한의 명확화

- 경영 및 관리 전반적인 업무의 조직적 책임과 권한을 구체적으로 설정하고 특히 품질과 관련된 책임이 명확히 정해져야 한다.
- 품질에 기여하는 각 활동에 위임된 책임과 권한은 명확히 수립되어야 하며, 주어진 품질목표를 효율적으로 달성하기 위해서는 책임과 권한이 충분히 발휘하도록 한다. 가능한, 일상적인 업무는 책임과 권한을 부서 단위, 팀 단위(부서장, 팀장) 중심으로 편성한다.
- 조직간 서로 다른 업무활동의 연계성(interface) 검토 및 조정(co-ordination) 관리 수단이 정해져야 하고 특히 이중적인, 중복된 책임과 권한을 배제토록 한다.
- 경영자는 품질활동에 관련하여 일정한 능력을 갖춘 자(경영자 대리인)에게 책임과 권한을 위임하여 할 수 있으며, 그렇게 위임된 자는 보고되는 제반활동에 대해 가능한 독립적이어야 한다.
- 효과적인 품질경영시스템을 조직하기 위해서는 현재적 혹은 잠재적 부적합 사항의 파악과 시정조치 및 예방조치를 용이하게 취할 수 있도록 역점을 둔다.

3) 품질경영시스템 관련 조직구조

전체 조직 구조 내에서 품질경영시스템 관련 기능을 명확히 설정하고 절차, 책임과 권한 및 프로세스를 정한다.

4) 자원의 확보 및 지원

경영자는 품질방침의 실행과 품질목표의 달성에 필수적인 충분하고 적절한 자원을 갖추어야 한다. 자원은 크게 인적(人的)자원과 물적(物的)자원이 있다.

인적자원은 구성원이 가지고 있는 지식정도, 전문기술력 및 숙련도 등의 맨파우워를 말하며 물적 자원이란 설계/개발설비/제조설비, 검사/시험/조사설비, 장비/컴퓨터 S/W 등을 말한다. 또한 경영자는 인적 능력확보에 필요한 자격, 경험 및 교육훈련의 수준을 결정해야 한다.

경영자는 계획적이고 시의 적절하게 기업 자원을 할당하기 위하여 새로운 제품, 공정 또는 서비스(새로운 기술 포함)에 관련된 시장 위치와 목표에 영향을 주는 품질특성 및 요소들을 파악해야 한다. 이들 자원과 숙련도를 포함하는 계획과 일정은 기업의 전반적인 목표에 모순되지 않아야 한다.

5) 운영절차

품질경영시스템은 품질에 영향을 미치는 모든 활동에서 적절하고 지속적인 개선 및 관리가 실행되도록 조직되어야 한다. 품질시스템은 사후조처보다 사전 예방조처, 관리에 중점을 두어야 한다. 또한 서로 상이한 활동을 조정하는 운영절차가 전사적인 품질방침 및 목표를 달성하기 위해 개발, 발행 및 유지되어야 한다. 이들 절차들은 이른바 설계, 개발, 조달, 생산, 설치, 검사, 판매 및 A/S 등 품질에 영향을 주는 여러 활동들의 범위와 목표, 책임과 권한, 절차 등의 내용이 수록되어야 한다.

1.8 품질경영시스템 절차

1) 문서화된 정보의 유지(문서화)

문서화된 정보의 유지의 주요 목적은 품질방침과 목표를 설정, 공표하고 품질경영시스템을 설명하기 위한 것이다. 이것은 시스템의 실행 및 유지에 기본이 된다.

적합한 문서화는 품질경영시스템의 효과적인 운영을 위해 활용되어야 한다. 문서화는 정확한 정보가 사용되어지는 시기와 장소에서 적절히 사용될 때 가장 효과적이다.

(1) 품질방침(목표)과 절차

품질경영시스템을 위해 기업에서 채택한 모든 요소, 요건 및 절차는 문서화 된 방침 및 절차서 형태로 체계적이고 정연하게 문서화되어야 한다. 그 같은 문서는 품질방침(목표)과 절차(예: 품질프로그램/계획서/매뉴얼/기록)의 공통적인 이해가 가능토록 작성되어야 한다.

품질경영시스템은 모든 품질문서와 기록의 적합한 파악, 배포, 수집 및 유지를 위한 적절한 절차를 포함하고 있어야 한다.

(2) 품질매뉴얼

ISO 9001 : 2015에서 품질매뉴얼 작성은 필수사항은 아니다. 단, 조직에서 문서화된 정보의 구조차원에서 보면 품질매뉴얼을 유지하는 것이 타당하리라 본다.

- 품질시스템을 수정하고 실행하는 데 사용되는 주된 문서의 형태가 '품질매뉴얼'이다.
- 품질매뉴얼의 기본 목적은 품질경영시스템을 적절히 기술하기 위한 것이며 다른 한편으로는, 품질경영시스템의 실행과 유지에 있어 영구적인 참고서로 사용하기 위한 것이다.
- 품질매뉴얼은 주로 외부 고객, 인증기관이나 경영층에서 많이 활용하는 문서이다. 이 문서에는 고객이 우리의 품질경영조직을 알 수 있도록 쉽게 기술하여야 하며, 또한 회사의 신뢰성과 품질보증을 보장하도록 작성하여야 한다.
- 품질매뉴얼의 내용변경, 수정, 개정 또는 추가에 대한 방법이 수립되어야 한다. 대기업에서는 품질경영시스템에 관련된 문서는 다음 사항을 포함하여 여러 가지 형태를 취해도 좋다.

- 전사적인 품질매뉴얼
- 부문별 품질매뉴얼
- 기능별 품질매뉴얼(예: 설계, 조달, 프로젝트, 작업지시)

(3) 절차서 및 프로세스

이 문서는 품질경영시스템의 구성에서 중요하고, 실질적인 역할을 수행하고, 부서간의 조직적 인터페이스(interface)를 강조하여 부서간의 중복된, 이중적인 업무를 배제하도록 한다. 이 절차서를 통한 업무의 표준화, 단순화, 전문화를 지속적으로 유도하여 만이 비로소 품질경영시스템의 개선이 가능할 것이다. 특히, 절차서는 부서 단위 내지 팀 단위 위주의 업무절차를 문서화하고 있으므로 부서장(팀장) 주도의 인식과 관련 부서원의 교육, 실행이 중요하다.

또한 시스템 수립 시 품질경영 원칙 중의 하나인 프로세스 접근법은 입력을 출력으로 변환시키는데 상호 작용하는 활동의 집합체를 활동 중심으로 관리하여 경영 활동의 부가가치나 성과지표를 극대화 하는 데 기여 할 수 있다. 따라서 절차서와 병행하여 프로세스 접근법을 적용하기 위한 '프로세스'를 구축하여야 한다.

표준화 관리적인 측면에서 보면 ISO 9000 등의 품질시스템에서 요구하는 조건을 가지고 문서화한 품질경영표준화와 그 외 일반 관리부문의 업무(취업, 인사, 노무, 회계, 급여, 출장, 전산, 단체협약, 안전보건, 환경관련 등)를 문서화한 일반경영표준화를 고려해야 할 것이다.

흔히들 ISO 9001 품질인증을 통한 표준화만으로는 완전한 표준화관리 시스템이라고 일부 회사에서 생각하고 있다는 것이다.

만약, 품질인증을 받은 조직 중에서 일반경영 부문의 표준화가 되어 있지 않으면 장기적인 표준화 계획을 수립하여 제정, 실행하여 경영 전반적인 표준화 시스템을 구축해야 할 것이다.

본 저자가 이런 표준화 시스템을 강조하는 이유는 내부 고객(우리 조직)의 요구사항이 때로는 외부 고객(user)의 요구사항보다 품질에 미치는 영향이 커질 수도 있다는 것이다.

(4) 지침서

이 문서는 개개인의 업무 수행에 관련한 지침과 업무의 세부적인 방법론, 기준 등을 명시한 것이다. 예를 들면 작업자에게는 작업수행에 필요한 작업표준서, QC 공정도, 설비작동요령서 등이 필요하며, 검사원에게는 검사기준서나 규격서 등을 가지고 업무를 수행하게 되며 그 외 사무실에서는 업무의 특성과 난이도에 따라 얼마든지 업무 관련 지침서를 제정하여 활용되어야 한다.

특히 지침서에는 조직의 기술적 업무의 노하우가 담겨질 수 있도록 장기적인 측면에서 지속적인 관심을 가지고 업그레이드되어야 한다.

따라서 지침서는 가능한, 문서의 승인 절차를 간소화하여 언제든지 손쉽게 개정이 될 수 있도록 하는 것이 좋다. 물론 회사의 규모나 문화에 따라 다를 수도 있으나 대개는 지침서의 종류에 따라 부서장 혹은 공장장 승인이나 경영자 대리인 승인 등으로 하는 것이 현실적이다.

지침서에는 여러 가지 명칭으로 업무의 성격에 따라 다양하게 불린다.

~규칙, ~세칙, ~요령서, ~규격, ~기준서, 작업표준서, 도면, 서식(양식) 등.

(5) 품질계획서

새로운 제품, 새로운 서비스 또는 새로운 공정과 관련한 프로젝트에 대해서는 품질경영시스템의 모든 다른 요건들과 모순이 없는 문서화 된 품질계획서를 작성하여야 한다.

품질계획서에는 다음 사항을 규정해야 한다.

① 달성해야 할 품질목표
② 프로젝트의 각 단계에서의 책임과 권한의 명확한 배정
③ 적용되어야 할 명확한 규정, 방법 및 작업지침
④ 적절한 단계(예: 설계, 개발)에서 적합한 시험, 검사, 조사 및 심사 프로그램
⑤ 프로젝트 진행에 따른 품질계획서의 변경과 수정 방법
⑥ 목표달성에 필요한 기타 수단

(6) 품질기록

품질경영시스템의 효과적인 운영을 검증하고, 요구되는 품질의 달성을 실증하기 위해 충분한 기록의 유지가 필요하다. 특히 설계, 검사, 시험, 조사, 심사 또는 관련 결과에 관계된 품질기록과 도표는 품질경영시스템을 구성하는 중요한 요소이다.

2) 품질경영시스템의 실행

(1) 전 조직원 참여

최고경영자는 고객만족을 실천하기 위한 품질방침과 목표를 설정하여, 천명하고 전조직원 참여 하에 교육을 통하여 수립된 문서화된 시스템을 이해하고 실행하여야 한다.

(2) 관리사이클의 회전

시스템별로 수립된 품질향상 프로그램을 이해하고 부서별, 업무기능별 관리사이클(PDCA 사이클)의 개념에 의한 문서화, 실시, 점검, 조치 등의 프로세스가 이루어져야 한다. 또한 '실행'이라는 단계는 육체적 행위뿐만 아니라 행위에 대한 근거(품질기록)가 있어야 만이 완벽한 실행단계가 될 것이다.

이러한 근거(품질기록)에 의하여 점검/체크/분석이 이루어지는데 이때, 필요한 경우 통계적 기법을 이용하여 합리적이고 객관적인 의사결정에 일조를 기대할 수 있을 것이다. 그래서 흔히 통계적 품질관리를 배우는 이유가 여기에 있다고 볼 수 있다. 이의 결과가 부적합 사항에 대해서는 신속하게 조처를 취하여야 하며 이러한 과정이 연속적이고 지속적인 개선으로 이어져야 한다.

3) 품질경영시스템의 유지(타당성 검토, 평가)

(1) 품질경영시스템 심사 및 검토, 평가

품질경영시스템의 활동 및 관련 결과가 계획된 상황에 부합하는지의 여부를 검증하고 품질경영시스템의 타당성을 파악하기 위하여 정기적으로 품질경영시스템 요건에 대하여 심사를 계획하고 실행하고 평가한다.

① 품질심사 프로그램에 포함될 사항
• 심사계획 및 일정수립   • 심사원의 배정   • 심사결과의 기록 및 보고
• 심사에서 발견된 부적합/지적사항의 시정절차

② 심사의 범위
• 조직구조   • 품질경영시스템의 운영절차   • 인원, 자재 및 장비
• 작업장, 사무실, 운전 및 공정라인   • 생산제품   • 문서, 보고서 및 기록

(2) 품질경영시스템의 경영검토 및 평가

① 경영자에 의한 경영검토는 품질경영시스템이 품질방침 및 목표를 달성하기 적합한지 그 품질경영시스템의 내용이 지속적으로 유지, 개선되고 있는지 또한 효율적으로 이행되고 있는지에 대해 주기적으로 검토를 하는 것이다. 이 검토는 내부 심사 후에 필요한 시정조치 및 예방조치를 수행하고 그 다음 경영검토를 수행하는 것이 효과적이다.

② 경영 검토 및 평가 내용은 다음과 같다.
㉠ 검토입력
• 이전 경영검토에 따른 조치의 상태
• 품질경영시스템과 관련된 외부 및 내부 이슈 변경
• 다음 경향을 포함한 품질경영시스템의 성과 및 효과성에 대한 정보
  - 고객만족 및 관련 이해관계자로부터의 피드백
  - 품질목표의 달성 정도
  - 프로세스 성과, 제품 및 서비스의 적합성
  - 부적합 및 시정조치

- 모니터링 및 측정 결과
- 심사결과
- 외부 공급자의 성과
- 자원의 충족성
- 리스크와 기회를 다루기 위하여 취해진 조치의 효과성
- 개선 기회

ⓛ 검토출력
- 개선기회
- 품질경영시스템 변경에 대한 모든 필요성
- 자원의 필요성

2. ISO 9001 시스템 개요

2.1 ISO 9000 시스템의 개요

1) ISO란?

① 국제 표준화기구(ISO: International Organization for Standardization)의 약자

② 어원: 그리스에서 '동일하다'는 뜻인 ISOS에서 유래하여 ISO로 명명

③ 설립연도: 1946년 10월 14일(한국: 1963년 가입)

④ 설립목적: 물자 및 서비스의 국제 교류를 촉진하고 지식, 과학, 기술 경제 분야의 국제 협력을 강화하기 위해 이에 관련되는 여러 가지 활동을 국제적 규모로 발전, 촉진시키는 것을 목적으로 설립된 국제기구

⑤ 주요업무
- 국제 표준을 제정 및 개정 보급
- 각 국가 간의 표준 조정 및 통일
- 표준화 관련 활동을 하고 있는 국제기관과 표준화에 관한 조사, 연구 등의 협력활동 전개

⑥ 회원국가: 162개국, 각 국가의 표준화 기관

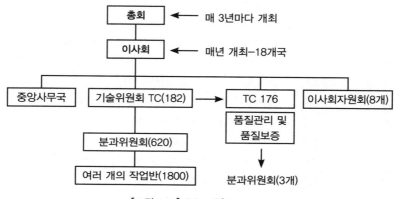

[그림 1-4] ISO 조직도

2) ISO 9000 국제표준

국제표준화기구(ISO)에서 제정하는 국제표준 중의 하나로 품질경영과 품질보증에 관한 표준을 제정할 때 최소의 시스템에 대한 국제표준이라는 상징성을 일련번호 9000번으로 부여되면서 'ISO 9000'으로 명명되었다. 개정된 표준을 거치면서 ISO 9000은 '품질경영시스템-기본 사항 및 용어'에 대한 표준번호이다. 그러나 종종 ISO 9000은 ISO 9000, ISO 9001 및 ISO 9004 표준을 통칭하는 명칭으로 사용하고 있다.

ISO 9001은 조직이 품질경영시스템을 운용하기 위하여 갖추어야 할 요구사항을 표준으로서 ISO 기술위원회(TC 176)에서 1987년에 제정하여 1994년 1차 개정을 한바 있으며 2000년 12월 15일에 2차 개정, 2008년 11월 15일에 3차 개정이 이루어졌으며 2015년 9월에 4차 개정이 이루어졌다.

ISO 9000 품질경영시스템과 관련이 있는 표준을 ISO 9000 패밀리라고 한다. 특히 ISO 9000, ISO 9001, ISO 9004 및 ISO 19011은 ISO 9000 핵심 표준이라고 한다. 다음 〈표 1-1〉과 같이 나열하고 있다.

〈표 1-1〉 ISO 9000 패밀리

	ISO 9000 패밀리	내용
핵심표준	.ISO 9000 : 2015	품질경영시스템 – 기본사항 및 용어
	.ISO 9001 : 2015	품질경영시스템 – 요구사항
	.ISO 9004 : 2015	조직의 지속적 성공을 위한 경영방식 – 품질경영접근법
	.ISO 19011 : 2011	경영시스템 심사 지침
보조표준	.ISO 10001 : 2007	품질경영 – 고객만족 – 조직의 행동규범 지침
	.ISO 10002 : 2014	품질경영 – 고객만족 – 조직의 불만처리 지침
	.ISO 10003 : 2007	품질경영 – 고객만족 – 조직의 외부분쟁해결 지침
	.ISO 10004 : 2012	품질경영 – 고객만족 – 모니터링 및 측정 지침
	.ISO 10005 : 2005	품질경영시스템 – 품질계획서에 대한 지침
	.ISO 10006 : 2003	품질경영시스템 – 프로젝트의 품질경영에 대한 지침
	.ISO 10007 : 2003	품질경영시스템 – 구성관리를 위한 지침
	.ISO 10012 : 2003	측정관리시스템 – 측정프로세스 및 측정장비 요구사항
	.ISO 10014 : 2006	품질경영 – 재정 및 이익의 실현에 대한 지침
	.ISO 10015 : 2006	품질경영 – 교육훈련 지침
	.ISO 10019 : 2005	품질경영시스템 – 컨설턴트 선택 및 컨설턴트 서비스 이용에 대한 지침

3) ISO 9001 도입의 필요성

① 고객의 기대와 요구에 부응할 수 있는 최적의 경영시스템 구축
② 품질경영시스템의 국제화 추세에 부응
③ 국제환경 변화에 능동적, 효율적 대비 수단
④ 경쟁력 확보의 원천
⑤ 고객(buyer)이나 모기업체에서 ISO 9001인증획득 요구

4) ISO 9001 표준 제정동기 및 연혁

(1) 제정동기

- 국가 간 상호인정 및 인증의 필요성
- 국가 간 관세 및 기술장벽 제거
- 사내품질보증: 공급자(기업) 자체의 품질보증 능력의 실증
- 사외품질보증: 고객에게 공급자(기업)의 품질에 대한 신뢰감 제공

(2) 제정연혁

① 1940년대(제2차 세계대전)

- 물자부족(수요 〉 공급) → 품질저하 → 하자발생

② 1950년대(미 국방성 MIL - Q - 9858)

- 납품 군수품 중 60-80%가 작동 및 기능불량 → 불량원인 제거 방안모색
- 원인제거 방안: 납품된 제품검사보다 → 제조과정의 공정을 포함한 시스템 점검 검사 → 불량품 제거에 효과적
- 1959년 규격을 제시하고 납품업체가 이 품질보증 규격을 지키도록 하여 불량품의 납품을 예방하였음
- 미 국방성의 품질보증체계 대성공 → NATO 규격, 영국국방규격

③ 1960년대(표준의 과잉제정 및 혼란기)
- 미국 국립 표준 기술원(ANSI)
- 캐나다 표준협회(CSA)
- 미국 기계학회(ASME) 등
- 각 국의 표준기구 및 전문단체도 자체 품질시스템 규격과 규정을 작성

④ 1970년대
- 영국표준협회(BSI) → BS 4891제정(1972년): 품질보증지침
- 영국표준협회(BSI) → BS 5159제정(1975년): 구체적 규격
- 영국표준협회(BSI) → BS 5750제정(1979년): Quality System

NATO를 통해 미 국방성 규격인 MIL-Q-9858을 알게 된 영국은 침체된 국내 산업을 활성화시키기 위하여 등 규격을 제정, 보급했다.

- 여러 나라에서 품질보증에 관련된 규격제정
- 각 국이 자국의 국가규격을 제정함으로써 국제 통상 활동의 장애로 등장
- 개별 국가 규격을 통합하여, 품질보증에 관한 국제 규격제정의 필요성 대두
- 1979년 '품질보증분야에 있어서 표준화'를 활동범위로 하는 기술위원회 TC176 설치 → 1980년 최초국제회의(캐나다)

⑤ 1980년대
- 영국의 BS 5750이 큰 성과를 보자 영국의 연방국가인 캐나다, 홍콩, 뉴질랜드, 호주, 싱가포르 등으로 급속하게 확산
- 이러한 국가들의 지원을 받아 TC 176에서는 영국의 BS5750을 거의 그대로 옮긴 ISO 9000 시리즈를 초안
- 1987년도 ISO에서 국제규격으로 채택

⑥ 1990년대

　- 1992년: ISO/TC176회의 개최 → DIS(Draft International Standard) 작성

　- 1993년: DIS → IS(International Standard)로 채택

　- 1994년 7월 1일: ISO 9000 1차 개정판 채택

⑦ 2000년대

　- 2000년 12월 15일: ISO 9001 2차 개정판 채택

　- 2008년 11월 15일: ISO 9001 3차 개정판 채택

　- 2015년 9월 15일: ISO 9001 4차 개정판 채택

5) ISO 9001 표준의 특징

① 고객만족 중심의 품질경영시스템: 예방에 초점을 둔 최소한의 품질요건

② 품질경영시스템 운영을 위한 문서화 시스템 구축 및 프로세스를 정립

③ 목표품질의 제품 혹은 서비스를 만들 수 있도록 하기 위한 품질경영시스템 요구사항: PDCA 관리 사이클을 기반으로 하는 문서화된 품질경영시스템

④ 최고경영자 관심과 리더십 및 전원 참여의 프로세스를 실행: 품질방침 및 품질목표 달성 활동

⑤ 정기적인 품질경영시스템 적합성 및 타당성 확인: 품질심사(1자, 2자, 3자 심사), 경영검토

⑥ 품질경영시스템의 프로세스 성과에 대한 측정, 분석을 실시

⑦ 프로세스 분석 결과에 대한 지속적인 개선 활동: 시정조치

2.2 ISO 9001 표준 개정 내용(2015)

1) ISO 9001 표준의 개정 필요성

ISO 9001 규격을 둘러싼 사업 환경은 2000년부터 크게 변화하고 있지만, 특히 다음 사항이 영향을 주고 있기 때문에, 이들을 고려한 경영시스템 표준의 개발을 행할 필요가 있다.

- 서비스업의 대두
- 글로벌화
- 공급사슬의 복잡화
- 이해관계자의 기대치 증가
- 정보 이용가능성의 확대

2) ISO 9001 표준의 개정 내용

이번 ISO 9001 : 2015 표준의 주요 개정 내용을 나열하면 다음과 같다.

새로 개정된 ISO 9001 : 2015 표준은 ISO 9001 : 2008 표준과 비교하면 시스템 구조가 새롭게 구성되어 변화가 크다고 볼 수 있다. 예를 들면 품질경영시스템의 8항에서 10항으로 바뀌고 각 항목의 명칭 변경이 되었으며, 품질경영 8대원칙에서 7대 원칙으로 바뀌었다. 또한 ISO/TMB/JTCG의 작업 결과물로서 HLS(High Level Struc-ture)에 따라 경영시스템 표준에 대한 표준화된 구조로 적용되도록 하였다.

또한 용어에 대한 개념의 확대가 이루어졌다. 예를 들면, 제품을 제품 및 서비스로 바꾸고 문서화된 절차, 문서, 기록, 지침서, 품질계획서 등이 문서화된 정보로 변경되었다. 다음은 용어의 개념이 확대된 것을 〈표 1-2〉에 제시한다.

〈표 1-2〉 용어의 개념 확대

개정 전	개정 후	비고
제품	제품 및 서비스	
문서화된 절차, 문서, 기록, 지침서, 품질계획서	문서화된 정보	
업무환경	프로세스 운용 환경	
모니터링 및 측정장비	모니터링 자원과 측정 자원	
구매된 제품	외부에서 제공되는 프로세스, 제품 및 서비스	
공급자	외부 공급자	
시정조치 및 예방조치	시정조치	예방조치는 리스크에서 실시

ISO 9001의 요구사항에 대해 구체적인 변경내용은 다음과 같다.

① 조직 상황에 관한 요구사항의 추가(4.1)

조직의 목적 및 전략적 방향성에 관련하여, 품질경영시스템(이하 OMS)의 의도한 결과를 달성하는 조직 능력에 영향을 미치고, 외부 및 내부 과제, 또는 이들에 관련된 정보 모니터링·검토가 추가되었다. 이때 과제에는 긍정적인 요인 또는 상태 및 부정적 요인 또는 상태가 포함되어 있다.

② 이해관계자에 관한 요구사항의 추가(4.2)

QMS에 밀접하게 관련된 이해관계자와 그 요구사항의 명확화, 이들에 관한 정보의 모니터링·검토가 추가되었다.

③ 적용범위에 관한 요구사항의 추가(4.3)

적용범위 경계 및 그 적용 가능성을 결정하고, 적용 가능한 경우에는 ISO 9001의 요구사항을 모두 적용하는 것 등이 추가되었다.

④ 최고경영자의 역할 강화(조항 5)

QMS에 대한 최고경영자의 책임과 역할을 강조하고 있다. 최고경영자의 리더십으로 경영시스템의 효과성에 대한 설명책임, 고객요구사항의 실현, 프로세스 접근법(process approach)과 리스크에 기반한 사고방식 이용의 촉진 등이 추가되어, 경영대리인의 선임은 삭제되었다.

⑤ QMS 계획에 있어 리스크 및 기회의 명확화와 대처의 추가(6.1)

「4.1과 4.2를 고려한 계획을 책정할 것」, 「QMS가 그 의도한 결과를 달성할 수 있다는 확신을 줄 것」, 「바람직한 영향을 증대할 것」, 「바람직하지 않은 영향을 방지 또는 저감할 것」, 「개선을 달성할 때 리스크 및 기회를 결정할 것」이 추가되었다. 단, ISO 31000 규격「리스크 관리 – 원칙 및 지침」의 적용은 요구사항은 아니다.

⑥ 품질목표를 달성하기 위한 기획에 관한 요구사항의 추가(6.2)

품질목표를 달성하기 위한 실시사항, 필요 자원, 책임자, 실시사항의 완료 시기, 결과 평가 방법의 결정이 추가되었다.

⑦ 품질 매뉴얼 작성과 6개의 문서화 요구사항의 삭제

문서화된 정보의 유연성을 강화하기 위하여 품질매뉴얼 작성과 6개의 문서화 절차 필수 요구사항이 삭제되었다.

⑧ 자원의 추가 및 강화(조항 7)

인원, 프로세스 운용에 관한 인적요인, 조직의 지식, 인원이 인식해야 할 사항의 명확화 및 의사소통(내용, 시기, 대상, 방법, 담당자)이 추가되었다.

⑨ 제품실현의 요구사항의 추가 · 수정(조항 8)

설계 · 개발 입력(input)에 제품 및 서비스의 성질에 기인한 실패의 발생 가능한 모든 결과, 외부 제공자의 성과평가, 인적과실(사람들이 저지르는 실수 같은 것) 방지 조치, 제조 및 서비스 제공 변경의 관리 등이 추가되었다.

⑩ 모니터링 · 측정 · 분석 · 평가의 충실(9.1)

모니터링 및 측정이 필요한 대상, 타당한 결과를 확실하게 하기 위하여 필요한 모니터링, 측정, 분석 및 평가 방법, 모니터링 및 측정의 실시 시기, 모니터링 및 측정 결과의 분석 및 평가 시기 등이 추가되었다.

⑪ 경영검토 입력의 보완(9.3)

요구사항 변경에 동반하여 경영검토 입력사항이 보완되었다.

⑫ 예방조치 삭제

예방조치는 리스크에서의 대응에서 행해지도록 되었다.

⑬ 서비스 분야에의 배려

서비스 제공을 주로 하는 조직에의 적용을 보다 용이하게 하는 것을 목적으로, '제품'을 '제품 및 서비스'로, '작업환경'을 '프로세스 운용 환경'으로, '모니터링 장비 및 측정장비의 관리'를 '모니터링 자원 및 측정 자원' 등으로 변경되었다.

2.3 ISO 9001 시스템에 HLS의 적용 및 장점

HLS(High Level Structure)는 ISO/TMB/JTCG의 작업 결과물로서 경영시스템 표준에 대한 표준화된 구조로 적용되도록 하였다. Annex SL(2015)판에서는 ISO 9001, ISO 18001, ISO 14001 및 ISO 27001 등 모든 국제표준(ISO/TMB/JTGC)에 표준화된 상위수준의 경영시스템 구조를 일관되게 병용화 할 수 있도록 모든 이해관계자들의 니즈, 이슈에 대한 비즈니스 프로세스에 통합을 하도록 강조하고 있다. 〈표 1-3〉에서 HLS의 구조를 살펴보면 1항 적용 범위부터 3항 용어 및 정의까지는 서문에 해당되

〈표 1-3〉 HLS의 구조표

1. 적용범위				
2. 인용표준				
3. 용어 및 정의				

	4. 조직상황				
계획 (P)	4.1 조직과 조직 상황의 이해	4.2 이해관계자의 니즈와기대 이해	4.3 ***적용범위 결정	4.4 ***과 그 프로세스	
	5. 리더십				
	5.1 리더십과 의지표명		5.2 방침	5.3 조직의 역할, 책임 및 권한	
	6. 기획				
	6.1 리스크와 기회를 다루는 조치		6.2 ***목표와 달성 기획	6.3 변경의 기획	
	7. 지원				
	7.1 자원	7.2 역량/적격성	7.3 인식	7.4 의사소통	7.5 문서화된 정보
실시 (D)	8. 운용				
	8.1 운용기획 및 관리				
점검 (C)	9. 성과평가				
	9.1 모니터링, 측정, 분석 및 평가		9.2 내부 심사	9.3 경영검토/경영평가	
조치 (A)	10. 개선				
	10.1 부적합 및 시정조치		10.2 지속적 개선		

며 4항 조직상황, 5항 리더십, 6항 기획, 7항 지원은 계획(Plan) 단계이며, 그리고 실행(Do) 단계는 8항 운용이 되며, 점검(Check) 단계는 9항 성과평가가 되며 조치(Action) 단계는 10항 개선의 순서로 전개가 된다.

그리고 HLS 구조 적용의 장점을 보면 경영시스템 간의 병합성, 통합성이 수월하게 적용할 수 있다. 모든 경영시스템에 HLS 구조를 적용함으로써 경영시스템의 범위를 이해하고 이해관계자의 요구사항와 니즈 파악, 내·외부 이슈파악, 조직 내·외부 SWOT를 파악하여 경영시스템 관리의 효율성과 효과성을 제고할 수 있다. 이러한 파악된 내용을 업무 프로세스에 반영을 하도록 요구하고 있다. 특히 HLS에서는 모든 업무 프로세스 이전의 기획단계와 경영성과를 강조하고 있음을 알 수 있다.

경영시스템 표준의 일관성 및 병용성 개선을 위한 핵심사항은 다음과 같다.

① 요구사항의 제목 및 제목 순서 통일

② 요구사항의 공통본문 및 용의의 정의 제시

③ 특별한 경우, ISO TMB의 승인 하에 일부 수정 가능

2.4 ISO 9001 품질경영시스템 모델

조직이 기능을 효과적으로 발휘하기 위해서, 조직은 수많은 연결된 활동을 파악하고 관리하여야 한다. 입력이 출력으로 변환되도록 자원을 활용하고, 관리되는 활동은 프로세스로 볼 수 있다. 흔히 하나의 프로세스로부터 나온 출력은 바로 다음 프로세스의 입력이 될 수 있다.

프로세스의 파악과 상호작용, 그리고 그에 대한 관리를 포함하여, 조직 내에서

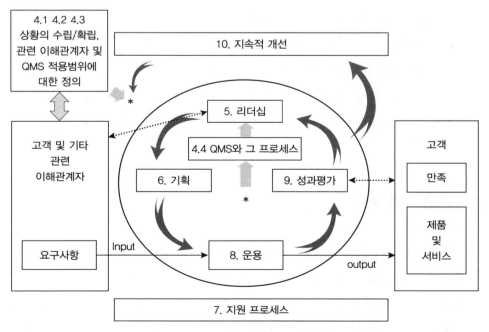

[그림 1-5] 품질경영시스템의 모델

프로세스로 구성 시스템을 적용하는 것을 '프로세스 접근방법이라 할 수 있다.

프로세스 접근 방법의 이점은 프로세스 접근 방법이 프로세스의 결합 및 상호작용에 대해서 뿐 아니라 프로세스로 구성된 시스템 내에서 개별 프로세스 간의 연결 전반에 걸친 진행 중(on going) 관리를 제공하는 것이다.

[그림 1-5]에 제시된 프로세스를 기반으로 한 품질경영시스템의 모델은 4.에서 10.까지의 프로세스 연결을 보여 준다. 고객만족의 모니터링은 조직이 고객 요구사항을 충족시켰는지에 대한 고객의 인식에 관련된 정보의 평가가 요구된다. [그림 1-5]에서의 모델은 ISO 9001 표준의 모든 요구사항을 다루고 있으나, 상세한 수준까지의 프로세스를 보여 주지는 않는다.

> **비고** '계획-실시-체크-조치(Plan- DO-Check-Action)'로 알려져 있는 방법론은 모든 프로세스에 대하여 적용될 수 있다. PDCA 모델은 다음과 같이 요약 설명할 수 있다.
> - 계획(plan): 고객 요구사항 및 조직의 방침에 따라 결과를 도출하는 데 필요한 목표 및 프로세스의 수립
> - 실시(do): 프로세스의 실행
> - 체크(check): 방침, 목표 및 제품 요구사항에 대하여 프로세스 및 제품의 모니터링, 측정 및 그 결과의 보고
> - 조치(action): 프로세스 성과를 지속적으로 개선하기 위한 활동

2.5 ISO 인증제도

물건을 사고자 하는 고객이나 바이어는 그 제품에 대한 품질수준, 품질보증능력을 확인하고자 한다. 이를 위해 공급자를 방문하여 제품을 비롯한 제조능력 등을 실사를 한다면 고객은 공급자 수만큼 평가를 해야 하는 번거롭고 비경제적인 문제가 발생하게 된다. 공급자나 조직의 입장에서 보면 많은 고객으로부터 여러 번 평가나

실사를 받게 된다. 이러한 상황이 국내뿐만 아니라 국제적으로 문제가 발생되어서 이를 효율적으로 해결할 수 있는 방법이 제3자 인증기관을 통한 인증제도인 것이다. 즉 일관된 평가기준에 의해 많은 고객들을 대신하여 인증기관이 대표로 공급자를 평가한다면 평가회수, 준비시간, 비용 등을 절감할 수가 있어 비합리성, 비효율성에서 벗어날 수 있을 것이다. [그림 1-6]에서는 인증제도 도입 전후의 상황을 정리하였다.

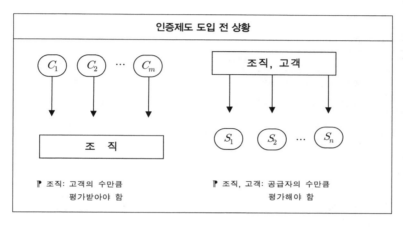

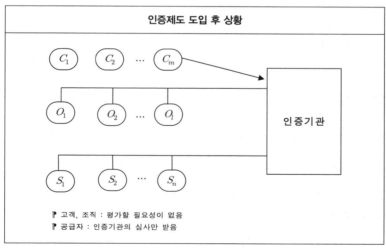

[그림 1-6] 인증제도 도입 전후의 상황

2.6 품질(시스템) 인증

제품에 대한 인증이 제품의 해당 표준에 대한 적합성, 즉 규정된 품질과 안전요
건의 충족을 증명하는 것임에 반하여 품질시스템 인증은 고객에게 제품이나 서비스
를 제공하는 조직의 전반적인 품질보증 능력을 심사하여 인증해 주는 제도이다.

인증을 간략하게 구분하면 다음 〈표 1-4〉와 같다.

〈표 1-4〉 인증 구분

구분	인증내용	사례
인증 대상별 구분	제품인증(product certification)	KS, NT, KT, Q 마크
	시스템인증(system certification)	ISO 9000, GMP
	안전(safety)	전 마크, UL 마크
인증 목적별 구분	품질(quality)	ISO 9000
	보건(health)	GMP
	환경보호, 소비자 보호, 에너지, 전자파 기타	E 마크, 열 마크, EMI/EMC
인증 규격별 구분	국제인증	ISO 9001, IECQ
	지역인증	CE
	국가인증	KS, JIS
	단체인증	UL, ASME

1) 적용 업종

① 하드웨어(Hardware): 제작한 부품이나 조립품으로 구성된 제품

② 소프트웨어(Software): 컴퓨터 소프트웨어를 비롯한 지식, 기술 등

③ Processed Material: 판재, 탱크, 파이프라인, 롤과 같은 용기에 포함하여 고
체, 액체, 기체 또는 이들의 혼합제로 구성된 제품

④ 서비스(Service): 고객과의 접촉에 의한 조직의 활동, 고객의 요구에 맞도록
하는 모든 조직의 활동 결과(호텔, 병원, 관청 등)

2) 인증의 필요성과 이점

① 고객의 인증 요구에 대응   ② 품질 및 생산성 향상

③ 제조물 책임에 대한 대비   ④ 중복된 품질심사 면제

⑤ 일관된 조직의 유지   ⑥ 기업의 체질 개선

⑦ 국제적 이미지와 신뢰성 제고

2.7 국내 경영시스템의 인증 체계

국내 경영시스템 인증제도([그림 1-7])를 관장하는 정부 기관은 지식경제부와 기술표준원이며 인정기관은 한국인정원(Korea Accreditation Board: KAB)이다. 한국인정원은 품질 및 환경경영시스템 인증제도에 대한 정부의 민간 운영 방침에 따라, 1995년 9월 28일에 설립되었고 지식경제부로부터 인정기관으로 지정받은 산하 법인으로서 현재는 품질 및 환경 분야를 포함한 경영시스템 인증과 자격인증 분야의 인정기관(Accreditation Body)으로 활동하고 있다.

한국인정원에서 수행하고 있는 경영시스템 인증 및 자격인증은 국제규격에 근

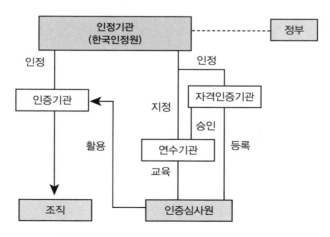

[그림 1-7] 국내 경영시스템 인증 체계

거한 것으로 인증대상과 독립적인 관계를 갖게 되는 제3자에 의해 운영되는 체제를 갖추고 있다.

경영시스템 인증제도는 조직의 경영시스템이 규정된 인증 규격에 대하여 적합한지를 제3자, 즉 적합성평가기관이 객관적으로 증명해주는 제도를 말하며, 이와 동일하게 자격인증제도는 사람이 규정된 인증 규격(예: 자격인증기관이 규정한 등록기준)에 대하여 적합한지를 제3자, 즉 자격인증기관이 객관적으로 증명해주는 제도이다.

2005년부터는 경영시스템 인증심사원에 대한 자격을 별도의 기관인 한국심사자격인증원(Korea Auditor Registration: KAR)에서 관리하고 있으며 그 외에 경영시스템에 대한 전문가 자격인증, 심사원 보수교육, 심사경력인정 특별과정을 운영하고 있으며 각 연수기관에 대한 품질경영, 환경경영, 안전보건경영, 식품안전 등 각 경영시스템의 심사원 교육과정을 승인하는 업무를 시행하고 있다.

2.8 ISO 9001 표준의 구조

〈표 1-5〉는 ISO 9001 표준의 기본 골격인 구조를 정리한 것이다.

〈표 1-5〉 ISO 9001 규격의 구조

계획 (P)	4. 조직상황			
	4.1 조직과 조직상황의 이해	4.2 이해관계자의 니즈와 기대 이해	4.3 QMS적용범위 결정	4.4 QMS과 그 프로세스
	5. 리더십			
	5.1 리더십과 의지표명	5.2 방침		5.3 조직의 역할, 책임 및 권한
	6. 기획			
	6.1 리스크와 기회를 다루는 조치	6.2 품질목표와 품질목표 달성 기획		6.3 변경의 기획
	7. 지원			
	7.1 자원 / 7.2 역량/적격성 / 7.3 인식 / 7.4 의사소통 / 7.5 문서화된 정보			

실시 (D)	8. 운용						
	8.1 운용기획 및 관리	8.2 제품 및 서비스 요구사항	8.3 제품 및 서비스의 설계와 개발	8.4 외부에서 제공되는 프로세스, 제품 및 서비스의 관리	8.5 생산 및 서비스 제공	8.6 제품 및 서비스의 불출/출시	8.7 부적합 출력/산출물의 관리

점검 (C)	9. 성과평가		
	9.1 모니터링, 측정, 분석 및 평가	9.2 내부 심사	9.3 경영검토/경영평가

조치 (A)	10. 개선		
	10.1 일반사항	10.2 부적합 및 시정조치	10.3 지속적 개선

3. ISO 9001 시스템 용어 및 정의

ISO 9001 품질경영시스템을 이해하기 위해서는 기본적으로 용어 및 정의에 대한 이해가 필수적이다. ISO 9000 : 2005년 표준에서는 총 80개의 용어로 증가되었으며, 일부 용어의 의미가 바뀌거나 새로운 용어들이 많기 때문에 명확하게 숙지할 필요가 있다. 또한 ISO 9001 : 2015년판에 사용된 용어 중 여기에 기술되어 있지 않은 용어는 사전적 의미로 해석할 수 있다.

3.1 사람 관련 용어

1) 최고경영자/최고경영진(top management)

최고 계층에서 조직(3.2.1)을 지휘하고 관리하는 사람 또는 그룹

> **비고 1** 최고경영자는 조직 내에서 권한을 위임하고 자원을 제공하는 힘을 가진다.
> **비고 2** 경영시스템(3.5.3)의 적용범위가 단지 조직의 일부만을 포함하는 경우, 조직의 그 일부분을 지휘하고 관리하는 사람들을 최고경영자로 부를 수 있다.
> **비고 3** 이 용어와 정의는 ISO/IEC Directives, 제1부의 통합 ISO 보충판의 부속서 SL에 제시된 ISO 경영시스템 표준을 위한 공통 용어와 핵심 정의 중의 하나이다.

2) 품질경영시스템 컨설턴트(quality management system consultant)

자문 또는 정보(3.8.2) 제공으로 품질경영시스템 실현(3.4.3)에 대해 조직(3.2.1)을 지원하는 사람

비고 1 품질경영시스템 컨설턴트는 품질경영시스템(3.5.4)의 일부를 실현하는 데에도 지원할 수 있다.

비고 2 KS Q ISO 10019 : 2011는 역량이 없는 품질경영시스템 컨설턴트와 역량 있는 컨설턴트를 어떻게 구분하는지에 대한 지침을 제공해 준다.

[출처: KS Q ISO 10019 : 2011, 3.2의 변경]

3) 참여(involvement)

활동, 이벤트 또는 상황에 참가

4) 적극참여(engagement)

공유된 목표(3.7.1)를 달성하기 위한 활동에 참여(3.1.3)하고 공헌함

5) 형상/컨피규레이션 책임자(configuration authority)

형상/컨피규레이션 관리위원회(configuration control board)
형상/컨피규레이션 처리책임자(dispositioning authority)
형상(3.10.6)에 대해 의사결정을 하는 책임과 권한이 부여된 사람, 또는 사람들의 집단

비고 조직(3.2.1) 내외부의 관련 이해관계자(3.2.3)는 형상 결정 시 참석하여야 할 것이다.

6) 분쟁해결자(dispute resolver)

〈고객만족〉 분쟁(3.9.6)을 해결함에 있어 당사자들을 지원하기 위해 DRP-공급자(3.2.7)에 의해 지정된 개인

보기 임직원, 지원자, 계약(3.4.7)된 사람

[출처: KS Q ISO 10003 : 2011, 3.7의 변경]

3.2 조직 관련 용어

1) 조직(organization)

조직의 목표(3.7.1) 달성에 대한 책임, 권한 및 관계가 있는 자체의 기능을 가진 사람 또는 사람의 집단이다.

비고 1 조직의 개념은 다음을 포함하나 이에 국한되지 않는다.
개인사업자, 회사, 법인, 상사, 기업, 당국, 파트너십, 협회(3.2.8), 자선단체 또는 기구, 혹은 이들이 통합이든 아니든 공적이든 사적이든 이들의 일부 또는 조합

비고 2 이 용어와 정의는 ISO/IEC Directives, 제1부의 통합 ISO 보충판의 부속서 SL에 제시된 ISO 경영시스템 표준을 위한 공통 용어와 핵심 정의 중의 하나이다.

2) 조직상황(context of the organization)

조직(3.2.1)의 목표(3.7.1) 달성과 개발에 대한 조직의 접근법에 영향을 줄 수 있는 내부 및 외부 이슈의 조합이다.

비고 1 조직의 목표는 조직의 제품(3.7.6)과 서비스(3.7.7), 투자, 그리고 조직의 이해 관계자(3.2.3)를 향한 행동양식과 관련이 있을 수 있다.

비고 2 조직상황에 관한 개념은 이익 추구를 위한 것이므로, 비영리 또는 공공 서비스 조직과 동일하게 적용 가능하다.

비고 3 영어에서, 이 개념은 종종 '사업환경', '조직환경' 또는 '조직의 에코시스템'과 같은 다른 용어로 언급되기도 한다.

비고 4 기반구조(3.5.2)를 이해하는 것은 조직상황을 정의하는 데 도움이 될 수 있다.

3) 이해관계자(interested party)

이해당사자(stakeholder)

의사결정 또는 활동에 영향을 줄 수 있거나, 영향을 받을 수 있거나 또는 그들 자신이 영향을 받는다는 인식을 할 수 있는 사람 또는 조직(3.2.1)

보기 고객(3.2.4), 소유주, 조직 내 인원, 공급자(3.2.5), 금융인, 규제당국, 노동조합, 파트너 또는 경쟁자 또는 반대 입장의 압력집단을 포함하는 사회

비고 이 용어와 정의는 ISO/IEC Directives, 제1부의 통합 ISO 보충판의 부속서 SL에 제시된 ISO 경영시스템 표준을 위한 공통 용어와 핵심 정의 중의 하나이다. 본래의 정의는 보기가 추가됨으로써 변경되었다.

4) 고객(customer)

개인 또는 조직(3.2.1)을 위해 의도되거나 그들에 의해 요구되는 제품(3.7.6) 또는 서비스(3.7.7)를 받을 수 있거나 제공받는 개인 또는 조직

보기 소비자, 고객, 최종 사용자, 소매업자, 내부 프로세스(3.4.1)로부터의 제품 또는 서비스 수령자, 수혜자 및 구매자

비고 고객은 조직의 내부 또는 외부가 될 수 있다.

5) 공급자(provider)

공급자(supplier)

제품(3.7.6) 또는 서비스(3.7.7)를 제공하는 조직(3.2.1)

제품(3.7.66) 또는 서비스(3.7.7)의 생산자, 유통업자, 소매업자 또는 판매자

공급자는 조직의 내부 또는 외부일 수 있다.

계약 상황에서 공급자는 때때로 '계약자'로 불린다.

6) 외부 공급자(external provider)

외부 공급자(external supplier)

조직(3.2.1)의 일부분이 아닌 공급자(3.2.5)

제품(3.7.6) 또는 서비스(3.7.7)의 생산자, 유통업자, 소매업자 또는 판매자

7) DRP 공급자(DRP-provider)

분쟁 해결 프로세스 공급자

외부 분쟁(3.9.6) 해결 프로세스(3.4.1)를 제공하고 운영하는 개인 또는 조직(3.2.1)

일반적으로, DRP 공급자는 법적 실체이고, 조직 또는 사람으로부터 개인과 고소인을 분리한다. 이런 방식으로 독립성과 공정성에 관한 속성이 강조된다. 어떤 상황에서는 미해결된 불만(3.9.3)을 처리하기 위하여 독립된 부문이 조직 내에 수립된다.

DRP 공급자는 분쟁 해결을 제공하기 위하여 당사자들과 계약(3.4.7)하고, 성과(3.7.8)에 책임을 갖는다. DRP 공급자는 분쟁해결자(3.1.6)을 제공한다. DRP 공급자는 또한 재정 지원, 사무 지원, 일정계획 지원, 교육훈련, 회의실, 감독

및 유사 기능을 제공하는 지원, 실행, 기타 경영 임직원을 활용한다.

비고3 DRP 공급자들은 비영리, 영리 및 공적 실체를 포함하여 많은 형태를 취할 수 있다. 협회(3.2.8)도 DRP 공급자가 될 수 있다.

비고4 KS Q ISO 10003 : 2011에서는 DRP 공급자라는 용어 대신에, '공급자'라는 용어가 사용된다.

8) 협회(association)

〈고객만족〉 회원 조직 또는 사람들로 구성된 조직(3.2.1)

9) 측정학적/계량학적 기능(metrological function)

측정관리시스템(3.5.7)을 정의하고 실행할 운영적 및 기술적 책임을 가지는 기능적 단위

[출처: KS Q ISO 10012 : 2004, 3.6의 변경]

3.3 활동 관련 용어

1) 개선(improvement)

성과(3.7.8)를 향상시키기 위한 활동

비고 활동은 반복될 수 있거나 한 번일 수 있다.

2) 지속적 개선(continual improvement)

성과(3.7.8)를 향상시키기 위하여 반복하는 활동

목표(3.7.1)를 수립하고 개선(3.3.1)을 위한 기회를 찾는 프로세스(3.4.1.)는 심사 발견사항(3.13.9) 및 심사결론(3.13.10), 데이터 분석(3.8.1), 경영(3.3.3) 검토(3.11.2) 또는 다른 수단의 활용을 통한 지속적인 프로세스이며, 일반적으로 시정조치(3.12.2) 또는 예방조치(3.12.1)로 이르게 한다.

비고 2 이 용어와 정의는 ISO/IEC Directives, 제 1부의 통합 ISO 보충판의 부속서 SL에 제시된 ISO 경영시스템 표준을 위한 공통 용어와 핵심 정의 중의 하나이다.

3) 경영/관리(management)

조직(3.2.1)을 지휘하고 관리하는 조정 활동

비고 1 경영은 방침(3.5.8)과 목표(3.7.1)의 수립, 그리고 이러한 목표들을 달성하기 위한 프로세스(3.4.1)의 수립이 포함될 수 있다.

비고 2 '경영'이라는 용어가 때때로 사람, 즉 조직의 운영 및 관리에 권한과 책임을 갖는 사람 또는 그룹을 언급하는 경우가 있다. '경영'이 이러한 의미로 사용될 때는 위에서 정의된 활동의 집합이라는 '경영' 개념과의 혼동을 피하기 위해 어떤 형태의 수식어가 항상 사용되어야 한다. 예를 들면, '경영자는 ~하여야 한다'는 안 되고, '최고경영자는 ~하여야 한다'가 옳은 표현이다. 그 외에는 사람과 관련되는 개념을 전달하기 위해서는 예를 들어, 경영자의/관리자의(managerial), 또는 경영자/관리자(managers)와 같이 다른 단어가 사용되어야 할 것이다.

4) 품질경영(quality management)

품질(3.6.2)에 관한 경영(3.3.3)

비고 품질경영에는 품질방침(3.5.9)과 품질목표(3.7.2)의 수립, 그리고 품질기획

(3.3.5), 품질보증(3.3.6), 품질관리(3.3.7) 및 품질개선(3.3.8)을 통해서 이러한 품질목표를 달성하기 위한 프로세스(3.4.1)의 수립이 포함될 수 있다.

5) 품질기획(quality planning)

품질목표(3.7.2)를 세우고, 품질목표를 달성하기 위하여 필요한 운용 프로세스(3.4.1) 및 관련 자원을 규정하는 데 중점을 둔 품질경영(3.3.4)의 일부이다.

비고   품질계획서(3.8.9)를 작성하는 것은 품질기획의 일부가 될 수 있다.

6) 품질보증(quality assurance)

품질요구사항(3.6.5)이 충족될 것이라는 신뢰를 제공하는 데 중점을 둔 품질경영(3.3.4)의 일부

7) 품질관리(quality control)

품질요구사항(3.6.5)을 충족하는 데 중점을 둔 품질경영(3.3.4)의 일부

8) 품질개선(quality improvement)

품질요구사항(3.6.5)을 충족시키는 능력을 증진하는 데 중점을 둔 품질경영(3.3.4)의 일부

비고   품질요구사항은 효과성(3.7.11), 효율성(3.7.10), 또는 추적성(3.6.13)과 같은 어떠한 측면과도 관련될 수 있다.

9) 형상관리(configuration management)

형상(3.10.6)을 지시하고 관리하기 위한 조정 활동

비고 형상관리는 일반적으로, 제품의 수명 주기를 통하여 제품(3.7.6) 또는 서비스 (3.7.7), 그리고 그 것의 형상정보(3.6.8)의 관리를 수립하고 유지하는 기술적이고 조직적인 활동에 집중한다.

10) 변경관리(change control)

〈형상관리〉 형상정보(3.6.8)에 대한 공식적인 승인 후, 출력(3.7.5)을 관리하기 위한 활동

11) 활동(activity)

〈프로젝트 관리〉 프로젝트(3.4.2)에서 파악된 가장 작은 업무 대상

12) 프로젝트 관리(project management)

프로젝트(3.4.2)의 모든 측면에 관한 기획, 조직, 모니터링(3.11.3), 관리 및 보고, 그리고 프로젝트 목표를 달성하기 위하여 프로젝트에 참여한 모든 인원에 대한 동기 부여

[출처: KS Q ISO 10006 : 2004 3.6]

13) 형상 대상(configuration object)

최종 사용 기능을 만족하는 형상(3.10.6)내외 대상(3.6.1)

[출처: KS Q ISO 10007 : 2003 3.5의 변경]

3.4 프로세스 관련 용어

1) 프로세스(process)

의도된 결과를 만들어 내기 위해 입력을 사용하여 상호 관련되거나 상호 작용하는 활동의 집합이다.

비고1 프로세스의 '의도된 결과'는 출력(3.7.5), 제품(3.7.6), 또는 서비스(3.7.7) 중 무엇인지는 내용의 문맥에 따른다.

비고2 프로세스에 대한 입력은 일반적으로 다른 프로세스의 출력이고, 프로세스의 출력은 일반적으로 다른 프로세스의 입력이다.

비고3 연속된 둘 또는 그 이상의 상호 관련되거나 상호 작용하는 연속되는 프로세스도 하나의 프로세스로 볼 수 있다.

비고4 조직(3.2.1)의 프로세스는 가치를 부가하기 위하여, 일반적으로 관리된 조건 하에서 계획되고 수행된다.

비고5 결과로 산출된 출력은 적합성(3.6.11)이 즉시, 또는 경제적으로 실현성을 확인할 수 없는 프로세스를 흔히 '특별 프로세스'라고 한다.

비고6 이 용어와 정의는 ISO/IEC Directives, 제1부의 통합 ISO 보충판의 부속서 SL에 제시된 ISO 경영시스템 표준을 위한 공통 용어와 핵심 정의 중의 하나이다. 본래의 정의는 변경되었으며 프로세스와 출력에 대한 정의 간의 애매함을 방지하기 위해 비고 1∼비고 5가 추가되었다.

2) 프로젝트(project)

착수일과 종료일이 있는, 조정되고 관리되는 활동의 집합으로 구성되어 시간, 비용 및 자원의 제약을 포함한, 특정 요구사항(3.6.4)에 적합한 목표(3.7.1)를 달성하기 위해 수행되는 고유의 프로세스(3.4.1).

비고 1 개별 프로젝트는 더 큰 프로젝트 구족의 부분으로 구성될 수 있으며, 일반적으로 정해진 착수일과 종료일을 가지고 있다.

비고 2 어떤 프로젝트에서는 목표와 범위가 최신화되고 제품(3.7.6) 또는 서비스(3.7.7) 특성(3.10.1)이 프로젝트가 진행되면서 점진적으로 정의된다.

비고 3 프로젝트의 출력(3.7.5)은 제품 또는 서비스의 하나 또는 여러 단위일 수 있다.

비고 4 프로젝트의 조직(3.2.1)은 보편적으로 일시적이며, 프로젝트의 수행기간 동안 정해진다.

비고 5 프로젝트 활동 간의 상호 작용의 복잡성은 프로젝트 규모에 반드시 관련되는 것은 아니다.

3) 품질경영시스템 실현(quality management system realization)

품질경영시스템(3.5.4)을 수립, 문서화, 실행, 유지 및 지속적으로 개선하는 프로세스(3.4.1)

4) 역량/적격성 획득(competence acquisition)

역량(3.10.4)을 갖추는 프로세스(3.4.1)

5) 절차(procedure)

활동 또는 프로세스(3.4.1)를 수행하기 위하여 규정된 방식

비고 절차는 문서화될 수도 있고 문서화되지 않을 수도 있다.

6) 외주처리하다(동사)[outsource (verb)]

외부 조직(3.2.1)이 조직의 기능 또는 프로세스(3.6.1)의 일부를 수행하도록 하다.

비고 1 외주처리된 기능 또는 프로세스가 경영시스템의 범위 내에 있다 하더라도 외부 조직은 경영시스템(3.5.3) 범위 밖에 있다.

비고 2 영어에서 '설계', 그리고 '개발'이라는 단어와 '설계 및 개발'이라는 용어는 때로는 동의어로 사용되고, 때로는 전체 설계 및 개발의 상이한 단계를 규정하는 데 사용되기도 한다.

프랑스어에서는 '개념(conception)', 그리고 '개발'이라는 단어와 '개념 및 개발'이라는 용어가 때로는 동의어로 사용되고, 때로는 전체 설계 및 개발의 상이한 단계를 규정하는 데 사용되기도 한다.

비고 3 설계 및 개발되고 있는 것의 성격을 나타내는 수식어가 적용될 수 있다. [예: 제품(3.7.6) 설계 및 개발, 서비스(3.7.7) 설계 및 개발 또는 프로세스 설계 및 개발]

3.5 시스템 관련 용어

1) 시스템(system)

상호 관련되거나 상호 작용하는 요소들의 집합

2) 기반구조(infrastructure)

〈조직〉 조직(3.2.1)의 운영에 필요한 시설, 장비 및 서비스(3.7.7.)의 시스템(3.5.1)

3) 경영시스템(management system)

방침(3.5.8)과 목표(3.7.1)를 수립하고 그 목표를 달성하기 위한 프로세스(3.4.1)를 수립하기 위한, 상호 관련되거나 상호 작용하는 조직(3.2.1) 요소의 집합

비고 1 경영시스템은 예를 들면, 품질경영(3.3.4), 재무경영 또는 환경경영 등, 단일

또는 다수의 분야를 다룰 수 있다.

비고2 경영시스템 요소는 조직의 구조, 역할과 책임, 기획, 운영, 방침, 관행, 규칙, 신념, 목표, 그리고 이들 목표를 달성하기 위한 프로세스 등을 수립한다.

비고3 경영시스템의 적용범위는 조직 전체, 조직의 특정한, 그리고 파악된 기능, 조직의 특정한, 그리고 파악된 부문, 또는 조직 그룹 전체에 잇는 하나 또는 그 이상의 기능을 포함할 수 있다.

비고4 이 용어와 정의는 ISO/IEC Directives, Part 1에 통합된 ISO 부록판의 부속서 SL에 제시된 ISO 경영시스템 표준을 위한 공통 용어와 핵심 정의 중의 하나이다. 본래의 정의에서 비고 1~비고 3이 변경되었다.

4) 품질경영시스템(quality management system)

품질(3.6.2)에 관한 경영시스템(3.5.3)의 일부

5) 업무환경(work environment)

업무가 수행되는 여건의 집합

비고 여건은 물리적, 사회적, 심리적 및 환경적 요인(온도, 조명, 포상제도, 직무 스트레스, 인간공학 및 공기의 성분과 같은)이 포함될 수 있다.

6) 측정학적/계량학적 확인(metrological confirmation)

측정장비(3.11.6)가 의도된 용도에 대한 요구사항(3.6.4)에 적합함을 보장하는 데 필요한 운영의 집합

비고1 측정학적 확인은 일반적으로 교정 또는 검증(3.8.12), 필요한 모든 조정 또는 수리(3.12.9) 및 후속적인 재교정, 측정기기의 의도된 사용을 위한 측정학적 요구사항과의 비교는 물론, 요구되는 모든 밀봉 및 라벨링을 포함한다.

비고 2 측정학적 확인은 의도된 사용을 위한 측정장비의 적절성이 실증되고 문서화될 때까지는, 또는 실증되고 문서화되지 않는 한 달성되지 않는다.

비고 3 의도된 사용을 위한 요구사항에는 범위, 분해능, 최대 허용오차 등과 같은 고려사항이 포함될 수 있다.

비고 4 측정학적 요구사항은, 일반적으로, 제품(3.7.6) 요구사항과는 구별되고, 제품 요구사항에는 규정되지 않는다.

7) 측정관리시스템(measurement management system)

측정프로세스(3.11.5) 관리와 측정학적 확인(3.5.6)을 달성하는 데 필요한 상호 관련되거나 상호작용하는 요소들의 집합

8) 방침(policy)

〈조직〉 최고경영자(3.1.1)에 의해 공식적으로 표명된 조직(3.2.1)의 의도 및 방향

비고 이 용어와 정의는 ISO/IEC Directives, 제1부의 통합 ISO 보충판의 부속서 SL에 제시된 ISO 경영시스템 표준을 위한 공통 용어와 핵심 정의 중의 하나이다.

9) 품질방침(quality policy)

품질(3.6.2)에 관한 방침(3.5.8)

비고 1 일반적으로 품질방침은 조직(3.2.1)의 전반적인 방침과 일관성이 있어야 하고, 조직의 비전(3.5.10)과 미션(3.5.11)에 정렬될 수 있으며, 품질목표(3.7.2)를 설정하기위한 틀을 제공한다.

비고 2 이 표준에 제시된 품질경영원칙은 품질방침의 수립을 위한 토대가 될 수 있다.

10) 비전(vision)

〈조직〉 최고경영자(3.1.1)에 의해 표명된 조직(3.2.1)이 되고 싶어하는 것에 대한 열망

11) 미션/사명(mission)

〈조직〉 최고경영자(3.1.1)에 의해 표명된 조직(3.2.1)의 존재하는 목적

12) 전략(strategy)

장기 또는 종합적인 목표(3.7.1)를 달성하기 위한 계획

3.6 요구사항 관련 용어

1) 대상(object)

실체(entity)
항목(item)
인지할 수 있거나 생각할 수 있는 것

보기 제품(3.7.6), 서비스(3.7.7), 프로세스(3.4.1), 사람, 조직(3.2.1), 시스템(3.5.1), 자원

비고 대상은 물질(예: 엔진, 종이 한 장, 다이아몬드), 빗물질(예: 전환 계수, 프로젝트 계획), 또는 상상적(예: 조직의 미래상)일 수 있다.

2) 품질(quality)

대상(3.6.1)의 고유 특성(3.10.1)의 집합이 요구사항(3.6.4)을 충족시키는 정도

'품질'이라는 용어는 나쁜, 좋은 또는 우수함과 같은 형용사와 같이 사용될 수 있다.

'고유'는 '부여'와 반대되는 뜻으로 대상(3.6.1)에 존재하는 것을 의미한다.

3) 등급(grade)

동일한 기능으로 사용되는 대상(3.6.1)에 대하여 상이한 요구사항(3.6.4)으로 부여되는 범주 또는 순위

보기 항공권의 등급 및 호텔 안내서의 호텔의 등급(category)

비고 품질 요구사항(3.6.5)을 수립할 때, 일반적으로 등급이 규정된다.

4) 요구사항(requirement)

명시적인 니즈 또는 기대, 일반적으로 묵시적이거나 의무적인 요구 또는 기대

비고1 '일반적으로 묵시적인'은 조직(3.2.1) 및 이해관계자(3.2.3)의 요구 또는 기대가 묵시적으로 고려되는 관습 또는 일상적인 관행을 의미한다.

비고2 규정된 요구사항은, 예를 들면 문서화된 정보(3.8.6)에 명시된 것을 말한다.

비고3 요구사항의 특정 형태를 나타내기 위해 수식어가 사용될 수 있다. [예: 제품 (3.7.6) 요구사항, 품질경영(3.3.4) 요구사항, 고객(3.2.4) 요구사항, 품질(3.6.5) 요구사항]

비고4 요구사항은 다른 이해관계자(3.2.5) 또는 조직 자신에 의해 만들어질 수 있다.

비고5 고객의 기대가 명시되지 않거나 일반적으로 암시 또는 강제적이지 않더라도 높은 고객만족(3.9.2)을 달성하기 위해서는 고객의 기대를 충족시키는 것이 필요할 수 있다.

비고6 이 용어와 정의는 ISO/IEC Directives, 제1부의 통합 ISO 보충판의 부속서 SL에 제시된 ISO경영시스템 표준을 위한 공통용어와 핵심정의 중의 하나이

다. 본래의 정의는 비고 3~비고 5를 추가함으로써 변경되었다.

5) 품질요구사항(quality requirement)

품질(3.6.2)에 관련된 요구사항(3.6.4)

6) 법적 요구사항(statutory requirement)

법적 기관이 규정한 의무 요구사항(3.6.4)

7) 규제적 요구사항(regulatory requirement)

법적 기관으로부터 위임 받은 기관이 규정한 의무 요구사항(3.6.4)

8) 제품형상 정보(product configuration information)

제품(3.7.6) 설계, 실현, 검증(3.8.12), 운영 및 지원에 대한 요구사항(3.6.4) 또는 기타 정보

9) 부적합(nonconformity)

요구사항(3.6.4)의 불충족

비고 이 용어와 정의는 ISO/IEC Directives, 제1부의 통합 ISO 보충판의 부속서 SL에 제시된 ISO 경영시스템 표준을 위한 공통용어와 핵심정의 중의 하나이다.

10) 결함(defect)

의도되거나 규정된 용도에 관련된 부적합(3.6.9)

비고1 결함과 부적합이 법적 사항을 함축하고 있으며, 특히 제품(3.7.6) 및 서비스
(3.7.7) 책임 문제와 관련되기 때문에 결함과 부적합에 대한 개념의 구분이 중
요하다.

비고2 고객(3.2.4)에 의한 의도된 용도는 공급자(3.2.5)가 제공한 운용 또는 정비 지침
서와 같은 정보(3.8.2)의 성격에 의해 영향을 받을 수 있다.

11) 적합(conformity)

요구사항(3.6.4)의 충족

비고1 영어에서 'conformance'가 동의어지만 사용되지 않는다. 프랑스어에서
'compliance'가 동의어지만 사용되지 않는다.

비고2 이 용어와 정의는 ISO/IEC Directives, 제1부의 통합 ISO 보충판의 부속서
SL에 제시된 ISO 경영시스템 표준을 위한 공통용어와 핵심정의 중의 하나이
다. 본래의 정의는 비고 1을 추가함으로써 변경되었다.

12) 능력(capability)

해당 출력에 대한 요구사항(3.6.4)을 충족시키는 출력(3.7.5)을 실현할 수 있는 대
상(3.6.1)의 능력

비고 통계학 분야의 프로세스(3.4.1) 능력이란 용어는 KS Q ISO 3534-2에 정의되
어 있다.

13) 추적성(traceability)

대상(3.6.1)의 이력, 적용 또는 위치를 추적하는 위한 능력

비고1 제품(3.7.6) 또는 서비스(3.7.7)를 고려하는 경우, 추적성은 다음과 관련될 수

있다.

소재 및 부품의 출처; 프로세싱 이력; 인도 후 제품 또는 서비스의 유통(distri-bution) 및 위치

비고 2 측정학 분야에서는 ISO/IEC Gukde 99의 정의가 채택되었다.

14) 신인성(dependability)

요구되는 만큼, 그리고 요구될 때 수행할 수 있는 능력

15) 혁신(innovation)

가치를 실현하거나 재분배하는 새로운 또는 변화된 대상(3.6.1)

비고 1 혁신의 결과를 가져오는 활동은 일반적으로 관리된다.

비고 2 혁신은 일반적으로 그 영향이 크다.

3.7 결과 관련 용어

1) 목표(objective)

달성되어야 할 결과

비고 1 목표는 전략적, 전술적, 또는 운영적일 수 있다.

비고 2 목표는(예: 재무, 안전보건, 환경목표) 다른 분야와 관련될 수 있고, 상이한 계층 [예: 전략적, 조직(3.2.1)-전반, 프로젝트(3.4.2), 제품(3.7.6), 그리고 프로세스(3.4.1)]에 적용될 수 있다.

비고 3 목표는 다른 방식, 예를 들면, 품질목표(3.7.2)로서 의도된 결과(outcome),

목적, 운영기준으로, 또는 비슷한 의미를 갖는 다른 용어[예: 목표(aim), 목표 (goal), 세부목표(target)]의 사용에 의해 표현될 수 있다.

비고 4 품질경영시스템(3.5.4) 맥락에서 특정 결과를 달성하기 위해서는, 품질목표 (3.7.2)는 조직(3.2.1)에 의해서 수립되고, 품질방침(3.5.9)과 일관성이 있다.

비고 5 이 용어와 정의는 ISO/IEC Directives, 제1부의 통합 ISO 보충판의 부속서 SL에 제시된 ISO 경영시스템 표준을 위한 공통 용어와 핵심 정의 중의 하나 이다. 본래의 정의는 비고 2를 추가함으로써 변경되었다.

2) 품질목표(quality objective)

품질(3.6.2)에 관련된 목표(3.7.1)

비고 1 품질목표는 일반적으로 조직(3.2.1)의 품질방침(3.6.9)에 기초한다.

비고 2 품질목표는 일반적으로 조직(3.2.1)의 관련 기능, 계층, 그리고 프로세스(3.4.1) 에 대해서 규정된다.

3) 성취/성공(success)

〈조직〉 목표(3.7.1)의 달성

비고 조직(3.2.1)의 성취는 그 경제적 또는 재무적 이익과 고객(3.2.4), 사용자, 투자 자/주주(소유주), 조직 내 인원, 공급자(3.2.6), 파트너, 이익집단과 공동체(in- terest groups and communities)와 같은 이해관계자(3.2.3)의 니즈 간의 균형에 대한 필요성을 강조한다.

4) 지속적 성취/성공(sustained success)

〈조직〉 일정 기간 동안에 걸친 성취(3.7.3)

비고 1 지속적 성취는 조직(3.2.1)의 경제적, 재무적 이익과 사회적 및 생태적 환경의 이익 간의 균형의 필요성을 강조한다.

비고 2 지속적 성취는 고객(3.2.4), 소유주, 조직 내 인원, 공급자(3.2.5), 은행가, 조합, 파트너 또는 사회와 같은 조직의 이해관계자(3.2.3)에 관련된다.

5) 출력/산출물(output)

프로세스(3.4.1)의 결과

비고 조직(3.2.1)의 출력이 제품(3.7.6)인지 또는 서비스(3.7.7)인지는 관련된 특성(3.10.1)의 우세함에 의존한다. 예를 들면 갤러리의 판매용 그림은 제품인 반면에, 의뢰 받은 그림의 공급은 서비스이다. 소매점에서 구매한 햄버거는 제품인 반면에, 레스토랑에서 주문을 받고 주문된 햄버거를 제공하는 것은 서비스의 일부이다.

6) 제품(product)

조직(3.2.1)과 고객(3.2.4)간에 어떠한 행위/거래/처리(transaction)도 없이 생산될 수 있는 조직의 출력(3.7.5)

비고 1 제품의 생산은 공급자(3.2.5)와 고객 간의 필연적으로 일어나는 어떠한 행위도 없이 달성되나, 종종 이것에 고객에게 제품을 인도하는 서비스(3.7.7) 요소를 포함할 수 있다.

비고 2 제품의 지배적인 요소는 일반적으로 유형적이라는 것이다.

비고 3 하드웨어는 유형적이며 그 양은 셀 수 있는 속성(3.10.1)이 있다(예: 타이어). 가공물질은 유형적이며 그 양은 연속되는 속성이다(예: 연료, 음료수). 하드웨어와 가공물질은 흔히 상품이라 불린다. 소프트웨어는 전달매체(예: 컴퓨터 프로그램, 모바일폰 앱, 지침서, 사전내용, 뮤지컬 작곡 저작권, 면허증)와 관계없이 정보(3.8.2)로 구성되어 있다.

7) 서비스(service)

조직(3.2.1)과 고객(3.2.4) 간에 필수적으로 수행되는 적어도 하나의 활동을 가지는 조직의 출력(3.7.5)

비고1 서비스의 지배적인 요소는 일반적으로 무형적이라는 것이다.

비고2 서비스는 종종 고객과의 접점에서 고객요구사항(3.6.4)을 수립하는 활동뿐만 아니라 서비스의 인도를 위한 활동들을 포함하며, 은행, 회계법인, 정부 기관 (예: 학교, 병원)같이 지속적인 관계성을 포함할 수 있다.

비고3 서비스 제공은 예를 들면, 다음을 포함할 수 있다.
- 고객이 제공한 유형의 제품(3.7.6)에 수행된 활동(예: 수리될 차)
- 고객이 제공한 무형의 제품에 수행된 활동(예: 세금환급 준비에 필요한 손익계산서)
- 무형의 제품의 인도[예: 지식 전달 차원에서의 정보(3.8.2)의 인도]
- 고객을 위한 분위기 창조(예: 호텔 및 레스토랑에서)

비고4 서비스는 일반적으로 고객이 경험한다.

8) 성과(performance)

측정 가능한 결과

비고1 성과는 정량적 또는 정성적 발견 사항과 관련될 수 있다.

비고2 성과는 활동(3.3.11), 프로세스(3.4.1), 제품(3.7.6) 서비스(3.7.7.), 시스템(3.5.1) 또는 조직(3.2.1)의 경영(3.3.3)에 관련될 수 있다.

비고3 이 용어와 정의는 ISO/IEC Directives, 제1부의 통합 ISO 보충판의 부속서 SL에 제시된 ISO경영시스템 표준을 위한 공통 용어와 핵심 정의 중의 하나이다. 본래의 정의는 비고 2를 수정함으로써 변경되었다.

9) 리스크(risk)

불확실성의 영향

비고 1 영향은 긍정적 또는 부정적 예상으로부터 벗어나는 것이다.

비고 2 불확실성은 사건, 사건의 결과 또는 가능성에 대한 이해 또는 지식에 관련된 정보(3.8.2)의 부족, 심지어 부분적으로 부족한 상태이다.

비고 3 리스크는 흔히 잠재적인 사건(ISO Guide 73 : 2009, 3.5.1.3)과 결과(ISO Guide 73 : 2009, 3.6.1.3), 또는 이들의 조합으로 특정지어진다.

비고 4 리스크는 흔히(주변환경의 변화를 포함하는) 사건의 결과와 연관된 발생가능성 (ISO Guide 73 : 2009, 3.6.1.1)의 조합으로 표현된다.

비고 5 '리스크'란 용어는 때로는 부정적인 결과의 가능성만이 있을 때 사용된다.

비고 6 이 용어와 정의는 ISO/IEC Directives, 제1부의 통합 ISO 보충판의 부속서 SL에 제시된 ISO경영시스템 표준을 위한 공통 용어와 핵심 정의 중의 하나이다. 본래의 정의는 비고 5를 추가함으로써 변경되었다.

10) 효율성(efficiency)

달성된 결과와 사용된 자원 간의 관계

11) 효과성(effectiveness)

계획된 활동이 실현되어 계획된 결과가 달성되는 정도

비고 이 용어와 정의는 ISO/IEC Directives, 제1부의 통합 ISO 보충판의 부속서 SL에 제시된 ISO 경영시스템 표준을 위한 공통 용어와 핵심 정의 중의 하나이다. 본래의 정의는 문구를 수정함으로써 변경되었다.

3.8 데이터, 정보 및 문서 관련 용어

1) 데이터(data)

대상(3.6.1)에 관한 사실

2) 정보(information)

의미 있는 데이터(3.8.1)

3) 객관적 증거(objective evidence)

사물의 존재 또는 사실을 입증하는 데이터(3.8.1)

비고 1 객관적 증거는 관찰, 측정(3.11.4), 시험(3.11.8), 또는 다른 수단을 통해 얻어질 수 있다.

비고 2 심사(3.13.1) 목적을 위한 객관적 증거는 일반적으로 심사기준(3.13.7)에 관련되고, 검증 기능한 기록(3.8.10), 사실을 진술 또는 다른 정보(3.8.2)로 구성되어 있다.

4) 정보시스템(information system)

〈품질경영시스템〉 조직(3.2.1) 내에서 사용되는 의사소통 채널의 네트워크

5) 문서(document)

정보(3.8.2) 및 정보가 포함된 매체

보기 기록(3.8.10), 시방서(3.8.7), 절차문서, 도면, 보고서, 표준

매체는 종이, 자기, 전자 또는 광학 컴퓨터 디스크, 사진이나 한도견본 또는 그것의 조합이 될 수 있다.

비고2 예를 들면, 시방서 및 기록(3.8.11)과 같은 일련의 문서를 종종 '문서류'라 칭한다.

비고3 어떤 요구사항(3.6.4)(예: 읽을 수 있어야 하는 요구사항)은 모든 형태의 문서에 관련된다. 그러나 시방서(예: 개정관리가 되어야 하는 요구사항)와 기록(예: 검색 가능해야 하는 요구사항)에 대한 요구사항은 다를 수 있다.

6) 문서화된 정보(documented information)

조직(3.2.1)에 의해 관리되고 유지되도록 요구되는 정보(3.8.2) 및 정보가 포함되어 있는 매체

비고1 문서화된 정보는 어떠한 형태 및 매체일 수 있으며 어떠한 출처로부터 올 수 있다.

비고2 문서화된 정보는 다음으로 언급될 수 있다.
- 관련 프로세스(3.4.1)를 포함하는 품질경영시스템(3.5.3)
- 조직에서 운영하기 위해서 만든 정보(문서화)
- 달성된 결과의 증거[기록(3.8.10)]

비고3 이 용어와 정의는 ISO/IEC Directives, 제1부의 통합 ISO 보충판의 부속서 SL에 제시된 ISO경영시스템 표준을 위한 공통 용어와 핵심 정의 중의 하나이다.

7) 시방서(specification)

요구사항(3.6.4)을 명시한 문서(3.8.5)

보기 품질매뉴얼(3.8.8), 품질계획서(3.8.9), 기술도면, 절차문서, 작업지침

비고 1 시방서는 활동[예: 절차문서, 프로세스(3.4.1) 시방서 및 시험(3.11.8) 시방서], 또는 제품(3.7.6)[예: 제품시방서, 성능(3.7.8) 시방서 및 도면]에 관련될 수 있다.

비고 2 요구사항을 추가적으로 시방서 기술하는 것은 설계 및 개발(3.4.8)에 의해 달성되는 결과를 명시하는 것이며, 그에 따라 어떤 경우에는 기록(3.8.10)으로 사용될 수 있다.

8) 품질매뉴얼(quality manual)

조직(3.2.1)의 품질경영시스템(3.5.4)에 대한 시방서(3.8.7)

비고 품질매뉴얼은 개별 조직(3.2.1)의 규모와 복잡성에 적절하게 세부적으로, 그리고 형태가 다양할 수 있다.

9) 품질계획서(quality plan)

특정 대상(3.6.1)에 대해 적용시점과 책임을 정한 절차(3.4.5) 및 연관된 자원에 관한 시방서(3.8.7)

비고 1 이들 절차는 일반적으로 품질경영(3.3.4) 프로세스(3.4.1)와 제품(3.7.6) 및 서비스(3.7.7)실현 프로세스에서 언급하는 것들을 포함한다.

비고 2 품질계획서는 흔히 품질매뉴얼(3.8.8)이나 절차 문서(3.8.5)의 일부를 인용한다.

비고 3 품질계획서는 일반적으로 품질기획(3.3.5)의 결과 중 하나이다.

10) 기록(record)

달성된 결과를 명시하거나 수행한 활동의 증거를 제공하는 문서(3.8.5)

비고 1 기록은 예를 들면, 추적성(3.6.13)을 공식화하고 검증(3.8.12), 예방조치(3.12.1) 및 시정조치(3.12.2)의 증거를 제공하기 위해 사용될 수 있다.

일반적으로 기록은 개정 관리할 필요가 없다.

11) 프로젝트 관리 계획서(project management plan)

프로젝트(3.4.2)의 목표(3.7.1)를 만족시키는 데 필요한 것을 명시한 문서(3.8.5)

프로젝트 관리 계획은 프로젝트 품질계획서(3.8.9)를 포함하거나 참조하여야
할 것이다.
프로젝트 관리 계획은 조직 구조, 자원, 일정, 예산, 리스크(3.7.9) 경영(3.3.3),
환경경영, 안전 보건경영 및 보안경영에 관련된 것과 같은 다른 계획 또한 적
절하게 포함하거나 인용한다.

12) 검증(verification)

규정된 요구사항(3.6.4)이 충족되었음을 객관적 증거(3.8.3)의 제시를 통하여 확
인하는 것.

검증에 필요한 객관적 증거는 검사(3.11.7)의 결과 또는 대체계산 수행이나 문
서(3.8.5) 검토와 같이 다른 형태의 확인결정(3.11.1)의 결과일 수 있다.
검증을 위해 수행된 활동은 때로는 자격인정 프로세스(3.4.1)라 불린다.
'검증된'이란 단어는 부합하는 상태를 지정하기 위해 사용된다.

13) 실현성 확인/타당성 확인(validation)

특정하게 의도된 용도 또는 적용에 대한 요구사항이 충족되었음을 객관적 증거
(3.8.3)의 제시를 통하여 확인하는 것이다.

실현성 확인에 필요한 객관적 증거는 시험(3.11.8)의 결과, 또는 대체계산 수
행이나 문서(3.8.5) 검토와 같은 확인결정(3.11.1)의 다른 형태이다.

비고 2 '실현성 확인된'이란 단어는 부합하는 상태를 지정하기 위해 사용된다.

비고 3 실현성 확인을 위한 사용 조건은 실제 또는 모의 상황일 수 있다.

14) 형상 상태 기록(configuration status accounting)

제품형상 정보(3.6.8), 제안된 변경의 상태 및 승인된 변경의 실행상태에 관한 공식적인 기록 및 보고

15) 특정 사안(specific case)

〈품질계획서〉 품질계획서(3.8.9)의 주제

비고 이 용어는 ISO 10005 내에서 프로세스(3.4.1), 제품(3.7.6), 프로젝트(3.4.2) 또는 계약(3.4.7)의 반복을 피하기 위해 사용된다.

3.9 고객 관련 용어

1) 피드백(feedback)

〈고객만족〉 제품(3.7.6), 서비스(3.7.7), 또는 불만-처리 프로세스(3.4.1)에 대한 의견, 논평 및 관심의 표현

2) 고객만족(customer satisfaction)

고객의 기대가 어느 정도까지 충족되었는지에 대한 고객(3.2.4)의 인식

비고 1 제품(3.7.6) 또는 서비스(3.7.7)가 인도될 때까지 고객의 기대가 조직(3.2.1), 또는 해당 고객 자신에게조차 알려지지 않을 수 있다. 명시되지도 않고 일반적

으로 암시 또는 강제되지 아니할지라도 높은 고객만족을 달성하는 것이 고객의 기대를 충족시키는 데 필요할 수 있다.

비고 2 불만(3.8.3)은 낮은 고객만족의 공통 지표지만 그 부재가 반드시 높은 고객 만족을 암시하지는 않는다.

비고 3 고객 요구사항(3.6.4)이 고객과 합의되고 충족되었다 할지라도, 이것이 반드시 높은 고객만족을 암시하지는 않는다.

3) 불만/불평(complaint)

〈고객 만족〉 제품(3.7.6) 또는 서비스(3.7.7)에 관련되거나, 대응 또는 해결이 명시적 또는 묵시적으로 기대되는 불만-처리 프로세스(3.4.1) 자체에 관련되어 조직(3.2.1)에 제기된 불만족의 표현

4) 고객 서비스(customer service)

제품(3.7.6) 또는 서비스(3.7.7)의 전 과정에 걸친 고객(3.2.4)과 조직(3.2.1)의 상호작용

[출처: ISO 10002 : 2014, 3.5의 변경 – '서비스' 용어가 정의에 포함됨]

5) 고객만족 행동강령/행동수칙(customer satisfaction code of conduct)

고객만족(3.9.2) 향상을 목표로 그 행위와 관련하여 조직(3.2.1)이 고객(3.2.4)에게 한 약속과 관련 규정

비고 1 관련 규정에는 목표(3.7.1), 조건, 제한사항, 접촉 정보(3.8.2), 그리고 불만(3.9.3) 취급절차(3.4.5)가 포함될 수 있다.

비고 2 KS Q ISO 10001 : 2011에서는 '고객만족 행동강령/행동수칙' 대신 '규범(code)' 이란 용어가 사용된다.

6) 분쟁(dispute)

〈고객만족〉 불만(3.9.3)으로부터 발생되어 DRP-공급자(3.2.7)에게 제출된 의견 차이

> **비고** 어떤 조직(3.2.1)은 그들의 고객(3.2.4)으로 하여금 우선 먼저 DRP 공급자에게 자신의 불만족을 표현하게 한다. 이런 상황에서 응답을 받기 위해 조직에 보내진 경우 불만족의 표현은 불만이 되며, 그리고 DRP 공급자의 중재 없이 조직에 의해 해소되지 않을 경우에 분쟁이 된다. 많은 조직은 조직 외부적으로 분쟁 해결을 시도하기 전에, 그들의 고객이 조직에 대한 어떠한 불만이든 먼저 표현하는 것을 선호한다.

3.10 특성 관련 용어

1) 특성(characteristic)

구별되는 특징(distinguishing feature)

> **비고 1** 특성은 고유하거나 부여될 수 있다.
> **비고 2** 특성은 정성적 또는 정량적일 수 있다.
> **비고 3** 특성에는 다음과 같은 여러 가지 분류가 있다.
> - 물리적(예: 기계적, 전기적, 화학적 또는 생물학적 특성)
> - 관능적(예: 후각, 촉각, 미각, 시각, 청각에 관련된 특성)
> - 행동적(예: 예의, 정직, 성실)
> - 시간적(예: 정시성, 신뢰성, 가용성, 연속성)
> - 인간공학적(예: 생리적 특성 또는 인명 안전에 관련된 특성)
> - 기능적(예: 항공기의 최고 속도)

2) 품질특성(quality characteristic)

요구사항(3.6.4)과 관련된 대상(3.6.1)의 고유 특성(3.10.1)

비고1 고유라는 의미는 사물에 존재하는 것, 특히 영구적인 특성을 뜻한다.
비고2 대상에 부여된 특성(예: 대상의 가격)은 그 대상의 품질특성이 아니다.

3) 인적 요인(human factor)

고려 중인 대상(3.6.1)에 영향을 미치는 사람의 특성(3.10.1)

비고1 특성은 물리적, 인지적 또는 사회적일 수 있다.
비고2 인적 요인은 경영시스템(3.5.3)에 중대한 영향을 미칠 수 있다.

4) 역량/적격성(competence)

의도된 결과를 달성하기 위해 지식 및 스킬을 적용하는 능력

비고1 입증된 역량은 때로는 자격인정이라고 언급된다.
비고2 이 용어와 정의는 ISO/IEC Directives, 제1부의 통합 ISO 보충판의 부속서 SL에 제시된 ISO경영시스템 표준을 위한 공통 용어와 핵심 정의 중의 하나이다. 본래의 정의는 비고 1을 추가함으로써 변경되었다.

5) 측정학적/계량학적 특성(metrological characteristic)

측정결과(3.11.4)에 영향을 미칠 수 있는 특성(3.10.1)

비고1 측정장비(3.11.6)는 일반적으로 여러 가지 측정학적 특성을 가지고 있다.
비고2 측정학적 특성은 교정 대상이 될 수 있다.

6) 형상(configuration)

제품형상 정보(3.6.8)에 정의된 제품(3.7.6) 또는 서비스(3.7.7)의 상호 연재된 기능적, 물리적 특성(3.10.1)

[출처: KS Q ISO 1007 : 2003, 3.3의 변경 – '서비스' 용어가 정의에 포함됨]

7) 형상 베이스라인(configuration baseline)

제품 또는 서비스의 전 과정에 걸쳐서 활동의 기준으로 사용되는, 특정 시점에서의 제품(3.7.6) 또는 서비스(3.7.7)의 특성(3.10.1)을 구성하는 승인된 제품형상 정보(3.6.8)

3.11 결정 관련 용어

1) 확인결정/결정(determination)

하나 또는 하나 이상의 특성(3.10.1) 및 그들 특성값을 찾아내기 위한 활동

2) 검토(review)

수립된 목표(3.7.1) 달성을 위한 대상(3.6.1)의 적절성, 충족성 또는 효과성(3.7.11)에 대한 확인결정(3.11.1)

보기 경영검토, 설계 및 개발(3.4.8) 검토, 고객(3.2.4) 요구사항(3.6.4)의 검토, 시정조치(3.12.2) 검토 및 동등성 검토

비고 검토에는 효율성(3.7.10)의 확인결정도 포함할 수 있다.

3) 모니터링(monitoring)

시스템(3.5.1), 프로세스(3.4.1), 제품(3.7.6), 서비스(3.7.7) 또는 활동의 상태를 확인 결정(3.11.1)

비고 1 상태를 확인결정하기 위해서는 확인, 감독 또는 심도 있는 관찰이 필요할 수 있다.

비고 2 모니터링은 일반적으로 다른 시간대 또는 다른 단계에서 수행되는 대상 (3.6.1)의 상태에 대한 확인결정 활동이다.

비고 3 이 용어와 정의는 ISO/IEC Directives, 제1부의 통합 ISO 보충판의 부속서 SL 에 제시된 ISO경영시스템 표준을 위한 공통 용어와 핵심 정의 중의 하나 이다. 본래의 정의와 비고 1은 변경되었으며, 비고 2와 비고 3이 추가되었다.

4) 측정(measurement)

값을 결정/확인결정하는 프로세스(3.4.1)

비고 1 KS Q ISO 3534-2에 의하면, 일반적으로 결정된 값은 정량적인 값이다.

비고 2 이 용어와 정의는 ISO/IEC Directives, 제1부의 통합 ISO 보충판의 부속서 SL에 제시된 ISO 경영시스템 표준을 위한 공통 용어와 핵심 정의 중의 하나 이다. 본래의 정의는 비고 1이 추가됨으로써 변경되었다.

5) 측정 프로세스(measurement process)

양적인 값을 결정/확인결정하는 업무의 집합

6) 측정장비(measuring equipment)

측정 프로세스(3.11.5)를 실현하는 데 필요한 측정기기, 소프트웨어, 측정표준,

표준물질이나 보조기구 또는 그 조합

7) 검사(inspection)

규정된 요구사항(3.6.4)에 대한 적합(3.6.11)의 확인결정(3.11.1)

비고1 검사 결과가 적합함을 보여주면, 그것은 검증(3.8.12)의 목적으로 사용될 수 있다.

비고2 검사 결과는 적합이나 부적합(3.6.9) 또는 적합의 정도를 나타낼 수 있다.

8) 시험(test)

특정하게 의도된 용도 또는 적용을 위한 요구사항(3.6.4)에 따른 확인결정(3.11.1)

비고 시험 결과가 적합(3.6.11)함을 보여주면, 그것은 실현성 확인(3.8.13)의 목적으로 사용될 수 있다.

9) 진도평가(progress evaluation)

〈프로젝트 관리〉프로젝트(3.4.2) 목표(3.7.1)의 달성에 대해 진행된 진도를 평가

비고1 이 평가는 프로젝트 프로세스(3.4.1)와 제품(3.7.6) 또는 서비스(3.7.7)의 기준에 근거하여, 프로젝트 프로세스에 전반에 걸쳐 프로젝트 라이프 사이클의 적절한 시점에서 수행되어야 할 것이다.

비고2 진도평가의 결과는 프로젝트 관리계획서(3.8.11)의 변경으로 이어질 수 있다.

[출처: KS Q ISO 10006 : 2003, 3.4의 변경 - 비고 변경]

3.12 조치 관련 용어

1) 예방조치(preventive action)

잠재적 부적합(3.6.9) 또는 기타 원하지 않는 잠재적 상황의 원인을 제거하기 위한 조치

비고 1 잠재적 부적합의 원인에는 하나 이상의 원인이 있을 수 있다.

비고 2 예방조치는 발생을 방지하기 위하여 취해지는 반면, 시정조치(3.12.2)는 재발을 방지하기 위해 취해진다.

2) 시정조치(corrective action)

부적합(3.6.9)의 원인을 제거하고 재발을 방지하기 위한 조치

비고 1 부적합의 원인에는 하나 이상의 원인이 있을 수 있다.

비고 2 시정조치는 재발을 방지하기 위해 취해지는 반면, 예방조치(3.12.1)는 발생을 방지하기 위하여 취해진다.

비고 3 이 용어와 정의는 ISO/IEC Directives, 제1부의 통합 ISO 보충판의 부속서 SL에 제시된 ISO 경영시스템 표준을 위한 공통 용어와 핵심 정의 중의 하나이다. 본래의 정의는 비고 1과 비고 2가 추가됨으로써 변경되었다.

3) 시정(correction)

발견된 부적합(3.6.9)을 제거하기 위한 행위

비고 1 시정은 시정조치(3.12.2) 이전에, 시정조치와 연계하거나 그 이후에 수행될 수 있다.

비고 2 시정은 예를 들면, 재작업(3.12.8) 또는 재등급(3.12.4)이 될 수 있다.

4) 재등급/등급변경(regrade)

최초 요구사항과 다른 요구사항(3.6.4)에 적합하도록 부적합(3.6.9)한 제품(3.7.6) 또는 서비스(3.7.7)의 등급(3.6.3)을 변경하는 것이다.

5) 특채(concession)

규정된 요구사항(3.6.4)에 적합하지 않은 제품(3.7.6) 또는 서비스(3.7.7)를 사용하거나 불출(3.12.7)하는 것에 대한 허가

비고 특채는 일반적으로 부적합(3.6.9)한 특성(3.10.1)을 갖는 제품 및 서비스가 규정된 제한 조건 내에 제한된 양 또는 일정한 기간 내, 특별한 사용을 위해 인도되는 것에 국한한다.

6) 규격완화(deviation permit)

실현되기 전의 제품(3.7.6) 또는 서비스(3.7.7)가 원래 규정된 요구사항(3.6.4)을 벗어나는 것에 대한 허가

비고 규격완화는 일반적으로 제품 및 서비스의 한정된 수량에 대해 또는 한정된 기간에 대해, 그리고 특정 용도에 대해 주어진다.

7) 불출/출시/해제(release)

프로세스(3.4.1)의 다음 단계 또는 다음 프로세스로 진행하도록 허가

비고 영어로, 소프트웨어 및 문서(3.8.5)의 맥락에서, 'release'란 단어는 흔히 소프트웨어 버전 또는 문서 자체를 말하는 것으로 사용된다.

8) 재작업(rework)

부적합(3.6.9)한 제품(3.7.6) 또는 서비스(3.7.7)에 대해 요구사항(3.5.4)에 적합하도록 하는 조치

비고 재작업은 부적합한 제품 또는 서비스의 부분에 영향을 미치거나 부분을 변경할 수 있다.

9) 수리(repair)

부적합(3.6.9)한 제품(3.7.6) 또는 서비스(3.7.7)에 대해 의도된 용도대로 쓰일 수 있도록 하는 조치

비고1 부적합 제품 또는 서비스의 성공적인 수리는 반드시 제품을 요구사항(3.6.4)에 적합하게 할 필요는 없다. 수리와 연계되어 특채(3.12.5)가 요구될 수 있다.
비고2 수리는, 예를 들면 유지보수의 일부와 같이, 이전에 적합했던 제품 또는 서비스를 사용할 수 있도록 복원하는 복구 활동을 포함한다.
비고3 수리는 부적합 제품 또는 서비스의 부분에 영향을 미치거나 부분을 변경할 수 있다.

10) 폐기(scrap)

부적합(3.6.9) 제품(3.7.6) 또는 서비스(3.7.7)에 대해 원래의 의도된 용도로 쓰이지 않도록 취하는 조치

보기 리사이클, 파기

비고 부적합한 서비스 상황에서는, 서비스 중지로 그 이용이 불가능하게 된다.

3.13 심사 관련 용어

1) 심사(audit)

심사기준(3.13.7)에 충족되는 정도를 결정하기 위하여 객관적인 증거(3.8.3)를 수집하고 객관적으로 평가하기 위한 체계적이고 독립적이며 문서화된 프로세스(3.4.1)

비고 1 심사의 기본적인 요소는 심사 대상에 책임이 없는 인원에 의해 수행되는 절차(3.4.5)에 따라, 대상(3.6.1)의 적합성(3.6.11)에 대한 확인결정(3.11.1)을 포함한다.

비고 2 심사는 내부 심사(1자 심사), 또는 외부 심사(2자 또는 3자)가 있으며, 결합심사(3.12.2) 또는 합동심사(3.13.3)가 있을 수 있다.

비고 3 때로는 1자 심사로 불리는 내부 심사는 경영(3.3.3) 검토(3.11.2)와 기타 내부 목적을 위하여 조직(3.2.1)에 의해, 또는 조직 자신을 대신해서 수행되며, 조직의 자체 적합성 선언의 기초로 구성할 수 있다. 독립성은 심사대상 활동에 대한 책임자로부터 자유롭다는 것으로 입증될 수 있어야 한다.

비고 4 외부심사는 일반적으로 2자 심사와 3자 심사로 불리는 심사를 포함한다. 2자 심사는 조직과 이해관계가 있는 관계자, 예를 들면, 고객(3.2.4) 또는 고객을 대신한 다른 사람 등에 의해서 수행된다. 3자 심사는 적합성인증/등록을 제공하는 외부의 독립된 심사조직 또는 정부 기관에 의해 수행된다.

비고 5 이 용어와 정의는 ISO/IEC Directives, 제1부의 통합 ISO 보충판의 부속서 SL에 제시된 ISO 경영시스템 표준을 위한 공통 용어와 핵심 정의 중의 하나이다. 프로세스와 출력에 대한 정의 간의 애매함을 방지하기 위해 본래의 정의는 변경되었으며 비고 3과 비고 4가 추가되었다.

2) 결합심사(combined audit)

한 피 심사자(3.13.12)에 둘 이상의 경영시스템(3.5.3)이 함께 수행되는 심사(3.13.1)

비고 결합심사에 포함될 수 있는 경영시스템의 일부는 조직(3.2.1)에 의해 적용되는 관련 경영시스템, 제품표준, 서비스 표준 또는 프로세스 표준에 의해 식별될 수 있다.

3) 합동심사(joint audit)

둘 이상의 심사 조직(3.2.1)에 의해 한 피심사자(3.13.12.)에게 수행되는 심사(3.13.1)

4) 심사 프로그램(audit programme)

특정한 기간 동안 계획되고, 특정한 목적을 위하여 관리되는 하나 또는 그 이상의 심사(3.13.1)의 조합

5) 심사범위(audit scope)

심사(3.13.1)의 영역과 경계

비고 심사범위는 일반적으로 물리적 위치, 조직단위, 활동, 프로세스(3.4.1)에 대한 기술을 포함한다.

[출처: KS Q ISO 19011 : 2013, 3.14의 변경-비고 변경]

6) 심사계획서(audit plan)

심사(3.13.1)와 관련된 활동과 준비사항을 기술한 문서

7) 심사기준(audit criteria)

객관적인 증거(3.8.3)를 비교하는 기준으로 사용되는 방침(3.5.8), 절차(3.4.5) 또는 요구사항(3.6.4)의 조합

[출처: KS Q ISO 19011 : 2013, 3.2의 변경-'심사증거' 용어가 '객관적 증거'로 대체되었음]

8) 심사증거(audit evidence)

심사기준(3.13.7)에 관련되고 검증할 수 있는 기록, 사실의 기술 또는 기타 정보

9) 심사 발견사항(audit findings)

심사기준(3.13.7)에 대하여 수집된 심사증거(3.13.8)를 평가한 결과

비고1 심사 발견사항은 적합(3.6.11) 또는 부적합(3.6.9)으로 나타난다.

비고2 심사 발견사항은 개선(3.8.1)의 기회 파악 또는 좋은 관행의 기록으로 이어질 수 있다.

비고3 영어에서, 심사기준(3.13.7)이 법규 요구사항(3.6.6) 또는 규제 요구사항(3.6.7)으로 선택된 경우, 심사 발견사항은 준수 또는 비준수라고 불릴 수 있다.

10) 심사결론(audit conclusion)

심사목표 및 모든 심사 발견사항(3.13.9)을 고려한 심사(3.13.1) 결과

11) 심사 의뢰자(audit client)

심사(3.13.1)를 요청하는 조직(3.2.1) 또는 개인

12) 피심사자(auditee)

심사를 받는 조직(3.2.1)

13) 심사팀(audit team)

심사(3.13.1)를 수행하는 한 사람 또는 그 이상의 인원, 필요한 경우 기술전문가(3.13.16)의 지원을 받는다.

심사팀의 한 심사원(3.13.15)은 심사팀장으로 지명된다.

심사팀에는 훈련 중인 심사원을 포함할 수 있다.

14) 심사원(auditor)

심사(3.13.1)를 수행하는 인원

15) 기술전문가(technical expert)

〈심사〉 심사팀(3.13.14)에 특정한 지식 또는 전문성을 제공하는 사람

특정 지식 또는 전문성은 심사 대상이 되는 조직(3.2.1), 프로세스(3.4.1) 또는 활동에 관련되거나, 언어 또는 문화와 관련된 것이다.

기술전문가는 실사팀(3.13.14)에서 심사원(3.13.15)의 역할을 하지 않는다.

16) 참관인(observer)

〈심사〉 심사팀(3.13.14)과 동행하지만 심사원(3.13.15)의 역할을 하지 않는 사람.

참관인은 피심사자(3.13.12)의 인원, 관계 당국 또는 입회심사(3.13.1)를 수행하는 기타 이해관계자(3.2.3)가 될 수 있다.

1. 품질경영의 의미를 설명하라.

2. 품질경영의 원칙을 나열하고 간략히 설명하라.

3. 시스템이란 무엇인가?

4. 품질경영시스템의 의미를 설명하라.

5. 품질경영시스템의 요건을 설명하라.

6. 품질경영시스템의 절차에 대하여 설명하라.

7. ISO란 무엇이며 설립목적 및 주요업무에 대하여 설명하라.

8. ISO 9000's 표준이란 무엇인지를 설명하라.

9. ISO 9001 표준의 특징에 대하여 설명하라.

10. ISO 9000 패밀리란 무엇인지를 설명하라.

11. 2015년 판 ISO 9001 규격의 개정 방향 및 구체적인 개정내용에 대하여 설명하라.

12. ISO 9001 품질경영시스템 모델을 작성하고 그 의미를 설명하라.

13. HLS란 무엇이며 경영시스템에 이 개념을 도입, 적용 장점은 무엇인가?

14. ISO 9001 표준을 PDCA관점에서 각 항을 나열하라.

15. 다음 용어를 정의하라.

① 문서화된 정보	② 프로세스	③ 제품	④ 신인성(dependability)
⑤ 결함(defect)	⑥ 부적합	⑦ 시정과 시정조치	⑧ 재작업과 수리
⑨ 특채(concession)	⑩ 검사와 시험	⑪ 시방서	⑫ 역량/적격성
⑬ 효과성과 효율성			

제 2 부

ISO 9001 품질경영시스템 요구사항

0. 개요

0.1 일반사항

품질경영시스템의 도입은 조직의 전체적인 성과를 개선하고, 지속 가능한 발전 계획(initiative)을 위한 견실한 기반을 제공하는 데 도움이 될 수 있는 전략적 의사결정이다.

이 표준을 기반으로 한 품질경영시스템의 실행이 조직에 미치는 잠재적 이점은 다음과 같다.

a) 고객 요구사항, 그리고 적용되는 법적 및 규체적 요구사항에 적합한 제품 및 서비스를 일관되게 제공할 수 있음
b) 고객만족을 증진하기 위한 기회를 촉진함
c) 조직의 상황 및 목표와 연관된 리스크와 기회를 다룸
d) 규정된 품질경영시스템 요구사항에 적합함을 실증할 수 있음

이 표준은 내부 및 외부 당사자에 의해 활용될 수 있다.
이 표준은 다음과 같은 필요성(need)을 나타내려고 의도된 것은 아니다.

- 상이한 품질경영시스템의 구조 통일화
- 이 표준의 조항 구조에 따른 문서화의 정렬
- 조직 내에서 이 표준의 특정 용어 사용

이 표준에서 규정된 품질경영시스템 요구사항은 제품 및 서비스에 대한 요구사항과 상호 보완적이다.

이 표준은 계획-실행-조치(PDCA) 사이클과 리스크기반 사고가 포함된 프로세

스 접근법을 활용한다. 프로세스 접근법을 통하여 조직은 프로세스들과 그 상호 작용을 계획할 수 있다.

PDCA 사이클을 통하여 조직은 프로세스에 충분한 자원이 제공되어 관리되는 것과, 개선 기회가 파악되어 조치되는 것을 보장할 수 있다.

리스크기반 사고를 통하여 조직은 프로세스와 품질경영시스템이 계획된 결과로부터 벗어나게 하는 요인을 정할 수 있고, 부정적인 영향을 최소화하는 예방관리를 시행할 수 있으며, 기회가 있으면 기회를 최대한 활용할 수 있다(A.4 참조).

요구사항을 일관되게 충족시키고, 미래의 니즈와 기대를 다루는 일은, 점점 더 역동적이고 복잡한 환경에서 조직에게 도전이 된다.

이 목표를 달성하기 위하여, 조직은 시정과 지속적 개선에 추가하여 획기적인 변화, 혁신 및 조직 개편과 같이 다양한 형태의 개선을 채택하는 것이 필요하다는 것을 알게 될 것이다.

이 표준에서 다음과 같은 조동사 형태가 사용된다.

- '하여야 한다(shall)'는 요구사항을 의미한다.
- '하는 것이 좋다/하여야 할 것이다(should)'는 권고사항을 의미한다.
- '해도 된다(may)'는 허용을 의미한다.
- '할 수 있다(can)'는 가능성 또는 능력을 의미한다.

" 비고 "로 표기된 정보는 관련된 요구사항을 이해하거나 명확히 하기 위한 가이던스(guidance)다.

— [출처: KS Q ISO 9001] —

1) 요점사항

- 품질경영시스템의 도입-조직의 전략적 의사결정
- 품질경영시스템의 실행이 조직에 미치는 잠재적 이점
- PDCA 사이클과 리스크기반 사고가 포함된 프로세스 접근법 활용

2) 해설

품질경영시스템은 조직의 전략적 의사결정에 의해 도입되어야 하며 이는 최고
경영자에 의해 주도적으로 도입되어야 한다. 즉, 경영전략의 일환으로 도입되고 추
진되어야 한다. 이것은 품질경영시스템의 역할이 조직의 성과개선에 도움이 되는 것
으로 효과적인 시스템을 설계하여, 이에 기반을 둔 운영관리를 하는 개념이다.

ISO 9001 표준을 기반으로 한 품질경영시스템의 실행이 조직에 미치는 잠재적
이점은 다음과 같다.

① 고객 요구사항, 적용되는 법적 및 규제적 요구사항에 적합한 제품 및 서비스
   의 일관된 제공능력
② 고객만족을 증진하기 위한 기회 촉진
③ 조직의 상황 및 목표와 연관된 리스크와 기회 조치
④ 규정된 품질경영시스템 요구사항의 적합함에 대한 실증 능력

품질경영시스템은 조직의 고유한 것으로 업종, 업태, 규모가 같아도 운영형태는
다르기 때문에 조직에 맞게 구축하여야 효율적이다. 즉 품질경영시스템의 설계 및
실행은 조직의 다양한 요구사항, 제공되는 제품, 프로세스 및 조직의 규모 및 구조 등
에 따라 달라질 수 있다.

특히 조직의 특성이나 문화가 각기 다르기 때문에 구조의 획일화나 문서화의 획
일화는 이 품질경영시스템의 규격에서는 원하는 바가 아니므로 각기 체질에 알맞은
PDCA 사이클과 리스크기반 사고가 포함된 프로세스 접근법으로 시스템을 구축하
여야 할 것이다.

0.2 품질경영원칙

이 표준은 ISO 9000에 기술된 품질경영원칙을 기반으로 한다. 기술 내용에는 각 원칙의 설명, 품질경영원칙이 조직에 왜 주요한가에 대한 논리적 근거, 품질경영원칙에 연관된 이점의 몇 가지 사례, 그리고 품질경영원칙을 적용할 때에 조직의 성과를 개선하기 위한 대표적 활동의 사례가 포함된다.

품질경영원칙은 다음과 같다.

- 고객중시
- 리더십
- 인원의 적극참여
- 프로세스 접근법
- 개선
- 증거기반 의사결정
- 관계관리/관계경영

[출처: KS Q ISO 9001]

1) 요점사항

- 품질경영 7원칙

2) 해설

품질경영시스템은 품질경영원칙 7가지를 기본으로 한다.

① 고객중시(Customer focus): 기업의 생존과 발전은 고객에 의존한다. 따라서 품질경영의 주요 초점은 고객 요구사항을 이해하고 고객 요구 및 기대사항을 충족시켜야 한다. 즉, 고객 및 이해관계자의 현재와 미래의 니즈를 이해하는 것은 조직의 성공에 기여한다.

② 리더십(Leadership): 경영자들은 조직의 목적과 방향의 일관성을 확립해야 한다. 경영자는 조직원들이 조직의 목표를 달성하는 데 충분히 참여될 수 있는 환경을 조성하여야 한다. 방향 및 목적하는 바가 일치되는 사람들의 적극적인 참여로 조직은 목표달성을 위해 수반되는 전략, 방침, 프로세스 및 자원 등을 효율적으로 연계할 수 있다.

③ 인원의 적극참여(Engagement of people): 모든 구성원은 조직의 중심이며, 조직 전반에 걸쳐 역량과 권한을 가지고 적극적으로 품질목표에 참여하는 사람은 가치를 창출하고 전달하는 조직의 능력 증진을 가능케 한다. 조직을 효과적이고 효율적으로 관리하기 위해서는 모든 부문, 모든 계층에서 참가하는 것이 시너지효과를 극대화할 수 있다.

④ 프로세스 접근법(Process approach): 품질경영을 실행하기 위해서는 일관된 시스템으로 상호 관련된 프로세스활동이 이해되고 관리되어질 때 일관성 있고 예측 가능한 결과는 더욱 효율적으로 달성되어진다. 또한 주어진 목표를 위해 상호 관련된 프로세스를 하나의 시스템으로 파악하고, 이해하며 관리하는 것이 조직의 효과성과 효율화에 기여한다.

⑤ 개선(Improvement): 성공하는 조직은 지속적으로 개선에 초점을 두고 있다. 조직의 총체적 성과에 대한 지속적인 개선은 조직의 영속적인 목표이어야 한다. 따라서 개선은 현재 조직의 수준을 유지하고 대내외 환경변화에 대응하여 새로운 기회를 창조하기 위해 필수적이다.

⑥ 증거기반 의사결정(Evidence-based Decision Making): 데이터 및 정보의 분석과 평가에 따른 의사결정은 바라는 결과를 얻을 수 있는 가능성이 더 높아진다. 의사결정은 복잡한 프로세스가 될 가능성이 있어서 항상 어느 정도의 불확실성이 존재한다. 따라서 효과적인 의사결정을 위해서는 데이터 및 정보의 분석이 토대가 되어야 한다.

⑦ 관계관리/관계경영(Relationship Management): 지속적인 성공을 위해서는 조직은 공급자와 다른 이해관계자와의 관계를 관리해야 한다. 밀접하게 관련된 이해관계자는 조직의 성과에 영향을 크게 미친다. 지속적인 성공을 위해서는 조직의 성과에 이해관계자의 영향을 최적화하도록 모든 이해관계자와의 관계를 지속적으로 관리하여야 한다. 특히 공급자와 파트너와의 네트워크에서 관계관리가 중요하다.

0.3 프로세스 접근법

0.3.1 일반사항

이 표준은 고객 요구사항을 충족함으로써 고객만족을 증진시키기 위하여, 품질경영시스템의 효과성을 개발, 실행 및 개선시키고자 할 때 프로세스 접근법의 채택을 권장한다. 프로세스 접근법의 채택에 필수적으로 고려되어야 할 특징 요구사항은 4.4에 포함되어 있다.

상호 관련된 프로세스를 하나의 시스템으로 이해하고 관리하는 것은, 조직이 의도한 결과를 달성하는 데 있어서 조직의 효과성과 효율성에 기여한다. 이 접근법을 통하여, 조직은 시스템의 프로세스 간 상호 관련성과 상호 의존성을 관리할 수 있으므로, 조직의 전반적인 성과가 증진될 수 있다.

조직의 품질방침과 전략적 방향에 따라 의도한 결과를 달성하기 위하여, 프로세스 접근법에는 프로세스의 체계적인 정의와 관리, 그리고 프로세스의 상호 작용이 포함된다. 프로세스와 전체적인 시스템의 관리는, 기회의 이점 활용과 바람직하지 않은 결과의 예방을 목표로 하는 리스크기반 사고(0.3.3 참조)에 전반적인 중점을 두고, PDCA 사이클(0.3.2 참조)을 활용함으로써 달성될 수 있다.

품질경영시스템에서 프로세스 접근법을 적용하면, 다음 사항이 가능하다.

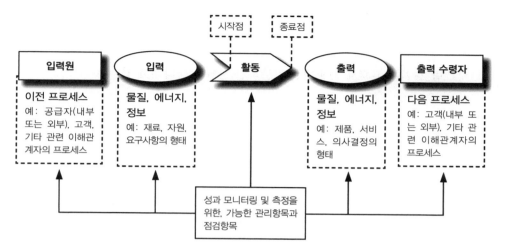

[그림 2-1] 단일 프로세스의 요소에 대한 도식적 표현

a) 요구사항 충족의 이해와 일관성

b) 가치부가 측면에서 프로세스의 고려

c) 효과적인 프로세스 성과의 달성

d) 데이터와 정보의 평가에 기반을 둔 프로세스의 개선

[그림2-1]은 모든 프로세스의 도식적 표현이며, 프로세스 요소의 상호 작용을 보여준다. 관리(control)를 위해 필요한 모니터링과 측정의 점검항목은 각 프로세스에 따라 독특하고, 관련된 리스크에 따라 달라질 것이다.

— [출처: KS Q ISO 9001] —

1) 요점사항

• 프로세스 접근법

2) 해설

프로세스(process)란 '자원이나 정보를 활용하여 입력을 출력으로 변환하기 위

해 관리되는 모든 활동'을 말하며, 조직과 연계된 프로세스의 파악 및 관리를 강조하고 있다.

[그림 2-2]는 프로세스에 대한 기본적인 정의를 나타내고 있다.

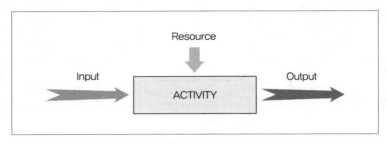

[그림 2-2] 프로세스의 정의

고객만족을 증진시키기 위해 품질경영시스템 효과성을 개발, 실행 및 개선할 때 프로세스의 접근방법을 적용하도록 권장을 하고 있다. 여기서 프로세스 접근법이란 프로세스의 파악과 상호작용([그림 2-3]), 관리 및 조직 내에서 프로세스로 구성된 시스템을 적용하는 것을 말한다. 즉, 프로세스 간의 상호작용을 체계적으로 파악하고 관리하는 것을 의미한다. 또한 프로세스 접근방법의 목적은 효과성과 효율성을 추구하는 데 있다. 여기서 효과성이라는 것은 계획대비 결과가 달성된 정도를 말하며, 효

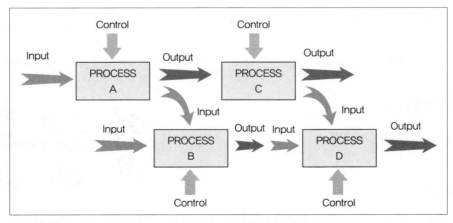

[그림 2-3] 프로세스의 상호작용의 파악

율성이라는 것은 사용된 자원을 입력하여 출력으로 달성된 결과와의 관계를 말한다.

조직의 원활한 기능을 보장하기 위해 상호 작용하는 프로세스들은 파악되고 관리하여야 한다. 따라서 한 프로세스에서의 출력은 종종 다음 프로세스의 입력이 되기도 한다.

0.3.2 계획-실행-검토-조치 사이클

PDCA(Plan-Do-Check-Act)사이클은 모든 프로세스와 품질경영시스템 전체에 적용될 수 있다. [그림2-4]는 4절에서 10절까지가 PDCA 사이클과 관련하여 어떻게 그룹을 이룰 수 있는지를 보여준다.

PDCA 사이클은 개략적으로 다음과 같이 기술될 수 있다.

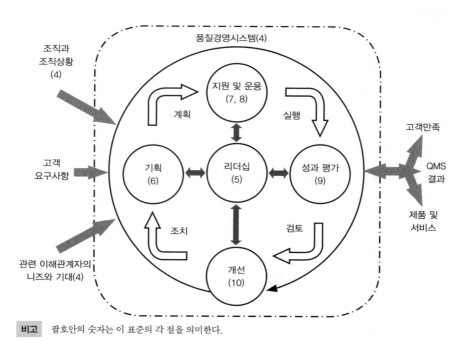

비고 괄호안의 숫자는 이 표준의 각 절을 의미한다.

[그림 2-4] PDCA 사이클에서 ISO 9001 표준의 구조

- 계획(Plan): 시스템과 프로세스의 목표 수립, 그리고 고객 요구사항과 조직의 방침에 따른 결과를 인도하기 위하여, 그리고 리스크와 기회를 식별하고 다루기 위하여 필요한 자원의 수립
- 실행(Do): 계획된 것이 실행
- 검토(Check): 방침,목표,요구사항 및 계획된 활동에 대비하여, 프로세스와 그 결과로 나타나는 제품 및 서비스에 대한 모니터링과 측정(해당되는 경우), 그리고 그 결과의 보고
- 조치(Act): 필요에 따라 성과를 개선하기 위한 활동

[출처: KS Q ISO 9001]

1) 요점사항

- PDCA 사이클

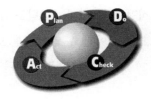

2) 해설

프로세스 접근법은 PDCA 사이클과 밀접하게 관련되어 있으며, 모든 프로세스에는 P-D-C-A와 같은 기법이 적용될 수 있다. 업무를 추진하는 데 있어서 PDCA 사이클을 회전시키는 것이 기본이다.

- P: 일의 목적을 정하고, 일의 절차를 명확히 하여, 필요한 자원을 제공하여 업무수행자가 절차대로 실행할 수 있는 환경을 갖추는 것이다.
- D: 명확한 절차에 대해 업무수행자가 교육을 받고, 절차대로 실행한다.
- C: 업무의 결과가, 사업의 목적을 달성할 수 있을지 어떤지를 모니터링 및 측정한다.
- A: 일의 결과가 목표에 대해 미달성 된 경우에는 재발 방지 대책을 세우고, 목표는 달성되고 있지만 바람직한 상태에 있지 않은 경우에는 미연 방지 대책을 세우는 등의 개선활동을 실시한다.

0.3.3 리스크기반 사고

리스크기반 사고(A.4 Risk-based thinking 참조)는 효과적인 품질경영시스템을 달성하기 위하여 필수적이다. 리스크기반 사고의 개념은 이 표준의 이전 판에 내포되어 있다. 예를 들면, 잠재적 부적합을 제거하기 위한 예방조치의 수행, 발생하는 모든 부적합의 분석, 그리고 부적합의 영향에 적절한 재발방지 조치를 포함한다.

이 표준의 요구사항에 적합하도록, 조직은 리스크와 기회를 다루기 위한 조치를 계획하고 실행할 필요가 있다. 리스크와 기회 모두를 다루는 것은, 품질경영시스템의 효과성 증진, 개선된 결과 달성 및 부정적 영향 예방을 위한 기반을 확립하는 것이다.

기회는 의도한 결과를 달성하기에 유리한 상황(situation)의 결과로 나타낼 수 있는데, 예를 들면, 조직이 고객을 유치하고, 새로운 제품 및 서비스를 개발하며, 낭비를 감소시키거나 생산성을 개선하도록 하는 상황(circumstance)의 집합이다. 기회를 다루기 위한 조치에는 연관된 리스크의 고려도 포함 될 수 있다. 리스크는 불확실성의 영향이며, 그러한 모든 불확실성은 긍정적 또는 부정적 영향을 가져올 수 있다. 리스크로부터 발생되는 긍정적인 변경(deviation)은 기회를 제공할 수 있으나, 리스크의 모든 긍정적인 영향이 기회로 되는 것은 아니다.

—— [출처: KS Q ISO 9001] ——

1) 요점사항

• 리스크기반 사고

2) 해설

사업 활동을 행하는 데에 있어서는 사업 프로세스에 영향을 주는 리스크를 고려하는 것이 중요하다. 문제가 발생한 후에는 시간적 및 경제적인 손실을 미치기 때문에 문제가 발생하지 않도록 리스크를 고려하여 사전에 대응하는 것이 중요하다.

이 리스크에 입각한 사고방식은 ISO 9001 : 2008 규격에는 예방 조치로서 포함되어 있었지만, 2015년 개정에 따라 리스크로 취급되게 되었다. 또한, 리스크 관리에 있어 ISO 31000 표준 「리스크 관리-원칙 및 지침」이 있기 때문에 이를 참조하면 좋지만, ISO 9001 표준의 요구사항은 아니기 때문에 주의가 필요하다. 이에 따라, 조직은 리스크에 대한 개념을 명확히 할 때에는, 조직의 형태에 맞는 방법을 채용하면 좋다.

ISO 9001 : 2015가 '리스크'를 어떻게 다루고 있는가에 대한 개요를 다음에 나타낸다(ISO/TC 176/SC 2 N1284 참조).

(1) 개요

ISO 9001의 2015년 개정에 있어 주요 변경점의 하나는, '예방'을 품질경영시스템의 개별 구성요소로서, 리스크를 고려하기 위한 체계적인 접근을 확립하기 위해 다루고 있는 것이다.

리스크는 품질경영시스템의 모든 측면에서 본래 갖추어져 있는 것이다. 모든 시스템, 프로세스 및 기능에 리스크가 있다. 리스크에 입각한 사고방식은, 리스크가 품질경영시스템의 설계 및 이용 전체를 통해서 특정되고, 고려되고, 관리되는 것을 확실하게 하는 것이다.

ISO 9001 : 2008에서는, 예방조치는 독립된 요소였다. 리스크에 입각한 사고방식을 채택하는 것으로, 리스크에 대한 사고는 별개의 것으로 분리할 수 없게 되었다. 이에 따라, 조기에 특정 및 대처를 통해 바람직하지 않은 영향을 예방 및 삭감하는 것에 있어서 후행되는 것이 아니라, 선행되게 되었다. 매니지먼트 시스템이 리스크에 입각한 것이 된다면, 예방 조치가 갖춰지게 된다.

리스크에 입각한 사고방식은, 일상생활 속에서 누구라도 자연스럽게 행하고 있는 것이다. 예를 들어, 길을 건너려고 생각한다면, 그 전에 주변 자동차의 왕래를 확인하는 것이다. 달리는 차가 있을 때 건너지 않는 것이다.

리스크에 입각한 사고방식은 지금까지의 ISO 9001에도 있다. 2015년 개정에서는 이를 매니지먼트 시스템 전체에 받아들인 것이다.

ISO 9001 : 2015의 리스크에 입각한 사고방식은, 시스템 시작부터 전체에 걸쳐 사고될 필요가 있지만, 거기에는 예방조치 계획, 운용, 분석 및 평가활동에 본래 갖춰

져 있는 것으로 되어 있다.

(2) 리스크에 입각한 사고방식은, 곧 프로세스 어프로치의 일부분이다.

품질경영시스템 전체의 프로세스가 조직의 목표를 만족시킬 능력점부터 같은 레벨의 리스크를 나타낸다고는 할 수 없다. 보다 주의 깊고 엄밀하게 설계 및 관리할 필요가 있다. 예를 들어 도로를 건널 때, 직접 건너는 것도 가까운 육교를 이용하여 건너는 것도 가능하기 때문에, 어떠한 프로세스를 선택할지는 그 리스크를 어떻게 고려할 지에 따라 결정된다.

리스크는 일반적으로 마음에 들지 않는 결과만을 가져오는 것으로 이해된다. 그러나 리스크의 영향에는 마음에 들지 않는 경우는 물론, 마음에 드는 경우도 있다.

ISO 9000 : 2015에서는 리스크와 기회가 종종 세트로 나온다. 기회는 리스크의 마음에 드는 면이 아닌, 무언가를 행하는 것을 가능하게 해 주는 일련의 상황이다. 기회를 잡느냐 마느냐에 따라 다양한 레벨의 리스크가 나타난다. 예를 들어, 도로를 직접 건넘에 따라 빨리 길의 반대편에 갈 기회는 얻을 수 있지만, 만약 그 기회를 잡을 경우, 달리는 차에 상처를 입을 리스크가 증가한다.

(3) 리스크에 입각한 사고방식은 현재의 상황과 변화의 가능성 양방향을 고려한 것이다.

이 경우에 행하는 분석에서 개선의 기회가 보인다. 앞에서 언급한 도로 횡단의 예를 생각해 보면 다음과 같은 사항이 개선의 기회가 된다.

- 도로 바로 아래 있는 지하도
- 보행자용 신호
- 도로를 우외하여 차의 왕래가 없는 장소에 가는 것

(4) ISO 9001 : 2015에서 리스크가 다뤄지고 있는 곳

리스크에 입각한 사고방식의 개념이 프로세스 어프로치와 별개의 것으로 분리할 수 없는 부분으로서 ISO 9001 : 2015의 서문에서 설명되고 있다.

　　ISO 9001 : 2015에서는, 리스크에 입각한 사고방식을 다음과 같이 이용하고 있다.

서문: 리스크에 입각한 사고방식의 개념이 설명되고 있다.

조항 4: 조직은 스스로 QMS 프로세스에 관련된 리스크 및 기회에 대처할 것이 요구된다.

조항 5: 최고경영자는 다음 사항을 행할 것이 요구된다.

- 리스크에 입각한 사고방식에 대한 인식을 촉진시킨다.
- 제품 및 서비스의 적합에 영향을 줄 수 있는 리스크 및 기회를 결정하여 대처한다.

조항 6: 조직은 QMS의 성과에 관련된 리스크 및 기회를 결정하여, 이에 대해 적절한 조치를 행할 것이 요구된다.

조항 7: 조직은 필요한 자원을 명확하게 하고, 제공할 것이 요구된다. (리스크는 'suitable' 또는 'appropriate'로 기재되어 있을 때에는 항상 포함된다.)

조항 8: 조직은 운용 프로세스를 관리할 것이 요구된다. (리스크는 'suitable' 또는 'appropriate'로 기재되어 있을 때에는 항상 포함된다.)

조항 9: 조직은 리스크 및 기회에의 대처의 유효성을 감시, 측정, 분석, 평가할 것이 요구된다.

조항 10: 조직은 바람직하지 않은 영향을 수정, 방지 또는 저감하고, 스스로 QMS를 개선, 리스크 및 기회를 갱신할 것이 요구된다.

0.4 다른 경영시스템 표준과의 관계

이 표준은 경영시스템을 위한 표준 간의 정렬을 개선하기 위하여 ISO에서 개발된 틀을 적용한다(A.1참조).

이 표준을 통하여 조직의 PDCA 사이클과 리스크기반 사고에 연계된 프로세스 접근법을 사용할 수 있고, 조직의 경영시스템을 기타 경영시스템 표준의 요구사항과 정렬하거나 통합할 수 있다.

이 표준은 KS Q ISO 9000과 KS Q ISO 9004에 다음과 같이 관련된다.

- KS Q ISO 9000(품질경영시스템-기본사항과 용어)은 이 표준의 올바른 이해와 실행을 위한 필수적인 배경을 제공한다.
- KS Q ISO 9004(조직의 지속적인 성공을 위한 경영-품질경영 접근법)는 이 표준의 요구사항을 넘어서는 발전을 선택한 조직을 위한 가이던스를 제공한다.

부속서 B에는 ISO/TC 176이 개발한 품질경영과 품질경영시스템에 관한 기타 표준의 세부사항이 제공된다.

이 표준에는, 환경경영, 안전보건경영 또는 재무경영과 같은 기타 경영시스템의 특정 요구사항이 포함되지 않는다.

이 표준의 요구사항을 기반으로 하는 특정부문(secter-specific)의 품질경영시스템 표준이 여러 부문을 위하여 개발되어 왔다. 이중 몇몇 표준은 추가적인 품질경영시스템 요구사항을 규정하는 반면, 나머지 표준은 특별한 부문 내에서 이 표준의 적용에 대한 가이던스를 제공하는 것으로 한정된다.

— [출처: KS Q ISO 9001] —

1) 요점사항

- 공통 요구사항 구조
- ISO 9000과 ISO 9004
- 다른 경영시스템이란?

2) 해설

(1) 공통 요구사항 구조

ISO 9001은 「ISO/IEC 전문 업무용 지침 제1부 통합편 ISO 보충지침-ISO 전용 순서」의 부속서 SL 공통 요구사항을 채용하고 있기 때문에, 다른 경영시스템과의 통합이 용이하게 되어 있지만, 공통 요구사항에 관해서 일부 변경하고 있는 곳이 있기 때문에 주의가 필요하다. 이번 ISO 9001부터는 상위 레벨의 문서인 공통 요구사항의 구조인 HLS를 적용한다.

공통 요구사항의 구조를 다음에 나타낸다. 또한 XX는 QMS, EMS, ISMS에 해당한다.

공통 요구사항 구조(HLS)

서문
1. 적용범위
2. 인용규격
3. 용어 및 정의
4. 조직의 상황
    4.1 조직 및 그 상황의 이해
    4.2 이해관계자의 니즈와 기대의 이해
    4.3 XX경영시스템 운용범위의 결정
    4.4 XX경영시스템
5. 리더십
    5.1 리더십 및 의지표명(commitment)
    5.2 방침
    5.3 조직의 역할, 책임 및 권한
6. 기획
    6.1 리스크 및 기회에의 대처
    6.2 XX목표와 XX목표 달성기획
7. 지원
    7.1 자원
    7.2 역량
    7.3 인식
    7.4 의사소통
    7.5 문서화된 정보
        7.5.1 일반
        7.5.2 작성 및 갱신
        7.5.3 문서화된 정보의 관리
8. 운용
    8.1 운용 기획 및 관리
9. 성과평가
    9.1 모니터링, 측정, 분석 및 평가
    9.2 내부 심사
    9.3 경영검토/경영평가
10. 개선
    10.1 부적합 및 시정조치
    10.2 지속적 개선

(2) ISO 9000과 ISO 9004

① ISO 9001[1]이 교과서라면 ISO 9000은 사전

ISO 9000은 품질경영시스템의 기본사항 및 용어에 대해 정의를 하고 있는 ISO 9000 패밀리 표준 중의 기본표준에 해당된다. ISO 9001 요구사항에 적용된 많은 용어를 별도로 ISO 9000 표준에서 별도로 제시하고 있는 것이다. 그렇지만 모든 용어에 대해 완벽한 정의를 내릴 수는 없지만 ISO 9001에서 사용된 주요 용어에 대해서는 해석상 어려움을 최소화하도록 하였다. 따라서 ISO 9000에서 정의가 되지 않은 용어는 사전적 의미로 해석하는 것이 원칙이다.

② ISO 9001이 교과서라면 ISO 9004[2]는 참고서

ISO 9004는 조직의 지속적인 성공을 위한 지침으로 제공되는 ISO 9000 패밀리 표준 중의 기본표준에 해당된다. 품질경영시스템의 효과성을 포함한 조직의 전반적인 성과 및 효율성의 지속적인 개선, 즉 품질경영시스템의 목표에 대한 지침을 제공한다.

조직의 성과지침으로서 권장되며 이러한 조직의 관리는 성과 개선을 증대시키기 위해 ISO 9001의 최소 요구사항 이상으로 추진할 것을 권장하고 있다.

ISO 9004 표준은 ISO 9001을 실행을 위한 지침이 아니며 동시에 인증 또는 계약 용도를 위한 것도 아니다.

(3) 다른 경영시스템이란?

1987년 품질경영시스템이 제정된 이후 여러 가지의 경영시스템이 나왔거나 제정 중에 있는 경영시스템이 있다. 〈표 2-1〉에 다른 경영시스템을 나열하면 다음과 같다.

---

1   ISO 9001(2015년)은 한국산업표준에서는 KS Q ISO 9001(2015년)으로 명명
2   ISO 9004(2016년)는 한국산업표준에서는 KS Q ISO 9004(2016년)으로 명명

〈표 2-1〉 경영시스템 유형

경영시스템 유형	명 칭	산업별 QMS 유형	명 칭
품질경영시스템(QMS)	ISO 9001	자동차 품질경영시스템	IATF 16949
		정보통신품질경영시스템	TL 9000
		항공산업품질경영시스템	AS 9100
		의료기기품질경영시스템	ISO13485
		석유가스품질경영시스템	ISO TS 29001
		유해물질프로세스경영시스템	IECQ HSPM
환경경영시스템[3]	ISO 14001		
안전보건경영시스템	ISO 45001		
정보보호경영시스템	ISO 27001		
식품안전경영시스템	ISO 22000		
사회책임경영시스템	ISO 26000		
리스크경영시스템	–		
재정경영시스템	–		

3　ISO 14001(1996년)은 한국산업표준에서는 KS Q ISO 14001(2004년)로 명명

1. 적용범위

이 표준은 다음과 같은 경우, 조직의 품질경영시스템에 대한 요구사항을 규정한다.

a) 조직이 고객 요구사항과 적용되는 법칙 및 규제적 요구사항을 충족하는 제품 및 서비스를 일관성 있게 제공하는 능력을 실증할 니즈가 있는 경우
b) 조직이 시스템 개선을 위한 프로세스를, 그리고 고객 요구사항과 적용되는 법적 및 규제적 요구사항에 적합함을 보증하기 위한 프로세스를 포함하는 시스템의 효과적인 적용을 통하여 고객만족을 증진시키고자 하는 경우

이 표준의 모든 요구사항은 일반적이며, 조직의 형태, 규모 또는 제공되는 제품 및 서비스에 관계없이 모든 조직에 적용될 수 있다.

비고 1 이 표준에서 '제품' 또는 '서비스'라는 용어는 고객을 위해 의도되거나, 고객에 의해 요구된 제품 및 서비스에만 적용된다.
비고 2 법적 및 규제적 요구사항은 법률적(legal) 요구사항으로도 표현될 수 있다.

—— [출처: KS Q ISO 9001] ——

1) 요점사항

- ISO 9001 품질경영시스템의 요구사항
- ISO 9001 품질경영시스템의 적용범위

2) 해설

(1) ISO 9001 품질경영시스템의 요구사항

ISO 9001 국제표준은 조직이 고객요구사항과 법적, 규제적 요구사항을 충족할 수 있는 제품 및 서비스를 고객에게 충분히 제공할 수 있다는 능력을 보여 줄 필요성이 있는 경우와 조직이 프로세스의 지속적인 개선 및 고객요구사항을 비롯한 법적, 규제적 요구사항에 적합함을 보증하기 위해 프로세스를 포함한 제반 시스템의 효과적인 적용을 통하여 ISO 9001 표준의 궁극적인 목표인 고객만족을 달성하고 증진하고자 하는 것이다. 특히 ISO 9001표준에서는 지속적인 개선 및 부적합 사항의 예방을 통해 고객만족의 달성을 강조하고 있다.

그리고 품질경영시스템의 실행개선 지침서인 ISO 9004 표준은 품질경영, 고객만족을 위한 지속적인 개선을 위한 지침을 제공한다. 즉, 고객요구사항에 대한 지침서인 동시에 고객만족을 위한 요소, 그리고 조직의 이해관계자들의 이득, 비용, 위험의 관점에서 조직의 품질경쟁력을 향상시키기 위한 핵심 포인트를 제시하고 있다.

(2) ISO 9001 품질경영시스템의 적용범위

이 표준은 조직의 형태와 규모에 관계없이 모든 산업 또는 경제 조직 분야에 폭넓은 적용이 가능하다. 즉 제조업뿐만 아니라 서비스분야의 조직, 공공기관, 학교, 병원 등 폭넓게 적용하도록 한 것이다. 또한 조직이 규모, 특히 인원이 적은 조직에서도 적용하도록 본 표준의 요구사항을 가감 수정할 수 있다는 것이다.

[고객의 요구사항 파악] → {품질경영 프로세스} → [고객의 만족달성]

2. 인용표준

다음의 인용표준은 전체 또는 부분적으로 이 표준의 적용을 위해 필수적이다.
발행연도가 표기된 인용표준은 인용된 판만을 적용한다. 발행연도가 표기되지 않은
인용표준은 최신판(모든 추록을 포함)을 적용한다.

- KS Q ISO 9000 : 2015, 품질경영시스템 – 기본사항과 용어

———————————————————————— [출처: KS Q ISO 9001] ——

1) 요점사항

- ISO 9000은 ISO 9001 시스템 적용을 위해 필수적임
- 발행연도가 표기된 인용표준-인용된 판만 적용
- 발행연도가 표기되지 않은 인용표준-최신판 적용

2) 해설

(1) ISO 9000은 ISO 9001 시스템 적용을 위해 필수

ISO 9000은 품질경영시스템의 기본사항 및 용어에 대해 정의를 하고 있는 ISO
9000 패밀리 표준중의 기본표준에 해당된다. ISO 9001 요구사항에 적용된 많은 용
어를 별도로 ISO 9000 표준에서 별도로 제시하고 있는 것이다. 그렇지만 모든 용어
에 대해 완벽한 정의를 내릴 수는 없지만 ISO 9001에서 사용된 주요 용어에 대해서
는 해석상 어려움을 최소화하도록 하였다. 따라서 ISO 9000에서 정의가 되지 않은
용어는 사전적 의미로 해석하는 것이 원칙이다. 영어는 옥스퍼드 사전(Oxford dic-
tionary) 최신판을 적용하도록 정하고 있다. 또한 ISO 9000 표준의 부록 A에서 용어
의 개발에 사용된 방법론들을 언급하고 있다. 그 중에서 개념도(concept diagram)를
통하여 주요 용어에 대한 명확한 개념이 인식되도록 용어 간의 관계를 설명하고 있

다. 예를 들면 사람에 관련된 용어, 조직에 관련된 용어, 활동에 관련된 용어, 프로세스에 관련된 용어, 시스템에 관련된 용어, 요구사항에 관련된 용어, 결과에 관련된 용어, 데이터, 정보 및 문서에 관련된 용어, 고객에 관련된 용어, 특성에 관련된 용어, 결정에 관련된 용어, 조치에 관련된 용어, 심사에 관련된 용어 등이 있다.

3. 용어와 정의

이 표준의 목적을 위하여 KS Q ISO 9000 : 2015에 제시된 용어와 정의를 적용한다.

── [출처: KS Q ISO 9001] ──

1) 요점사항

- 용어 정의: ISO 9000 표준(기본사항과 용어)
- '제품' 및 '서비스'는 모든 출력 범주를 포함
- KS Q ISO 9001 : 2009와 KS Q ISO 9001 : 2015 용어의 차이점

2) 해설

(1) ISO 9000은 품질경영시스템의 기본사항과 용어의 정의를 제시

ISO 9001 표준의 요구사항을 적용하기 위해서는 이 표준에 사용된 용어에 대한 정확한 정의가 필요하다. 동시에 품질경영시스템의 성과개선 표준인 ISO 9004도 마찬가지로 ISO 9000 표준에서 기본사항 및 용어에 대하여 정의하고 있다.

이 표준에는 품질경영시스템 요구사항을 규정하기 위하여 조직에서 사용하는 용어가 이 표준에서 사용되는 용어로 대체되어야 한다는 요구사항은 없다. 따라서 조직은 운용에 적절한 용어를 사용할 수 있다. 예를 들면 '문서화된 정보' 대신에 '기록', '문서' 또는 '프로토콜' 사용, '외부 공급자' 대신 '공급자', '파트너', '외주업체' 등으로 사용이 가능하다.

(2) '제품' 및 '서비스'를 사용

ISO 9000에서는 제품이라는 용어는 '프로세스의 결과'라고 정의를 하고 있으며, 이 표준에서는 '제품 및 서비스'를 사용한다. '제품 및 서비스'라는 용어는 다음과 같이 모든 출력 범주를 포함한다.

① 하드웨어(전자제품 및 부품, 기계제품 및 부품 등)

② 소프트웨어(컴퓨터 프로그램, 엔진 제어 소프트웨어, 작동 매뉴얼 등)

③ 서비스(운송, 교육, 행정, 예식, 간호, 수리 등)

④ 연속집합체/가공물질(윤활유, 냉각수, 연료 등)로 분류한다.

따라서 이 표준에서 '서비스'를 특정하여 추가로 언급하는 것은 요구사항 적용 시 제품과 서비스의 차이를 강조하기 위한 것이다. 서비스의 특징에서 보면 결과물이 고객과의 접점에서 발생되는 경우가 흔히 있기 때문이다. 대부분의 경우에는 '제품'과 '서비스'는 함께 사용되며 조직이 고객에게 제공하는 것, 공급자가 조직에게 공급하는 대부분의 출력물은 제품 및 서비스 모두를 포함한다고 할 수 있다. 따라서 '제품 및 서비스'의 용어는 포괄적인 의미를 내포하고 있기 때문에 융통성 있는 용어 대체가 필요하다. 예를 들면, 소프트웨어업종에서는 제품대신 '소프트웨어'라고 명명하고 병원에서는 '간호서비스', '진료서비스' 등으로 대체하여 사용하면 훨씬 의미를 쉽게 이해할 수 있을 것이다.

다음 〈표 2-2〉에서는 KS Q ISO 9001 : 2009와 KS Q ISO 9001 : 2015 용어의 차이점을 제시한다.

〈표 2-2〉 KS Q ISO 9001 : 2009와 KS Q ISO 9001 : 2015 용어의 차이점

KS Q ISO 9001 : 2009	KS Q ISO 9001 : 2015
제품	제품 및 서비스
적용제외	사용되지 않음(적용가능성에 대한 설명은 A.5참조)
경영대리인	사용되지 않음(유사한 책임과 권한이 부여되지만, 단독의 경영대리인에 대한 요구사항 없음)
문서화, 품질매뉴얼, 문서화된 절차, 기록	문서화된 정보
업무환경	프로세스 운용환경
모니터링 및 측정장비	모니터링 및 측정자원
구매한 제품	외부 제공 제품 및 서비스
공급자	외부 공급자

[인용] KS Q ISO 9001 : 2015의 부속서 A에서 발췌하였음

4. 조직상황

조직은 품질, 코스트, 양 · 납기, 안전, 환경, 정보 등의 경영목표에 관한 경영시스템을 운영관리하고, 고객의 가치를 높일 수 있는 제품 및 서비스를 제공하는 것으로 이익을 얻고 사업활동을 하고 있다. 본 항은 조직을 둘러싼 조직과 조직상황의 이해, 이해관계자의 니즈와 기대 이해, QMS 적용범위의 결정 및 품질경영시스템과 프로세스 수립, 실행, 유지 및 지속적인 개선을 요구한다.

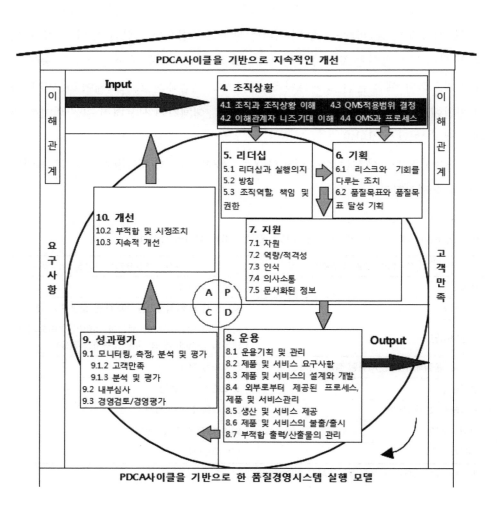

4.1 조직과 조직상황의 이해

조직은 조직의 목적 및 전략적 방향과 관련이 있는 외부와 내부 이슈를, 그리고 품질경영시스템의 의도된 결과를 달성하기 위한 조직의 능력에 영향을 주는 외부와 내부 이슈를 정하여야 한다.

조직은 이러한 외부와 내부 이슈에 대한 정보를 모니터링하고 검토하여야 한다.

비고 1　이슈에는 긍정적, 부정적 요인 또는 고려해야 할 조건이 포함될 수 있다.

비고 2　국제적, 국가적, 지역적 또는 지방적이든 법적, 기술적, 경쟁적, 시장, 문화적, 사회적 및 경제적 환경에서 비롯된 이슈를 고려함으로써, 외부 상황에 대한 이해를 용이하게 할 수 있다.

비고 3　조직의 가치, 문화, 지식 및 성과와 관련되는 이슈를 고려함으로써, 내부 상황에 대한 이해를 용이하게 할 수 있다.

——— [출처: KS Q ISO 9001] ———

1) 요점사항

- 조직의 목적 및 전략적 방향과 관련 있는 내부와 외부 이슈 결정
- QMS의 의도된 결과 달성을 위한 조직 능력의 이슈 결정

2) 해설

(1) 조직의 목적 및 전략적 방향과 관련 있는 내·외부 이슈 결정

경영이념이나 사업전략 등에 영향을 주는 외부·내부 과제에는 무엇이 있는가를 명확하게 할 필요가 있다. 이를 위해서는, 최고경영자와 각 부서장이 의견을 제시하여, 그중에서 영향이 큰 내부·외부 과제를 명확하게 하는 것이 효과적이다.

조직의 목적 및 그 전략적 방향성은 문서화되어 있는 경우도 있지만, 문서화되

어 있지 않은 경우에는, 최고경영자가 이들을 명시할 필요가 있다.

내부 · 외부 과제의 예를 B to B, B to C별로 나열해 본다.

① B to B의 예
- 외부 과제의 예: 거래처의 가격 인하 요구, 거래처의 발주량의 감소, 거래처의 해외진출, 동종업체와의 가격경쟁, 신기술의 개발, 법령규제의 강화, 저출산 고령화 가속, 원재료 가격변동 등
- 내부 과제의 예: 부문 간 협력체제의 강화, 노하우 표준화의 추진, 글로벌화에의 대응, 업무의 신속화, 사업계획 목표 달성, 인재 육성의 시간단축, 회사에 대한 충성도 향상 등

② B to C의 예
- 외부 과제의 예: 가격경쟁의 격화, 시장의 쇠퇴, 환율시세의 불안정, 고객기대의 변화, 법적 · 규제적 요구사항의 심화, 국내 구매력의 저하, 새로운 분야의 창의개발, 정보공유의 신속성, 인재 확보, 새로운 고객의 증가 등
- 내부 과제의 예: 부문 간 협력체제의 강화, 노하우 표준화의 추진, 글로벌화에의 대응, 클레임 저감, 업무의 신속성, 사업 계획의 목표 달성, 인재 육성의 시간 단축 등

(2) QMS의 의도한 결과를 달성하는 조직 능력의 이슈 결정

지향하는 QMS를 설계하고, 운영관리를 하고 있는지를 최고경영자와 각 부문의 책임자가 의견을 내고 명확하게 한다. 이것은, 품질 매뉴얼의 목적에 기재된 것이 많다.

- QMS의 의도한 결과의 예: 「고객 및 법령규제 요구사항을 만족시킨 제품 및 서비스를 일관되게 제공한다」, 「품질 방침대로 운영관리가 가능하다」, 「사업 계획을 계획대로 실행할 수 있다」 등

- QMS의 의도한 결과를 가져오기 위해서는 영향력이 있는 능력(고유기술, 관리기술, 사람, 설비, 지식 등)에는 무엇이 있는가를, 최고경영자와 각 부문의 책임자가 의견을 내고 명확하게 하여, 해당하는 능력을 결정한다. 다만, 능력을 결정할 때에는, 그 능력의 특징을 명확하게 할 필요가 있다. 예를 들어, 「설계개발 기술력」이라는 일반적인 표현이 아니라, 「고객요구사항에의 신속한 설계 변경 능력」과 같이 그 능력의 특징을 나타내어, 능력에 관한 내부·외부의 과제를 보다 쉽게 명확하게 할 수 있게 된다.

QMS의 의도한 결과를 가져오기 위해서는 영향력이 있는 능력에 영향을 미치는 내부·외부 과제의 예를 다음에 나타낸다.

- 고객 요구 및 법적·규제적 요구사항의 변화에 신속하게 대응할 수 있는 설계 및 개발의 예를 들면 다음과 같다.
  - 외부 과제: 고객 및 법령·규제 요구사항의 급격한 변화에의 적응성
  - 내부 과제: 기술 영업관리자의 역량 향상, 설비·개발 모듈화 추진
- 지속적 개선을 할 수 있는 QMS 평가의 예
  - 외부 과제: 코스트 경쟁의 격화
  - 내부 과제: 내부 심사 능력의 향상, 통계적 수법의 적극적 활용

3) 점검사항

① 조직은 조직의 목적 및 전략적 방향과 관련이 있는 외부와 내부 이슈를 정하는가?

② 품질경영시스템의 의도된 결과를 달성하기 위한 조직의 능력에 영향을 주는 외부와 내부 이슈를 정하는가?

③ 조직은 이러한 외부와 내부 이슈에 대한 정보를 모니터링하고 검토하는가?

4.2 이해관계자의 니즈와 기대 이해

고객 요구사항, 그리고 적용되는 법적 및 규제적 요구사항을 충족하는 제품 및 서비스를 일관성 있게 제공하기 위한 조직의 능력에 이해관계자가 영향 또는 잠재적 영향을 미치기 때문에, 조직은 다음 사항을 정하여야 한다.

a) 품질경영시스템에 관련되는 이해관계자
b) 품질경영시스템에 관련되는 이해관계자의 요구사항

조직은 이해관계자와 이해관계자 관련 요구사항에 대한 정보를 모니터링하고 검토하여야 한다.

— [출처: KS Q ISO 9001] —

1) 요점사항

- QMS에 관련되는 이해관계자
- QMS에 관련되는 이해관계자의 요구사항

2) 해설

(1) 품질경영시스템에 관련되는 이해관계자

이해관계자란 어떠한 결정사항 혹은 활동에 영향을 주는지, 그 영향을 받는지, 또는 그 영향을 받는다는 것을 인식하고 있는 개인 또는 조직을 말한다. 예를 들면, 고객(구입자, 사용자, 환자, 환자 가족, 대리점, 상사, 판매점, 발주자, 건축회사, …), 감독관청, 업계단체, 인증기관, 종업원, 노동조합, 공급자(1차, 2차, …), 서비스 제공자(컨설팅회사, 청소회사, 설비보수회사, …), 학계, 은행, 주주, 공동연구단체, 지역사회(주민), NPO등이 해당한다.

QMS에 밀접하게 관련한 이해관계자를 충분히 고려하고, 사업 활동에 영향을 미치는 이해관계자를 우선 추출하여, 누락되는 것을 방지하는 것이 가능하다. 이에 따라, 조직의 사업 활동에 영향을 미치고 있는 또는 잠재적으로 영향을 미칠 가능성이 있는 이해관계자를 모두 추출한다. 이때에는, 사업 활동을 행하는 데에 있어 존재하고 있는 공급 네트워크를 명확하게 한다.

공급 네트워크의 예를 [그림 2-5]와 같이 나타낸다.

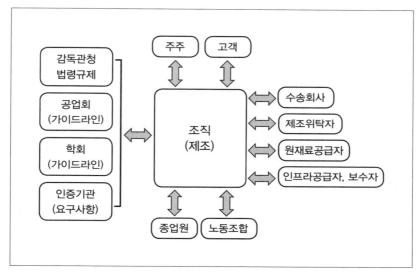

[그림 2-5] 제조업 공급 네트워크의 예

(2) 품질경영시스템에 관련되는 이해관계자의 요구사항

해당 업종에 따라 추출한 이해관계자를 정의한 다음 이들의 QMS에 관련된 요구사항을 명확히 한다. 요구사항을 명확히 하기 위해서는, 「언제, 어떠한 방법으로 요구사항을 수집할 것인가」를 명확하게 한다. 그를 위해서는, 반드시 만족도 조사나 설문조사 등이 필요한 것은 아니라는 것에 주의한다. 다음 〈표 2-3〉에서는 비즈니스 호텔에 관련된 이해관계자의 요구사항의 예를 제시한다.

〈표 2-3〉 비즈니스호텔에 관련된 이해관계자의 요구사항의 예

이해관계자	이해관계자의 요구사항
고객	청결, 안전, 안심, 조용함, 역에 가까움, 적정가격, 서비스가 좋음, 식사가 맛있음
종업원	근무하기 쉬운 환경, 안전성 고려
비품 · 소모품의 납입업자	사양이 명확함, 계속적으로 구입함, 제안을 받아들여줌
하우스 키핑 업자	지시가 명확함, 제안을 받아들여줌, 교육 · 훈련을 해 줌
설비보수업자	지시가 명확함, 제안을 받아들여 줌
지역주민	지역주민과의 연휴, 호텔 주변이 깨끗함, 숙박자의 목소리가 크지 않음, 합의사항
여행회사	계약사항
감독관청	법령 · 규제요구사항의 준수
호텔조합	가이드라인의 준수, 조합활동에 참가함
인증기관	계약요구사항

3) 점검사항

① 고객 요구사항, 그리고 적용되는 법적 및 규제적 요구사항을 충족하는 제품 및 서비스를 일관성 있게 제공하기 위하여 품질경영시스템에 관련되는 이해관계자를 결정하는가?

② 고객 요구사항, 그리고 적용되는 법적 및 규제적 요구사항을 충족하는 제품 및 서비스를 일관성 있게 제공하기 위하여 품질경영시스템에 관련되는 이해관계자의 요구사항을 파악하는가?

③ 조직은 이해관계자와 이해관계자 관련 요구사항에 대한 정보를 모니터링하고 검토하는가?

4.3 품질경영시스템 적용범위 결정

조직은 품질경영시스템의 적용범위를 설정하기 위하여 품질경영시스템의 경계 및 적용 가능성을 정하여야 한다. 적용범위를 정할 때, 조직은 다음 사항을 고려하여야 한다.

a) 4.1에 언급된 외부와 내부 이슈
b) 4.2에 언급된 관련 이해관계자의 요구사항
c) 조직의 제품 및 서비스

조직의 품질경영시스템의 정해진 적용범위 내에서 이 표준의 요구사항이 적용 가능하다면, 조직은 이 표준의 모든 요구사항을 적용하여야 한다.

조직의 품질경영시스템의 적용범위는 문서화된 정보로 이용 가능하고 유지되어야 한다. 적용범위에는 포함되는 제품 및 서비스의 형태를 기술하여야 하고, 조직이 그 조직의 품질경영시스템 적용범위에 포함되지 않는다고 정한 이 표준의 어떤 요구사항이 있는 경우, 그에 대한 정당성을 제시하여야 한다.

적용될 수 없다고 정한 요구사항이, 제품 및 서비스의 적합성 보장과 고객만족 증진을 보장하기 위한 조직의 능력 또는 책임에 영향을 미치지 않는 경우에만, 이 표준에 대한 적합성이 주장될 수 있다.

[출처: KS Q ISO 9001]

1) 요점사항

- QMS의 적용범위 설정
- 적용제외 대상

2) 해설

(1) 품질경영시스템의 적용범위 설정

QMS의 적용범위를 명확하게 할 필요가 있기 때문에, 4.3에서는 ISO 9001의 요구사항을 적용할 제품 및 서비스를 결정하고 그 적용범위를 문서화 할 것을 요구하고 있다.

4.1의 외부 · 내부 과제에서 QMS의 적용범위에 관련한 것이 포함되어 있는지 아닌지를 검토한다. 4.2에서 명확하게 한 QMS에 밀접하게 관련한 이해관계자의 요구사항에 QMS의 적용범위에 관한 요구사항이 포함되어 있는지 아닌지를 검토한다. 또한, 제공하고 있는 제품 및 서비스의 어느 것을 QMS의 대상으로 할지를 검토한다. 이들을 종합적으로 검토하여, QMS의 적용범위, 즉 QMS를 대상으로 하는 제품 및 서비스의 종류를 결정하고, 이를 품질 매뉴얼 등에 기재한다.

(2) 품질경영시스템의 적용제외 대상

명확하게 한 제품 및 서비스를 제공하고자 할 때, ISO 9001의 요구사항을 적용할 수 없는 경우에는, 이를 적용제외, 적용불가능이라고 판단해도 좋다. 그 때에는, 능력이 없기 때문 또는 책임이 없기 때문이라는 이유로 적용불가능이라고 할 수 없다.

3) 점검사항

① 조직은 품질경영시스템의 적용범위를 설정하기 위하여 품질경영시스템의 경계 및 적용 가능성을 정하는가?

② 조직의 품질경영시스템의 정해진 적용범위 내에서 이 표준의 요구사항이 적용 가능하다면, 조직은 이 표준의 모든 요구사항을 적용하는가?

③ 조직의 품질경영시스템의 적용범위는 문서화된 정보로 이용 가능하고 유지되는가?

④ 적용범위에는 포함되는 제품 및 서비스의 형태를 기술하여야 하고, 조직이 그 조직의 품질경영시스템 적용범위에 포함되지 않는다고 정한 이 표준의 어떤 요구사항이 있는 경우, 그에 대한 정당성을 제시하는가?

4.4 품질경영시스템과 그 프로세스

4.4.1 조직은 이 표준의 요구사항에 따라, 필요한 프로세스와 그 프로세스의 상호 작용을 포함하는 품질경영시스템을 수립, 실행, 유지 및 지속적 개선을 하여야 한다.

조직은 품질경영시스템에 필요한 프로세스와 조직 전반에 그 프로세스의 적용을 정해야 하며, 다음 사항을 실행하여야 한다.

a) 요구되는 입력과 프로세스로부터 기대되는 출력의 결정

b) 프로세스의 순서와 상호 작용의 결정

c) 프로세스의 효과적 운용과 관리를 보장하기 위하여 필요한 기준과 방법(모니터링, 측정 및 관련 성과지표를 포함)의 결정과 적용

d) 프로세스에 필요한 자원의 결정과 자원의 가용성 보장

e) 프로세스에 대한 책임과 권한의 부여

f) 6.1의 요구사항에 따라 결정된 리스크와 기회의 조치

g) 프로세스의 평가, 그리고 프로세스가 의도된 결과를 달성함을 보장하기 위하여 필요한 모든 변경사항의 실행

h) 프로세스와 품질경영시스템의 개선

4.4.2 조직은 필요한 정도까지 다음사항을 실행하여야 한다.

a) 프로세스의 운용을 지원하기 위하여 문서화된 정보의 유지

b) 프로세스가 계획대로 수행되고 있다는 확신을 갖기 위하여 문서화된 정보의 보유

─── [출처: KS Q ISO 9001] ───

1) 요점사항

- 품질경영시스템의 수립, 실행, 유지 및 지속적 개선
- 프로세스와 그 프로세스의 상호작용 실행

2) 해설

(1) 품질경영시스템의 수립, 실행, 유지 및 지속적 개선

① ISO 9001 표준의 요구사항에 따라 품질경영시스템을 수립, 실행, 유지 및 지속적 개선을 하여야 한다.

② 조직은 품질경영시스템의 효율적인 운영으로 효과를 얻기 위한 지속적인 개선을 해야 한다. 이때의 개선은 프로세스, 문서의 개정, 방법의 개선, 결과의 조치로 인한 개선 등이 될 것이다.

③ 품질경영시스템을 수립, 실행, 유지 및 지속적 개선의 네 가지의 요구사항은 ISO 9001 요건의 각 개별 조항(〈표 2-4〉)에서 언급을 하고 있다.

〈표 2-4〉 품질경영시스템 요구사항

단계	요구사항	관련 조항
1	품질경영시스템 수립	6. 기획 8.1 운용 기획 및 관리
2	품질경영시스템 실행	각 조항
3	품질경영시스템 유지	9.2 내부 심사 9.3 경영검토/경영평가
4	품질경영시스템 지속적개선	10. 개선 10.1 일반사항 10.2 부적합 및 시정조치 10.3 지속적 개선

(2) 프로세스와 그 프로세스의 상호작용 실행-프로세스 접근방법

① 프로세스란 '입력(input)을 출력(output)으로 변화시키는 일련의 상호 관련된 모든 활동 및 운영'이라고 한다. 모든 작업(업무)은 프로세스에 의하여 수행되며, 모든 공정은 입력을 가지고 있으며 출력은 공정의 결과이다. 즉 프로세스란 가치를 부가하는 변환과정(transformation)이라고 한다.

② ISO 9001 표준은 조직이 품질경영시스템에 필요한 프로세스 파악, 실행, 관리 및 지속적 개선, 그리고 조직목표를 달성하기 위하여 프로세스 간의 상호활동 관리의 중요성을 강조한다. 조직은 품질경영시스템의 실행을 위하여 품질에 영향을 미치는 모든 활동을 프로세스로 파악할 수 있다. 이 조항의 a)~h)까지의 각 항목은 일반적인 프로세스 접근방법을 나열하고 있으며 이를 적용하라는 요구사항이다. 프로세스 접근방법은 품질경영원칙에서 언급하고 있으며 개요 0.3항에서도 이 방법을 채택하도록 권장하고 있으나 실질적으로는 요구사항에 포함시키고 있다.

③ 품질경영시스템에 프로세스 접근방법을 도입하는 여섯 단계는 다음과 같다.
- 품질경영시스템에 필요한 프로세스의 결정
  - 품질경영시스템에 필요한 프로세스는 무엇인가?
  - 각 프로세스의 고객은 누구인가(내부 및 외부 고객)
  - 이들 고객의 요구사항은 무엇인가?
  - 각 프로세스의 입력과 출력은 무엇인가?
  - 프로세스의 책임자는 누구인가?

- 프로세스 순서와 상호작용 결정
  - 프로세스 전반적인 흐름과 공정도(process map, process flow chart)
  - 각 프로세스 간 상호관계(interface)
  - 프로세스의 문서화

- 프로세스 관리에 필요한 기준과 방법의 결정
  - 관리항목, 성과지표 혹은 품질특성 결정
  - 모니터링, 측정 및 분석의 기준과 방법 결정
  - 데이터 수집을 위한 적절한 방법
  - 각 항목의 기준 및 방법 결정시 경제성 고려(인력, 비용, 시간, 낭비 등)

- 그 프로세스의 운영에 필요한 자원 및 정보의 가용성 보장
  - 각 프로세스 운영을 위한 자원(인적, 물적) 결정
  - 의사소통 경로 수립
  - 프로세스에 대한 내부 및 외부 정보 확보, 제공
  - 피드백 수용
  - 자료수집
  - 기록관리

- 지속적인 개선을 위해 필요한 프로세스 모니터링, 측정(적용가능 시) 및 분석
  - 프로세스 성과 모니터링 및 측정
  - 수집된 자료의 정보 통계분석
  - 분석 결과에 대한 평가
  - 프로세스의 평가

- 프로세스의 지속적 개선을 위해 필요한 조치의 실행
  - 시정조치, 리스크 및 기회의 조치 실행
  - 의도된 프로세스의 결과를 달성함을 위해 모든 프로세스 변경사항 실행
  - 시정조치 및 기회의 조치 실행에 대한 타당성 확인 실행

(3) 외주 처리된 프로세스 파악

① 요구사항의 제품 적합성에 영향을 미치는 특정 프로세스를 외주 처리할 경우, 조직은 그러한 프로세스에 대한 관리방법을 정하여 관리하고 그 결과가 파악되어야 한다.

② 조직은 프로세스를 외주 처리하였다고 고객요구사항이나, 법적 및 규제적 요구사항에 대한 적합성 문제에 책임을 지지 않는 것이 아니다. 따라서 조직은 외주 처리된 프로세스가 미치는 영향, 관리의 분담정도, 구매관리의 달성능력 정도를 고려하여 관리의 형태와 범위를 정하여야 한다.

3) 점검사항

① 조직은 이 표준의 요구사항에 따라, 필요한 프로세스와 그 프로세스의 상호 작용을 포함하는 품질경영시스템을 수립, 실행, 유지 및 지속적 개선을 하는가?

② 조직은 품질경영시스템에 필요한 프로세스와 조직 전반에 그 프로세스의 적용을 정해야 하며, a)~h) 조항을 실행하는가?

③ 조직은 필요한 정도까지 다음 사항을 실행하는가?

- 프로세스 운용을 지원하기 위하여 문서화된 정보의 유지
- 프로세스가 계획대로 수행되고 있다는 확신을 갖기 위하여 문서화된 정보의 보유

5. 리더십

품질경영시스템 운영성과에 대한 성적표는 경영자의 역할이 70% 이상 좌우한다는 학자들의 주장에서 보면 그만큼 품질경영시스템 운영의 성공 여부는 경영자의 리더십이 매우 중요하다는 것을 말하고 있다. 따라서 최고경영자는 QMS에 관한 최고 책임자이기 때문에 리더십과 의지표명, 고객중시의 인식, 방침수립 및 조직의 역할, 책임, 의사소통 등이 QMS의 운영관리 역할에 대한 리더십을 발휘, 책임을 다하는 것이 요구된다.

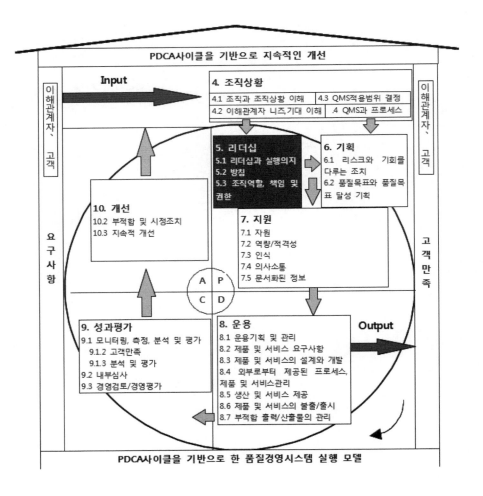

PDCA사이클을 기반으로 한 품질경영시스템 실행 모델

5.1 리더십과 의지표명

5.1.1 일반사항

최고경영자/최고경영진은 품질경영시스템에 대한 리더십과 의지표명/실행의지(commitment)를 다음 사항에 의하여 실증하여야 한다.

a) 품질경영시스템의 효과성에 대한 책무(accountability)를 짐
b) 품질방침과 품질목표가 품질경영시스템을 위하여 수립되고, 조직상황과 전략적 방향에 조화됨을 보장
c) 품질경영시스템 요구사항이 조직의 비즈니스 프로세스와 통합됨을 보장
d) 프로세스의 접근법 및 리스크기반 사고의 활용 촉진
e) 품질경영시스템에 필요한 자원의 가용성 보장
f) 효과적인 품질경영의 중요성, 그리고 품질경영시스템 요구사항과의 적합성에 대한 중요성을 의사소통
g) 품질경영시스템이 의도한 결과를 달성함을 보장
h) 품질경영시스템의 효과성에 기여하기 위한 인원을 적극 참여시키고, 지휘하고 지원함
i) 개선을 촉진
j) 기타 관련 경영자/관리자의 책임분야에 리더십이 적용될 때, 그들의 리더십을 실증하도록 그 경영자 역할에 대한 지원

비고 이 표준에서 '비즈니스'에 대한 언급은 조직이 공적, 사적, 영리 또는 비영리의 여부에 관계없이, 조직의 존재목적에 핵심이 되는 활동을 의미하는 것으로 광범위하게 해석될 수 있다.

5.1.2 고객중시

최고경영자는 다음 사항을 보장함으로써 고객중시에 대한 리더십과 의지표명을 실증하여야 한다.

a) 고객 요구사항과 적용되는 법적 및 규제적 요구사항이 결정되고, 이해되며 일관되게 충족됨
b) 제품 및 서비스의 적합성에, 그리고 고객 만족을 증진시키는 능력에 영향을 미칠 수 있는 리스크와 기회가 결정되고 처리됨
c) 고객만족 증진의 증시가 유지됨

───────── [출처: KS Q ISO 9001] ─────────

1) 요점사항

- 품질경영시스템에 대한 리더십과 의지표명/실행의지의 실증
- 고객중시에 대한 리더십과 의지표명/실행의지의 실증

2) 해설

(1) 품질경영시스템에 대한 리더십과 의지표명/실행의지의 실증

최고경영자는 다음사항에 대하여 실행하며 리더십과 의지표명을 하여야 한다.

① 품질경영시스템의 유효성에 설명하고 책임을 부과한다: 최고경영자는 QMS의 계획에 대하여 결과를 달성하는 것에 대한 책임을 갖고, QMS에 대한 최고 책임자라는 인식을 갖고 행동하는 것이 중요하다.
② 품질경영시스템에 관한 품질 방침 및 품질 목표를 확립하고, 그것들이 조직의 상황 및 조직의 전략적인 방향성과 양립하는 것을 확실하게 한다: 최고경영자는 품질방침(5.2.1) 및 품질목표(6.2.1)를 달성할 수 있도록 한다. 품질방

침 및 품질 목표를 확립할 때에는, 조직의 상황 및 전략적 방향성(4.1)에서 전개한다.

③ 조직의 사업 프로세스에의 품질경영시스템 요구사항의 통합을 확실하게 한다: 사업 프로세스와 QMS가 별개의 활동이 되지 않도록 한다. 예를 들어, 같은 요소이지만 기록에 포함된 내용이 별개의 것이 되지 않도록 하고, 사업계획을 세울 때에 QMS의 측면을 받아들여 동시에 작성하고, 사업계획의 리뷰 때에 QMS의 검토도 동시에 시행한다. 또한, 이때, QMS 요구사항이 사업 프로세스에 포함되도록 한다.

④ 프로세스 어프로치 및 리스크에 입각한 사고방식의 이용을 촉진한다: 품질경영의 원칙인 프로세스 어프로치에 관한 개념과 리스크에 입각한 사고방식을 QMS의 계획, 실시, 유지, 지속적 개선에 이용한다.

⑤ 품질경영시스템에 필요한 자원이 이용 가능한 것을 확실하게 한다: QMS의 계획에서 필요하다고 결정한 자원을 제공한다.

⑥ 유효한 품질경영 및 품질경영시스템 요구사항에의 적합의 중요성을 전달한다: 품질방침의 설명시점이나 경영검토 시점에서 이들의 중요성을 종업원에게 전한다.

⑦ 품질경영시스템이 그 의도한 결과를 달성할 것을 확실하게 한다: 경영검토를 통해서, 4.1에서 명확하게 한 QMS가 그 의도한 결과를 달성할 수 있도록 지시한다.

⑧ 품질경영시스템의 유효성에 기여할 수 있도록 사람들을 적극적으로 참가시키고, 지휘, 지원한다: 품질 목표의 달성을 위해 계획에의 참가, 개선활동(소집단활동, 제안제도 등)에 참가 할 수 있도록 한다. 이들 활동에 대해 최고경영자가 직접 관련됨과 함께, 자원 측면에서의 지원을 한다.

⑨ 개선을 촉진한다: 개선에 대한 조직적 체제를 확립한다. 예를 들어, 방침 관리, 일상 관리, 프로젝트 활동, 소집단 활동 등을 추진한다.

⑩ 기타 관련된 관리층이 그 책임 영역에 있어 리더십을 발휘할 수 있도록, 관리층의 역할을 지원한다: 품질경영의 원칙인 리더십에 관한 행동에 대하여, 관

리층이 역할을 다할 수 있도록 교육 · 훈련이나 개별 지도 등을 행한다.

(2) 고객중시에 대한 리더십과 의지표명/실행의지의 실증

최고경영자는 리더십 및 의지표명을 실증하기 위한 다음 사항을 실행한다.

① 고객요구사항 및 적용되는 법적 · 규제적 요구사항을 명확하게 하고, 이해하고, 일관되게 충족하고 있다: 구체적으로는 최고경영자가, 「4.2 이해관계자의 니즈와 기대 이해」 및 「8.1 운용 기획 및 관리」에 주목한다.
② 제품 및 서비스의 적합성 및 고객만족을 향상시키는 능력에 영향을 미치는 리스크 및 기회를 결정하여 대처한다: 최고경영자가 「6.1 리스크와 기회를 다루는 조치」에 관련 활동을 취한다.
③ 고객만족의 향상이 지속적으로 중시되고 있다: 최고경영자가 「9.1.2 고객만족」에 관련한 활동을 지속적으로 고객의 인식을 모니터링 하여야 한다.

3) 점검사항

① 최고경영자/최고경영진은 품질경영시스템에 대한 리더십과 의지표명(commitment)을 통하여 a)~j) 조항을 실증하는가?
② 최고경영자는 a)~c) 조항을 보장함으로써 고객중시에 대한 리더십과 의지표명을 실증하는가?

5.2 방침

5.2.1 품질방침의 수립

최고경영자는 다음과 같은 품질방침을 수립, 실행 및 유지하여야 한다.

a) 조직의 목적과 상황에 적절하고 조직의 전략적 방향을 지원

b) 품질목표의 설정을 위한 틀을 제공

c) 적용되는 요구사항의 충족에 대한 의지표명을 포함

d) 품질경영시스템의 지속적 개선에 대한 의지표명을 포함

5.2.2 품질방침에 대한 의사소통

품질방침은 다음과 같아야 한다.

a) 문서화된 정보로 이용 가능하고 유지됨

b) 조직 내에서 의사소통하고 이해되며 적용됨

c) 해당되는 경우, 관련 이해관계자에게 이용 가능함

[출처: KS Q ISO 9001]

1) 요점사항

- 품질방침의 수립
- 품질방침의 실천 및 검토
- 품질방침에 대한 의사소통

2) 해설

(1) 품질방침의 수립

'품질방침'이란 최고 경영자에 의해 공식적으로 표명된 품질 관련 조직의 전반적인 의도 및 방향이라고 ISO 9000에서 정의하고 있다. 따라서 품질방침은 전반적인 방침과 목표와 일치하여야 하며 품질목표나 세부목표를 설정하는 기초를 제공한다. 즉, 품질방침은 조직 내 다른 방침 즉 경영방침, 기술방침 안전방침, 환경방침, 정보화방침 등과 연계하여 일관성 있게 수립하여야 한다. 경우에 따라서는 이들 방침

들을 통합할 수 있는지를 검토하여 단일화할 수 있을 것이다.

또한, 품질방침은 품질경영원칙 7가지가 그 기초가 된다. 즉, 고객중시, 리더십, 인원의 적극참여, 프로세스 접근법, 개선, 증거기반 의사결정, 관계관리/관계경영 등의 포괄적인 개념으로 품질방침에 접근해야 한다.

ISO 9004에서 기술한 품질방침의 수립 시 조직이 고려해야 할 사항을 열거해보면 다음과 같다.

① 시장에서의 경쟁력과 관련된 고객만족의 기대된 수준을 평가함
② 만족되는 이해관계자의 요구와 조직 목표의 성취를 위한 각 이해관계자로부터 공헌도 사이에 균형에 대한 고려
③ 조직 목표 성취에 대한 위험 평가
④ 지속적 개선에 대한 기회 및 요구 파악
⑤ 요구된 자원 및 공급자와 협력자의 능력 파악

품질방침 내용은 조직 및 제품특성, 이해관계자들의 요구와 기대에 따라 적절한 내용을 포함하고 궁극적으로 고객만족에 초점이 두어져야 한다. 이를 위해 품질방침은 다음과 같은 내용이 포함되어야 한다.

① 조직의 경영이념 및 철학, 고객만족 철학 조직의 특성
② 조직의 제품소개 및 특성, 공정의 특성
③ 품질방침의 이행방안
④ 품질경영 규격 및 활동 목적
⑤ 조직의 품질목표 및 경영목표 제시-가능한 계량화
⑥ 경영대리인의 지명과 위임사항
⑦ 최고경영자의 서명 및 일자

(2) 품질방침의 실천 및 검토

품질방침은 어느 특정계층에서만 이해되고 실행되는 것이 아니라, 회사의 전 임직원(사장에서부터 현장사원까지 전 계층)에서 품질방침을 이해시키고 실행하게 해야 한다.

품질방침을 전 종업원에게 이해 및 실행시키기 위해서는 다음과 같은 방법을 강구해야 한다.

① 품질방침에 대한 포스터 또는 스티커 제작 및 배포
② 품질방침에 대한 부서 단위 교육실시 및 교육기록 문서화
③ 품질방침에 의거한 품질시스템 수립 및 품질매뉴얼에 대한 교육
④ 내부 심사, 공정순회심사 등을 통한 이해 및 실행여부 주기적 체크 등

품질방침은 다음사항을 고려하여 주기적으로 검토하여야 한다.

① 경영자 검토에서 나온 결과
② 근원적 전제사항(가정)에서의 변경 필요성

품질방침은 기업 및 시장 환경변화, 고객의 요구변화, 기술적 발전 등에 따라 바꿔어져야 하며 경영자는 품질방침의 유효성 및 적절성을 주기적으로 검토해야 한다.

이러한 품질방침의 유효성 및 적절성에 대한 주기적 평가는 내부 심사, 경영검토 등의 효과적인 실시를 통해 가능하다.

품질방침은 필요시 주기적으로 검토되고 필요시 개정되어야 한다.

따라서 보다 효율적인 품질방침을 운영하기 위한 방침관리 절차서를 수립하는 것을 권하고 싶다. 이는 방침사항과 일상업무를 자연스럽게 실행될 수 있도록 계획/실적관리를 할 수 있다.

(3) 품질방침에 대한 의사소통

① 문서화된 정보로서 이용가능한 상태가 되고, 유지된다: 품질방침은 문서관리의 대상이며, 누구나 이용할 수 있도록 한다. 또한, 그 유지관리를 할 필요성이 있다.

② 조직 내에 전달하고, 이해시키고 적용한다: 품질방침이 조직 내에 전달되어, 조직원에게 품질방침의 내용이 이해되고, 업무에 각자 활용되어야 한다.
그 방법에 대해서는 예를 들어 다음과 같다.
- 전달방법: 교육, 포스터, 품질 방침 설명회, 사내 LAN 등
- 적용방법: 품질 방침에 준하는 활동을 한다. 예를 들어, 품질방침의 실시상황을 직장순회 등을 통해 확인한다.

③ 해당되는 경우, 관련된 이해관계자가 입수 및 이용이 가능하다: 조직과 밀접하게 관련된 이해관계자가 품질 방침을 입수하고 싶다고 한다면, 배포 또는 홈페이지 등에 소개한다.

3) 점검사항

① 최고경영자는 a)~d) 조항과 같은 품질방침을 수립, 실행 및 유지하는가?
② 품질방침은 a)~c) 조항과 같은가?

5.3 조직의 역할, 책임 및 권한

최고경영자는 관련된 역할에 대한 책임과 권한이 조직 내에서 부여되고, 의사소통되며, 이해됨을 보장하여야 한다.
최고경영자는 다음 사항에 대하여 책임과 권한을 부여하여야 한다.

a) 품질경영시스템이 이 표준의 요구사항에 적합함을 보장

b) 프로세스가 의도된 출력을 도출하고 있음을 보장

c) 품질경영시스템의 성과와 개선 기회(10.1 참조)를, 특히 최고경영자에게 보고

d) 조직 전체에서 고객중시에 대한 촉진을 보장

e) 품질경영시스템의 변경이 계획되고 실행되는 경우, 품질경영시스템의 온전성(integrity)이 유지됨을 보장

──── [출처: KS Q ISO 9001] ────

1) 요점사항

• 관련된 역할에 대한 책임과 권한 부여

2) 해설

품질경영시스템을 실행하고, 유지하기 위해 조직 내의 계층, 기능 간 책임과 권한을 정하고 의사소통이 이루어져야 한다. 특히 이들 각 활동과 관련된 책임과 권한이 정해져야 하며, 의사 전달과 보고 및 지시체계가 분명해야 한다. 이런 목적은 결국 조직 내 조직원들의 긍정적인 사고나 자세를 유도하여 지속적인 개선활동에 참여토록 하는 데 있으며, 장기적으로는 이런 기업문화를 만들기 위함이다.

품질경영시스템의 문서에 해당하는 품질매뉴얼, 업무분장 및 위임전결 문서, 세부 활동관련 등을 해당문서에 책임과 권한을 명시하여야 한다.

특히 최고경영자는 a)~e) 사항에 대하여 책임과 권한을 부여하여야 한다.

또한 품질활동 관련자의 책임과 권한은 절차서를 기준으로 할 때 해당 업무 요건별로 부서장 혹은 팀장이 중심이 되어 기술되며 '책임과 권한' 항목에서 규정되어야 한다. 여기서 관련된 문서 간의 책임과 권한은 일관성이 있어야 함을 주의하여야 한다.

그리고 조직의 규모나 특성에 따라서 개인별의 업무분장(고유 업무와 시스템 실행 업무)은 각 부서별 업무분장표나 직무 기술서에 명시할 수도 있다.

3) 점검사항

① 최고경영자는 관련된 역할에 대한 책임과 권한이 조직 내에서 부여되고, 의사소통되며, 이해됨을 보장하는가?

② 최고경영자는 a)~e) 조항에 대하여 책임과 권한을 부여하는가?

6. 기획

기획은 품질경영시스템의 일부로서 시스템의 포괄적인 상위의 프로세스에 대해 리스크와 기회의 대처 방안을 전략적으로 수립하는 것을 말한다. 또한 조직의 전략에 따른 품질목표 달성, 변경기획 및 제반 요구사항을 수립하고, 달성하기 위해 필요한 운영 프로세스 및 관련 자원을 규정하는 데 초점을 맞추는 것이 좋다. 기획을 통하여 조직의 리스크와 기회를 다루기 위한 조치를 어떻게 대응하는지에 대해 전략을 수립하는 것이다.

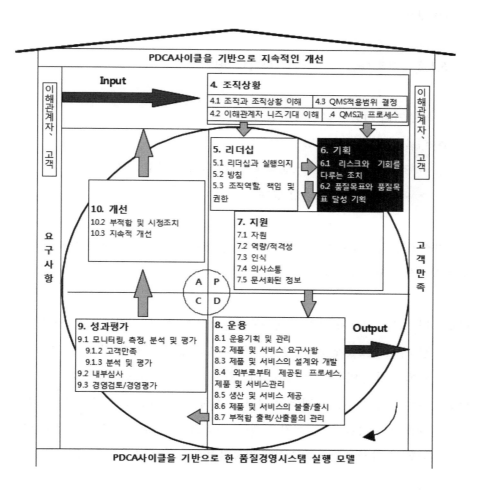

PDCA사이클을 기반으로 한 품질경영시스템 실행 모델

6.1 리스크와 기회를 다루는 조치

6.1.1 품질경영시스템을 기획할 때, 조직은 4.1의 이슈와 4.2의 요구사항을 고려하여야 하며, 다음 사항을 위하여 다루어야 할 필요성이 있는 리스크와 기회를 정하여야 한다.

a) 품질경영시스템이 의도된 결과를 달성할 수 있음을 보증
b) 바람직한 영향의 증진
c) 바람직하지 않은 영향의 예방 또는 감소
d) 개선의 성취

6.1.2 조직은 다음 사항을 기획하여야 한다.

a) 리스크와 기회를 다루기 위한 조치
b) 다음 사항에 대한 방법
  • 조치를 품질경영시스템의 프로세스에 통합하고 실행(4.4 참조)
  • 이러한 조치의 효과성 평가

리스크와 기회를 다루기 위하여 취해진 조치는, 제품 및 서비스의 적합성에 미치는 잠재적 영향에 상용하여야 한다.

비고 1 리스크를 다루기 위한 선택사항에는 리스크 회피, 기회를 잡기 위한 리스크 감수, 리스크 요인 제거, 발생 가능성 또는 결과의 변경, 리스크 공유 또는 정보에 근거한 의사결정에 의한 리스크 유지가 포함될 수 있다.
비고 2 기회는 새로운 실행 방안의 채택, 신제품 출시, 새로운 시장 개척, 신규 고객 창출, 파트너십 구축, 신기술 활용, 그리고 조직 또는 고객의 니즈를 다루기 위한 그 밖의 바람직하고 실행 가능한 방안으로 이어질 수 있다.

— [출처: KS Q ISO 9001] —

1) 요점사항

- QMS기획 시 이슈와 요구사항 고려한 리스크와 기회 결정
- 리스크와 기회를 다루기 위한 조치의 기획

2) 해설

(1) QMS 기획 시 4.1 이슈와 4.2 요구사항을 고려한 리스크와 기회 결정

리스크와 기회를 다루는 조치에서는 QMS의 기획 달성에 바람직하지 않은 영향을 줄 가능성을 리스크로 인식하여, 그 바람직하지 않는 영향을 저하시키거나, 회피하는 등의 대책을 쓴다. 또한, 바람직한 영향을 줄 가능성을 기회로 인식하여 그 바람직한 영향을 촉진하는 등의 대책을 수립하여, QMS의 계획 달성의 가능성을 높일 수 있다. 또, 내부·외부 과제를 검토하는 것으로, 목표 달성 가능성을 검토하는 것도 가능하다.

이에 따라, QMS의 기획할 때에는 4.1에서 결정된 이슈 및 4.2에서 결정된 요구사항을 입력사항으로 한다. 이에 a)~d)를 실시하고자 할 때에, 「어떠한 리스크 및 기회가 있는가」를 추출할 것을 요구하고 있다.

6.1항의 리스크와 기회를 다루는 조치에 대한 예를 들어 다음과 같이 된다.

① 경쟁우위가 되는 신제품을 6개월 이내 시장에 출시할 때
- 내부 과제: 부문 간의 협조, 인재 육성
- 외부 과제: 고객의 니즈·기대의 변화

② 고객 요구사항 및 법령 구제 요구사항을 충족시킨 제품을 일관되게 제공할 (QMS의 의도한 결과) 때에 영향을 주는 조직 능력의 예: 고객의 니즈·기대를 확실하게 파악할 수 있는 마케팅 능력, 설계의 효율화를 추구한 모듈화 설계 능력, 복잡한 금형기술력, 프로세스의 기능을 추구한 표준화 기술력

상기 능력에 관한 내부·외부 이슈의 예는 다음과 같이 된다.

- 내부 과제: 마케팅방법 개발, 고도로 정밀한 금속조형기술 개발, 소형화 설계기술의 추진, 프로세스 기능 전개 기술의 활용
- 외부 과제: 공급사의 공정관리기술의 향상, 해외조달의 증가에 의한 발주량 감소

③ QMS에 밀접하게 관련된 이해관계자
예를 들어 고객, 협력회사, 사원, 감독관청, 업계단체, 인증기관이다.

④ 이해관계자의 요구사항
- 고객: 제품 사용의 편리성, 디자인 등 외관 호감도, 가격 및 고장 시 대응 능력
- 공급자: 설계 변경의 적음, 공정관리에의 지원
- 직원: 작업의 쉬움, 안전 작업의 확립, 부문 간의 협조, 개선에 대한 보장
- 감독관청: 법적, 규제적 요구사항
- 업계단체: 제품에 대한 가이드라인
- 인증기관: 인증에 관한 요구사항

이상의 ①~④를 고려하여, 다음의 대처에 필요한 리스크 및 기회를 명확하게 하여 결정한다.

(2) 리스크와 기회를 다루기 위한 조치의 기획

리스크와 기회를 다루기 위한 조치의 기획에 대하여 어떻게 대응하는지에 대해 전략을 수립하여야 한다. 이때, QMS의 어떤 프로세스에서 이 대처를 할 것인지를 명확하게 하고, 이를 실시하는 방법을 결정한다. 또한, 대처의 타당성 평가 방법을 결정할 것을 요구한다.

① 리스크를 다루기 위한 선택사항 예시

- 리스크 회피
- 리스크 감수
- 리스크 제거
- 리스크 발생가능성 및 결과의 변경
- 리스크 공유
- 리스크 유지

② 기회를 다루기 위한 선택사항 예시

- 새로운 실행방안 채택
- 신제품 출시
- 새로운 시장개척
- 신규 고객창출
- 파트너십 구축
- 신기술 활용
- 조직 및 고객의 니즈를 다루기 위한 그 밖의 바람직하고 실행 가능한 방안 등

3) 점검사항

① 조직은 품질경영시스템을 기획할 때, 4.1의 이슈와 4.2의 요구사항을 고려하여야 하며, 다음 사항 a)~d) 조항을 위하여 다루어야 할 필요성이 있는 리스크와 기회를 정하는가?

② 조직은 다음 사항 a)~b) 조항을 기획하여야 하며 리스크와 기회를 다루기 위하여 취해진 조치는, 제품 및 서비스의 적합성에 미치는 잠재적 영향에 상응하는가?

6.2 품질목표와 품질목표 달성 기획

6.2.1 조직은 품질경영시스템에 필요한 관련 기능, 계층 및 프로세스에서 품질목표 수립하여야 한다.

품질목표는 다음과 같아야 한다.

a) 품질방침과 일관성이 있어야 함
b) 측정 가능해야 함
c) 적용되는 요구사항이 고려되어야 함
d) 제품 및 서비스의 적합성과 고객만족의 증진과 관련되어야 함
e) 모니터링되어야 함
f) 의사소통되어야 함
g) 필요에 따라 갱신되어야 함

조직은 품질목표에 관하여 문서화된 정보를 유지하여야 한다.

6.2.2 품질목표를 달성하는 방법을 기획할 때, 조직은 다음 사항을 정하여야 한다.

a) 달성 대상
b) 필요 자원
c) 책임자
d) 완료 시기
e) 결과 평가 방법

—— [출처: KS Q ISO 9001] ——

1) 요점사항

- 품질목표 수립
- 품질목표 달성 방법 기획

2) 해설

(1) 품질목표의 수립

품질방침을 달성하기 위한 품질목표를 수립한다. 품질목표는 품질방침 수립 시 조직 내의 부문(부서)별로 품질목표를 설정하도록 요구하고 있다. 즉, 품질목표는 전체 조직을 통해 조직의 품질방침을 실현하도록 제정되어야 한다. 게다가 계층별(직급별)에 따른 품질목표도 수립하도록 한다.

품질목표는 단지 협의의 품질보다는 광의 품질의 개념에 접근하여 계량화, 정량화 할 수 있는 목표치(계량화)를 잡도록 하는 것이 좋다. 이는 조직 단위별(부서, 팀)로 품질 목표의 중점 관리항목을 한두 개씩 부여하면 효율적이다. 이런 차원에서 보면 품질이라는 개념은 '경영의 수준'이라는 단계로 해석 할 수 있다.

품질목표는 품질방침과 일관성이 있어야 한다. 품질목표는 안전, 위생, 잠재적 책임, 그리고 모든 이해관계자의 위험을 최소화하는 수단의 제공을 포함하여야 한다.

이 목표를 수립할 경우 조직은

① 경영검토 결과 관련된 사항
② 현행 제품 및 서비스의 품질결과
③ 고객 및 다른 이해관계자들의 만족수준
④ 내부 심사 결과 등을 고려한다.

(2) 품질목표의 달성 방법 기획

6.2.2에서는 품질목표를 달성하기 위한 계획에 포함되지 않으면 안 되는 요소로서 a)~e)를 요구하고 있다.

① 달성 대상

품질 목표 달성을 위해, 어떠한 방법(방책, 시책이라고도 불림)을 행할지를 명확하게 한다. 이 실시사항이 목표 달성을 위해 효과적일지 아닐지를 확인하는 방법은, 결정된 실시사항을 완료하여 목표가 달성되었는지의 관점에서 확인해도 좋다.

품질목표의 달성 대상으로서는 다음과 같은 사항들이 포함될 수 있다.

- 제품의 품질정도
- 생산성 향상정도
- 납기 준수율
- 원가절감
- 고객만족도
- 기타 경영개선에 대한 목표

② 필요 자원

실시사항에 필요한 자원(사람들, 인프라스트럭쳐, 프로세스 운용에 관한 업무환경, 모니터링 및 측정을 위한 자원, 조직적 지식)을 명확하게 한다.

③ 책임자

실시사항의 책임자를 명확하게 한다.

④ 완료 시기

실시사항이 언제까지 완료되어야 하는가를 명확하게 한다.

⑤ 결과 평가 방법

실시사항의 결과를 「어떠한 기준으로」, 「누가」, 「언제」 평가하는가를 명확하게 한다.

일반적으로는, 실시사항의 계획 대비 실적의 진척률 등으로 평가한다.

(3) 품질목표의 실행

품질목표는 넓게는 조직 전체, 좁게는 특정 현장 및 개별 활동에 적용될 수 있다. 최고경영자는 각 관리자들이 그들 수준에서 책임있는 활동에 대한 품질목표를 정하도록 요구하여야 한다. 품질목표는 공정과 활동의 각 관리 수준에서 전개되고 모든 관련 인원에 명확하게 전달되어야 한다.

특히 신입사원, 시간제 및 임시직 사원을 포함한 종업원은 그들의 수준에서 적용 가능한 품질목표를 이해하고 이를 위한 적합한 교육훈련을 실시하는 것이 효과적이다.

3) 점검사항

① 조직은 품질경영시스템에 필요한 관련 기능, 계층 및 프로세스에서 a)~g) 조항의 품질목표를 수립하는가?
② 조직은 품질목표에 관하여 문서화된 정보를 유지하는가?
③ 품질목표를 달성하는 방법을 기획할 때, 조직은 다음 사항 a)~e) 조항을 정하는가?

6.3 변경의 기획

조직이 품질경영시스템의 변경이 필요하다고 정한 경우, 변경은 계획적인 방식으로 수행되어야 한다(4.4 참조). 조직은 다음 사항을 고려하여야 한다.

a) 변경의 목적과 잠재적 결과
b) 품질경영시스템의 온전성
c) 자원의 가용성
d) 책임과 권한의 부여 또는 재부여

─ [출처: KS Q ISO 9001] ─

1) 요점사항

• QMS의 변경기획의 고려사항

2) 해설

경영검토에서 품질경영시스템을 변경할 필요가 있다고 판단한 경우에는, 다음 사항을 고려할 것을 요구하고 있다.

변경의 예에는, 「새로운 QMS 요소를 받아들인다」, 「QMS의 적용범위를 변경한다」, 「프로세스를 아웃소싱한다」 등이 있다.

이 변경은, 계획적이며 체계적인 방법으로 시행한다. 변경 계획을 책정함과 함께 조직 체제를 구축해 나갈 필요가 있다.

① 변경의 목적 및 그에 따른 발생 가능한 잠재적 결과

변경의 목적은 무엇인지, 변경에 따라 발생 가능성이 있는 결과는 무엇인가를 생각한다.

② 품질경영시스템이 '완전 무결한 상태'

QMS가 '완전 무결한 상태'란, 「변경된 프로세스가 일관성있게 변경되었다」, 「관련된 프로세스에 악영향이 없다」, 「제품 및 서비스에 악영향이 없다」, 「고객만족에 악영향을 주지 않는다」는 상태이다.

③ 자원의 이용가능성

변경이 현재의 자원에서 대응 가능한가를 생각한다.

④ 책임 및 권한의 부여 또는 재부여

변경에 따른 새로운 책임·권한이 필요한 경우에는, 부여를 한다. 또는 현재의 책임·권한을 변경할 것을 고려한다.

품질목표는 필요시 주기적으로 검토되고 필요시 변경되어야 한다. 이때 이해관계자들의 견해를 고려해야 한다. 품질목표는 방침관리 일환으로써 이미 정한 품질방침과 목표를 근간으로 각 조직의 부서 단위별(팀별)로 년도 사업계획서를 수립하여 최고경영자의 승인을 득한 다음, 월간 단위로 부서별 업무실적서를 작성하여 계획과 실적을 비교 검토하여 실적관리를 한다.

각 조직의 실정에 따라서 분기별, 반기별로 실적 검토와 보고를 행하고 최종적인 것은 연말에 가서 애초 계획 세운 년도 사업계획서와 12개월간의 실적치를 누계하여 비교하여 분석하면 일상관리 업무와 방침관리 업무를 용이하게 시행할 수 있으며, 각 부서의 업무 실적과 품질목표치를 쉽게 파악할 수 있다.

3) 점검사항

조직은 품질경영시스템의 변경이 필요하다고 정한 경우, 변경은 계획적인 방식으로 다음 사항 a)~d) 조항을 고려하여 수행하는가?

7. 지원

품질경영시스템을 실행하는 데 필요한 자원, 즉 인적, 물적자원을 결정하고 확보 제공하도록 한다. 물적자원은 설비, 유틸리티, 운송 통신 등의 기반구조 및 안전하고 쾌적한 환경에서 업무가 수행되어야 한다. 측정자원 및 조직의 지식을 결정하고 관리하여야 한다. 인적자원에 대해서는 제품요구사항의 적합성에 영향을 미치는 업무 수행자의 역량 결정, 품질방침 및 목표, 업무기여도 등을 인식하고 원활한 내·외부 의사소통을 결정한다.

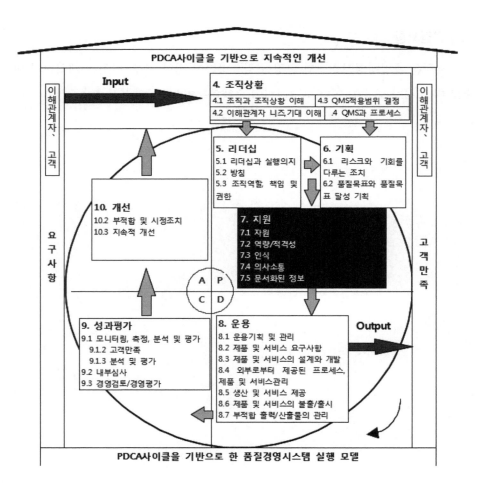

PDCA사이클을 기반으로 지속적인 개선

Input

4. 조직상황
4.1 조직과 조직상황 이해 4.3 QMS적용범위 결정
4.2 이해관계자 니즈,기대 이해 .4 QMS과 프로세스

이해관계자、 고객

이해관계자、 고객

5. 리더십
5.1 리더십과 실행의지
5.2 방침
5.3 조직역할, 책임 및 권한

6. 기획
6.1 리스크와 기회를 다루는 조치
6.2 품질목표와 품질목표 달성 기획

10. 개선
10.2 부적합 및 시정조치
10.3 지속적 개선

요구사항

7. 지원
7.1 자원
7.2 역량/적격성
7.3 인식
7.4 의사소통
7.5 문서화된 정보

고객만족

A P
C D

9. 성과평가
9.1 모니터링, 측정, 분석 및 평가
　9.1.2 고객만족
　9.1.3 분석 및 평가
9.2 내부심사
9.3 경영검토/경영평가

8. 운용
8.1 운용기획 및 관리
8.2 제품 및 서비스 요구사항
8.3 제품 및 서비스의 설계와 개발
8.4 외부로부터 제공된 프로세스, 제품 및 서비스관리
8.5 생산 및 서비스 제공
8.6 제품 및 서비스의 불출/출시
8.7 부적합 출력/산출물의 관리

Output

PDCA사이클을 기반으로 한 품질경영시스템 실행 모델

7.1 자원

7.1.1 일반사항

조직은 품질경영시스템의 수립, 실행, 유지 및 지속적 개선에 필요한 자원을 정하고 제공하여야 한다.

조직은 다음 사항을 고려하여야 한다.

    a) 기존 내부자원의 능력과 제약사항

    b) 외부 공급자로부터 획득할 필요가 있는 것.

7.1.2 인원

조직은 품질경영시스템의 효과적인 실행, 그리고 프로세스의 운용과 관리에 필요한 인원을 정하고 제공하여야 한다.

7.1.3 기반구조

조직은 프로세스의 운용에 필요한, 그리고 제품 및 서비스의 적합성 달성에 필요한 기반구조를 결정, 제공 및 유지하여야 한다.

비고 기반구조에는 다음이 포함될 수 있다.
- 건물 및 연관된 유틸리티
- 장비(하드웨어, 소프트웨어 포함)
- 운송자원
- 정보통신 기술

[출처: KS Q ISO 9001]

1) 요점사항

- QMS의 수립, 실행, 유지 및 지속적 개선에 필요한 자원 결정
- 인원 결정 및 적시 제공
- 기반구조 결정, 제공, 유지 및 평가

2) 해설

(1) QMS의 수립, 실행, 유지 및 지속적 개선에 필요한 자원 결정

조직의 미래에 대한 예측 결과를 기본으로 자원 개발에 대한 기본계획을 세우고 실행해야 한다. 이것은 또한 조직 전략에서 조직원들과 공급자들의 의지와 참여를 증진시킬 수 있는 것이다.

조직의 방침과 목표의 실행 및 달성에 필수적인 자원은 결정되고 유용될 수 있도록 제공되어져야 한다. 이러한 자원에는 구성원, 공급자, 정보, 기반구조, 작업환경, 지식 및 재무 자원 등이 포함된다.

자원: ① 인적자원: 구성원, 공급자
　　　 ② 물적자원: 정보, 기반구조, 작업환경, 재무, 지식 등

모든 자원은 필요한 시기에 적절하게 지원·제공되어야 하며, 투자비에 대한 효과적인 경제성 검토(투자비=입력물<산출물)가 이루어져야 한다. 또한 한정된 천연 자원의 사용과 환경에 대한 자원의 영향을 고려해야 한다.

모든 자원에 대한 요구사항은 구체적으로 정의되어야 하지만, 지식과 같은 무형 자원과 또한 고려되어야 하며, 신속한 변화에 필요한 자원은 지속적인 개선을 위해 고려되어야 한다. 또한 미래 자원에 대한 계획은 경영검토의 일부분이 되어야 한다.

(2) 인원 결정 및 적시 제공

품질경영시스템의 가장 중요한 자원은 사람이기 때문에, 7.1.2에서는 QMS의 운

용을 위한 적재적소의 인재를 배치할 것을 요구하고 있다.

(3) 기반구조 결정, 제공, 유지 및 평가

기반구조(infrastructure)란 품질경영시스템을 운영하기 위한 기본적인 자원인 인프라 구축을 말한다. 이런 시스템 운영에는 기반구조가 필요하다.

기반구조에는 조직이 제공하는 제품과 서비스의 특성에 따라 다음과 같은 것을 포함할 수 있다.

- 공장, 사무실, 작업장, 창고 등의 시설
- 설비, 공구 및 장비
- 컴퓨터 네트웍 정보시스템 및 통신시설
- 운송장비 및 시설
- 환경관련 시설
- 기타 유틸리티

조직은 목표, 기능, 업무수행, 이용성, 비용, 안전과 보안의 관점에서 규정된 기반구조를 정의하고 제공해야만 한다. 조직은 기반구조가 지속적으로 요구사항을 만족시키는 것을 보장하기 위한 운영 프로그램을 개발하고 실행하는 프로세스가 있어야 한다. 이러한 프로그램은 기반구조 요소의 위험성과 용도에 기초를 두고 운영의 방법과 주기 및 각 기반구조 요소의 운영에 대한 검증을 규정해야만 한다.

품질경영시스템을 운영관리하기 위해서는, 기반구조(infrastructure)가 필요하다. 때문에, 7.1.3에서는 프로세스 운용에 필요한 기반구조, 제품 및 서비스의 적합을 달성하기 위해 필요한 기반구조 준비, 유지관리를 요구하고 있다.

조직은 모든 이해관계자의 요구사항에 대한 기반구조를 평가하여야 한다. 시설과 관련하여 환경에 대한 영향을 최소화하기 위하여 자원보존, 오염, 폐기물과 재사용과 같은 환경적 문제를 고려하여야 한다.

기후와 날씨, 생태학, 또는 자연의 다른 측면처럼 자연적으로 발생하는 현상은 통제될 수 없지만 기반구조에는 영향을 미칠 수 있다. 기반구조에 대한 계획은 관련된 위험성을 고려하고, 제품 및 서비스의 품질을 유지하기 위한 전략을 포함하여야 한다.

3) 점검사항

① 조직은 품질경영시스템의 수립, 실행, 유지 및 지속적 개선에 필요한 자원을 정하고 제공하여야 하며 다음 사항 a)~b) 조항을 고려하여 수행하는가?

② 조직은 품질경영시스템의 효과적인 실행, 그리고 프로세스의 운용과 관리에 필요한 인원을 정하고 제공하는가?

③ 조직은 프로세스의 운용에 필요한, 그리고 제품 및 서비스의 적합성 달성에 필요한 기반구조를 결정, 제공 및 유지하는가?

7.1.4 프로세스 운용 환경

조직은 프로세스 운용에 필요한, 그리고 제품 및 서비스의 적합성 달성에 필요한 환경을 결정, 제공 및 유지하여야 한다.

비고   적절한 환경은 다음과 같이 인적 요인과 물리적 요인의 조합이 될 수 있다.

- 사회적(예: 비차별, 평온, 비대립)
- 심리적(예: 스트레스 완화, 극심한 피로 예방, 정서적 보호)
- 물리적(예: 온도, 열, 습도, 밝기, 공기 흐름, 위생, 소음)

이러한 요인은 제공되는 제품 및 서비스에 따라 상당히 달라질 수 있다.

— [출처: KS Q ISO 9001] —

---

1) 요점사항

- 프로세스, 제품 및 서비스의적합성 달성에 필요한 환경 결정, 제공 및 유지
- 사회적, 심리적, 물리적 요인

2) 해설

(1) 프로세스, 제품 및 서비스의 적합성 달성에 필요한 환경 결정, 제공 및 유지

품질경영시스템을 운용관리 하기 위해서는, 노동환경이나 제품 및 서비스에 영향을 미치지 않는 환경을 획득하는 것이 필요하다. 7.1.4에서는, 업무를 하기 위해, 어떠한 환경 조건이 필요한지를 명확하게 하여, 제공 · 유지할 것을 요구하고 있다.

조직에서의 업무(작업)환경은 인적(人的)과 물리적(物理的) 요소의 결합이다. 이러한 요소는 제품과 서비스의 품질뿐만 아니라 조직원의 동기부여, 직무만족, 개발과 업무수행에 영향을 끼친다.

그것들은 또한 조직원의 복지와 조직의 목표 달성에 기여할 수 있는 능력에 영향을 미친다. 따라서 조직은 업무(작업)환경에 영향을 줄 수 있는 여러 가지 요소를 파악하여 관리해야 하며, 특히 품질기획 단계에서 파악되어야 하며, 적합한 업무가 되도록 관리되고, 개선되는 활동이 필요하다.

품질경영시스템은 업무(작업)환경이 조직의 방침과 목표를 달성하도록 지원되어야 하며, 부적합제품이나 고객의 불만사항이 업무환경과 연관되어 있지 않은지 검토하는 것도 필요하다.

(2) 사회적, 심리적, 물리적 요인

작업 환경에 영향을 미치는 인적 요인는 사회적 요인, 심리적 요인으로 나눌 수 있다.

사회적 요인은 비차별, 평온, 비대립으로 구분된다. 예를 들면 정규직과 비정규직과의 차별, 흑인과 백인의 인종차별, 국내인과 외국인과의 차별, 학력의 차이, 남성

과 여성의 성차별 등을 제거함으로써 비차별, 평온, 비대립을 구하는 것이다.

심리적 요인은 스트레스의 감소 및 완화, 극심한 피로예방, 정서적 보호 등을 위한 업무, 쾌적한 (작업)환경을 구축하여야 한다.

업무(작업)환경에 영향을 미치는 인적 요인은 다음 사항들을 고려할 수 있다.

- 모든 조직원들의 잠재력을 실현하기 위한 창조적인 작업방법 및 높은 참여 기회
- 보호 장비를 포함한 안전 수칙과 안전절차
- 인간 공학적 요소 적용
- 작업장의 위치
- 조직원 복지시설
- 조직원의 공헌도와 보상(報償)

업무(작업)환경에 영향을 미치는 물리적 요인은 다음 사항들을 포함한다.

- 소음
- 온도
- 조명
- 위생
- 습도
- 청결도
- 진동
- 오염
- 통풍
- 분진 등

물리적 업무환경을 보다 효율적으로 수행하기 위해서는 흔히들 전개하는 3정

5S 활동이 있다. '3정'이라면 정량, 정위치, 정용기를 말하며, '5S'라고 하면 정리, 정돈, 청소, 청결 및 습관화를 말한다. 이러한 활동들은 사무실이나 공장, 실험실, 자료실 등에서의 생산성 향상이나 품질향상을 위해서는 가장 기본적으로 전개하는 것이다. 5S 활동에 대한 정의 및 활동 대상에 대해서는 〈표 2-5〉에 제시한다.

〈표 2-5〉 5S 활동의 정의 및 활동

5S	정의	활동대상
정리	필요한 것과 불필요한 것을 명확히 구분하여 불필요한 것을 과감히 처분하는 것이다.	필요한 것과 불필요한 것을 구분하여 버린다. • 필요한 것과 불필요한 것이 섞여 있지 않도록 한다. • 양품과 불량품이 섞여있지 않도록 한다. • 불필요한 것은 절차에 따라 제거한다.
정돈	안전, 품질, 능률에 맞게 물건을 놓는 방법의 추구, 필요한 것을 사용하기 쉽게 정해진 장소에 언제나, 누구든지 알 수 있도록 가지런히 배열하고 정렬한 것이다.	필요한 것을 필요할 때 즉시 사용할 수 있도록 제자리에 정렬, 배열, 표시한다. • 모든 물건에 대하여 3정(정량, 정위치, 정용기)를 준수한다. • 보관될 물건에는 반드시 식별표를 붙인다. • 물건이 있는 자리에 반드시 제자리 표시를 한다. • 모든 물건은 선입선출이 가능하도록 적재한다.
청소	먼지, 오염물질이 없는 상태로 물건을 보관하고 기계설비의 청소점검을 실시하여 미세한 결점까지의 조기발견과 수리로 항상 가동 가능한 상태로 유지하는 것이다.	먼지, 오염, 이물 등을 없애고 항상 깨끗하게 한다. • 정해진 시간마다 청소한다. • 청소하면서 잘못된 부분을 찾아낸다.
청결	정리, 정돈, 청소 상태를 유지하면서 일하기 좋은 직장, 환경을 만드는 것이다. 언제나 문제가 조기에 발견되고 해결 가능한 분위기를 조성하는 일이며, 원칙적으로 더러워지지 않도록 하는 것을 뜻한다.	정리, 정돈, 청소를 철저히 유지, 개선한다. • 주의를 더럽히는 행위를 하지 않는다. • 오염된 것은 현장에 투입하지 않는다.
습관화	배운 사항, 정해진 사항을 바르게 지키는 태도를 몸에 익히는 것이다.	정해진 기준을 항상 올바르게 지키는 일을 체질화시킨다. • 정해진 표준은 반드시 지킨다. 　－ 시간, 규정, 복장 등

3) 점검사항

① 조직은 프로세스 운용에 필요한, 그리고 제품 및 서비스의 적합성 달성에 필요한 환경을 결정, 제공 및 유지하는가?

7.1.5 모니터링 자원과 측정 자원

7.1.5.1 일반사항

제품 및 서비스가 요구사항에 대하여 적합한지를 검증하기 위하여 모니터링 또는 측정이 활용되는 경우, 조직은 유효하고 신뢰할 수 있는 결과를 보장하기 위하여 필요한 자원을 정하고 제공하여야 한다. 조직은 제공되는 자원이 다음과 같음을 보장하여야 한다.

a) 수행되는 특정 유형의 모니터링과 측정 활동에 적절함
b) 자원의 목적에 지속적으로 적합함(fitness)을 보장하도록 유지됨

조직은 모니터링 자원과 측정 자원의 목적에 적합하다는 증거로, 적절한 문서화된 정보를 보유하여야 한다.

7.1.5.2 측정 소급성(traceability)

측정 소급성이 요구사항이거나, 조직이 측정결과의 유효성에 대한 신뢰제공을 필수적인 부분으로 고려하고 있는 경우, 측정장비는 다음과 같아야 한다.

a) 규정된 주기 또는 사용 전에, 국제 또는 국가 측정표준에 소급 가능한 측정표준에 대하여 교정 또는 검증 혹은 두 가지 모두 시행될 것. 그러한 표준이 없는 경우, 교정 또는 집중에 사용된 근거는 문서화된 정보로 보유될 것

---

b) 측정장비의 교정 상태를 알 수 있도록 식별될 것

c) 교정상태 및 후속되는 측정 결과를 무효화할 수 있는 조정, 손상 또는 열화로 부터 보호될 것

조직은 측정장비가 의도한 목적에 맞지 않는 것으로 발견된 경우, 이전 측정 결과의 유효성에 부정적인 영향을 미쳤는지 여부를 규명하고, 필요하다면 적절한 조치를 취하여야 한다.

— [출처: KS Q ISO 9001] —

1) 요점사항

- 교정이란?
- 교정대상 및 교정주기
- 표준기와 기준기 등급
- 소급성
- 교정세팅 무효화로부터 기기 보호
- 환경조건과 보호(취급, 유지 등)
- 부적합 기기의 관리

2) 해설

모니터링 자원 및 측정 자원에서는, 제품 및 서비스의 적합 상황을 모니터링 및 측정하는 자원 관리를 요구하고 있다.

(1) 교정이란?

교정이란 한국계량측정협회(KASTO)에 따르면 '정밀정확도가 더 높은 교정용 표준기와 산업체, 연구기관에서 사용하는 측정기를 비교하여 그 측정값을 비교하는 측정기술로서 교정을 해야 만이 측정기의 정밀 정확도가 유지된다. 따라서 측정기를

표준기에 맞도록 교정하거나 보정할 값을 부여하여 향후 측정시의 그 가감한 값을 측정값으로 하는 것'이라고 한다. 즉, 측정기를 보다 상위의 표준기에 비교시켜 측정기기의 오차 또는 보정값을 구하는 것을 말한다.

(2) 교정대상 및 교정주기

국가표준기본법 제14조 제1항, 제2항 및 운영요령 제41조 규정에 의거 국가측정표준과 국가사회의 모든 분야에서 사용하는 측정기의 교정대상 및 교정주기를 설정하는 데 적용한다.

교정대상은 측정, 시험 및 검사장비를 주요 대상으로 한다. 그러나 사용 중인 측정, 시험, 검사장비가 교정제외 장비일지라도 품질에 미치는 영향이 지대하다면 반드시 교정대상에 포함되어야 할 것이다. 특히, 제품시험 또는 검사의 합부 판정에 사용되는 장비, 안전기준 검사장비, 법정계량(벌금 또는 과태료 부과, 법적 증거 제출용)에 사용되는 장비는 반드시 교정대상이 되어야 한다.

교정대상 측정기는 원재료부터 완제품에 이르기까지 제품요구사항에 적합한지를 검사 및 시험에 사용되는 측정장비와 그 외 교정 대상을 제외한 측정장비는 검증대상이 된다. 이 검증대상 측정장비는 검사 및 시험용 하드웨어 및 소프트웨어, 국가표준이 없어 교정이 불가능한 측정장비, 기타 교정대상이 제외된 측정장비 등이다.

① 측정기기 및 감시기기의 교정대상은 다음 사항을 포함한다.
- 게이지(gauges)
- 계기(instruments)
- 감지장치(sensors)
- 특수시험장비(special test equipment)
- 관련 컴퓨터 소프트웨어(related computor S/W)
- 생산치공구(manufacturing jigs & fixtures)
- 공정계기류(process instrumentation)
- 감시기기(감시카메라 등)

② 계측기기는 품질에 영향을 미치는 모든 측정기기를 포함하므로 사내의 측정기기는 물론 고객으로부터 제공을 받거나 사외로부터 임대한 장비도 포함한다. 또한 공급업체에서의 검증을 위해 측정하는 경우의 계측장비도 관리 대상이 된다.

③ 측정대상의 정확도에 따라 적절한 계측장비를 선정할 수 있도록 검사 지침서와의 연계가 되어야 한다.

국가표준기본법 제14조 제2항의 규정에 의거 측정현장에서 주기적인 교정을 실시하기 위해 적용하는 측정기의 교정주기는 규정된 주기를 준용한다. 규정된 주기(specified intervals)는 일반적으로 계량법에 의해 설정된 국가교정 검사 주기를 지칭하고 있지만 반드시 이 기준에 따라야만 하는 것은 아니다. 다만, 이는 가장 보편적인 상황 하에서 측정기의 정확도가 유지될 수 있는 기간을 추정한 교정주기일 뿐이다. 따라서 최적의 교정주기는 조직에서 요구되는 불확도, 측정기의 사용 빈도, 사용 방법, 장비의 안정도 등을 감안하여 설정하는 것이 기본이다. 즉, 측정기기 및 감시기기의 정밀도, 사용목적, 사용빈도에 따라 기기의 정밀도의 변화정도가 다르므로 적절하게 주기를 정할 수 있다.

(3) 표준기와 기준기 등급

① 표준기: 교정검사 기관으로부터 교정을 받은 유효한 기기로써 각 교정검사 기관에서 한국표준과학연구소(KRISS)가 보관하고 있는 국가표준과 소급성을 인정받아 교정용으로 보유하고 있는 정밀측정기를 말한다.(KASTO의 정의)

- 국가표준(National Standard)
  계량 계측분야별 7개 기본단위, 유도단위 및 기타 특수단위에 대하여 최고정도를 가진 국가의 현시용 및 유지용 표준기기를 말하며 정밀정확도 등급표의 1등급 및 2등급 표준기를 말한다.

- 유지용 국가표준(National Reference Standard)

  1등급 표준기에 의하여 교정되는 2등급의 표준기를 말하며, 3등급 표준기의 교정에 사용된다.

- 교정용 표준(Calibration Master Standard)

  유지용 국가 표준기에 의하여 교정되는 3등급의 표준기기를 말하며 2차기관 및 산업체의 교정용 기준기의 교정에 사용된다.

② 기준기

- 교정용 기준기(Laboratory Reference Standard)

  2차 및 3차 교정검사 및 산업체가 유지해야 할 4등급의 표준기기를 말하며 공장용 기준기 및 정밀계측기기의 교정 및 검정에 사용된다.

- 공장용 기준기(Plant Working Standard)

  정밀 계측 기기급 이하의 기기교정 및 검정에 사용되는 5등급기기를 말한다.

③ 교정 등급

구분	표준기	교정용 표준기(기준기)	정밀계기	일반계기
등급	1~3등급	4~5등급	6등급	7~8등급

(4) 소급성을 갖는 기준기

소급성이라는 용어는 도량형에 대한 국제 기본용어집(International Vocabulary of Basic and General Terms in Metrology)에 다음과 같이 기술되어 있다.

'모든 불확도가 명확히 기술되고 끊어지지 않는 비교의 연결고리를 통하여, 명확한 기준(국가 또는 국제 표준)에 연관시킬 수 있는 표준 값이나 측정결과의 특성을 말한다.'라고 한다. 다시 말하자면 소급성이란 표준기 또는 계측기보다 높은 수준의 표준에 의해 차례로 교정되고 국가표준에 연결되는 경로가 확립되어 계속 추적해 볼 수 있는 가능성을 말한다.

KOLAS 인정을 획득하기 위해 소급성을 입증하고자 하는 경우, 교정기관은 국가표준으로의 끊어지지 않는 비교 고리뿐만 아니라, 이러한 고리가 고유한 불확도, 측정프로세스의 보증, 연속적인 표준유지, 적절한 교정절차 및 표준의 취급에 의해서 다음과 같이 지원 되어야 한다.

① 모든 측정기기 및 감시기기는 국제도량형위원회(CGPM)의 권고에 일치하는 국제 또는 국가측정표준의 소급성을 갖는 기준기를 사용하여 교정되어야 한다. 기준기는 '국가적으로 공인된 표준과 유효한 관계가 있는 인증된 장비'로 교정검사기관으로부터 교정을 받은 유효한 기준기(master gauge)를 의미한다.

② 이때 기준기의 정확성과 정밀성이 피교정기기의 그것 이상이어야 함은 물론이며, 기준기 자체의 기기 고유오차(uncertainty)를 알고 있어야 피계측기의 고유오차(불확도값)를 정확히 산정, 측정시 오차에 반영할 수 있으며 보정에도 사용할 수 있다. 이러한 국제 또는 국가측정표준이 없을 경우 관련 분야에서 국제적으로 인정되는 사내 측정표준 또는 기타 측정표준(예: 적절한 표준 기준물, 합의된 측정표준)이 설정되어야 한다.

(5) 교정세팅 무효화로부터 기기 보호

교정된 측정 및 감시기기가 무효화된다면 그 기기의 교정을 하나마나한 상황이 된 것인데 교정이 된 줄 알고 잘못 사용함으로써 부적합품으로 오판할 수가 있다.

정확한 교정의 상태로 유지하기 위해서는 기기의 취급, 보관, 보존의 방법을 준수하고 기기의 취급이나 사용 시 파손하지 않도록 주의를 요하며 관련 교육도 실시하도록 하는 것이 필요하다.

소프트웨어의 경우는 컴퓨터 디스켓이나 자기테이프의 형태로 처리되므로 온도나 습도, 먼지에 민감하므로 적절한 환경조건이 설정되어 관리되어야 한다.

(6) 환경조건과 보호(취급, 유지 등)

① 적절한 환경조건

- 기기는 교정을 위한 환경조건과 더불어 검증활동(감시, 검사, 시험 및 측정)을 위한 환경조건이 적절해야 한다. 적절한 환경조건이란 기기 대상이 되는 품목의 정밀도와 요건이 무엇이냐에 달려 있다.
- 온도, 습도, 진동, 전자파, 전기자장, 방사능, 먼지 등 기기에 영향을 미치는 환경요인을 고려한다.

② 취급, 유지, 보호, 보관 및 보존

- 측정기기와 기준기의 정확성과 사용적합성을 항상 유지하기 위해서는 주위 환경변화에 의해 기기가 손상되지 않도록 취급, 보관될 수 있어야 한다. 이를 위해서는 기기 사용자들에게 사용 및 취급방법, 보관방법, 주의사항 등을 교육할 필요가 있다.
- 환경변화에 민감한 기기를 파악하여 사용 후 방청처리 또는 밀봉처리 등의 보존방법에도 주의를 해야 할 것이다.

(7) 부적합 기기의 관리

① 측정과정이 관리상태를 벗어나거나 측정기기와 요구되는 교정한계를 벗어난 것이 발견되면 시정조치를 해야 한다. 아울러 재발 방지를 위한 교정방법과 빈도, 교육훈련, 기기의 적절성에 대한 검토를 포함할 수 있다.

② 완료된 작업에 대한 영향도를 결정하기 위하여 그리고 어느 정도의 재가공, 재시험, 재교정이 필요한 것에 대해서 평가를 실시한다. 즉, 부적합 측정기기에 의해 이미 실시한 검증활동 결과의 유효성을 평가, 문서화하여야 한다.

③ 부적합 기기와 기준기는 발견 즉시 회수, 분리, 표시등 적절한 방법으로 사용되지 않도록 하고 재교정을 수행한 뒤 사용해야 한다.

3) 점검사항

① 조직은 제품 및 서비스가 요구사항에 대하여 적합한지를 검증하기 위하여 모니터링 또는 측정이 활용되는 경우, 조직은 유효하고 신뢰할 수 있는 결과를 보장하기 위하여 필요한 자원을 정하고 제공하는가?

② 조직은 모니터링 자원과 측정 자원의 목적에 적합하다는 증거로, 적절한 문서화된 정보를 보유하는가?

③ 측정 소급성이 요구사항이거나, 조직이 측정결과의 유효성에 대한 신뢰제공을 필수적인 부분으로 고려하고 있는 경우, 측정장비는 a)~c) 조항과 같은가?

④ 조직은 측정장비가 의도한 목적에 맞지 않는 것으로 발견된 경우, 이전 측정 결과의 유효성에 부정적인 영향을 미쳤는지 여부를 규명하고, 필요하다면 적절한 조치를 취하는가?

7.1.6 조직의 지식

조직은 프로세스의 운용에 필요한, 그리고 제품 및 서비스의 적합성 달성에 필요한 지식을 정하여야 한다. 이 지식은 유지되고, 필요한 정도까지 이용 가능하여야 한다.

변화되는 니즈와 경향(trend)을 다룰 경우, 조직은 현재의 지식을 고려하여야 하고, 추가로 필요한 모든 지식 및 요구되는 최신 정보의 입수 또는 접근 방법을 정하여야 한다.

비고1 조직의 지식은 조직에게 특정한 지식으로, 일반적으로 경험에 의해 얻어진다. 이는 조직의 목표를 달성하기 위하여 활용되고 공유되는 정보이다.

비고2 조직의 지식은 다음을 기반으로 할 수 있다.

• 내부 출처(예: 지적 재산, 경험에서 얻은 지식, 실패 및 성공한 프로젝트로부터 얻은

교훈, 문서화되지 않은 지식 및 경험의 포착과 공유, 프로세스, 제품 및 서비스에서 개선된 결과)

- 외부 출처(예: 표준, 학계, 컨퍼런스, 고객 또는 외부 공급자로부터 지식 수집)

— [출처: KS Q ISO 9001] —

1) 요점사항

- 프로세스 운용, 제품 및 서비스의 적합성에 필요한 지식 결정

2) 해설

품질경영시스템의 운영관리를 효과적으로 하기 위해서는, 조직의 지식이 필요하기 때문에, 7.1.6에서는 이를 명확하게 하고, 유지할 것을 요구하고 있다. 또, 이 지식의 유지, 이용가능성에 대해서도 요구한다. 더욱이, 새로운 지식이 필요하게 된 경우, 지식 습득방법 및 액세스 방법을 결정할 것을 요구하고 있다. 조직이 보유하고 있는 지식을 다음과 같이 명확하게 한다.

① 프로세스를 운용하기 위한 지식의 예
고객의 사양에 관한 정보, 사외 연구 성과 자료, 외부 강연회 등의 자료, 공급자로부터의 정보, 관리기술의 노하우 등

② 제품 및 서비스를 달성하기 위한 지식의 예
특허정보, 상표등록정보, 설계의 실패사례 · 성공사례집, 제조의 실패사례 · 성공사례집, 서비스 제공 시의 인시던트(incident) 사례집, 고객으로부터의 정보, 공급자로부터의 개선 제안정보, 연구 성과 자료, 고유기술의 노하우 등

3) 점검사항

① 조직은 프로세스의 운용에 필요한, 그리고 제품 및 서비스의 적합성 달성에

필요한 지식을 정하고, 이 지식은 유지되고, 필요한 정도까지 이용 가능한가?

② 변화되는 니즈와 경향(trend)을 다룰 경우, 조직은 현재의 지식을 고려하여야 하고, 추가로 필요한 모든 지식은 및 요구되는 최신 정보의 입수 또는 접근 방법을 정하는가?

7.2 역량/적격성

조직은 다음 사항을 실행하여야 한다.

a) 품질경영시스템의 성과 및 효과성에 영향을 미치는 업무를 조직의 관리 하에 수행하는 인원에 필요한 역량을 결정

b) 이들 인원이 적절한 학력, 교육훈련 또는 경험에 근거하여 역량이 있음을 보장

c) 적용 가능한 경우, 필요한 역량을 얻기 위한 조치를 취하고, 취해진 조치의 효과성을 평가

d) 역량의 증거로 적절한 문서화된 정보를 보유

> **비고** 적용할 수 있는 조치에는, 예를 들어 현재 고용된 인원에 대한 교육훈련 제공, 멘토링이나 재배치 실시, 또는 역량이 있는 인원의 고용이나 그러한 인원과의 계약 체결을 포함할 수 있다.

―― [출처: KS Q ISO 9001] ――

1) 요점사항

- 품질경영시스템의 성과 및 효과성에 영향을 미치는 업무
- 적격성/역량
- 교육훈련

2) 해설

(1) 품질경영시스템의 성과 및 효과성에 영향을 미치는 업무

조직은 품질경영시스템에 규정한 책임 있는 인원의 필요 능력을 파악하고 각각의 인원에 대하여 평가하고 적절한 배정을 하여야 한다. 즉, 이들 활동을 수행하기 위한 인원 배치는 학력, 교육훈련, 경험, 숙련도 등을 근거로 선발하고 배치하여야 한다.

이런 학력, 교육훈련, 경험, 숙련도(기능) 등을 파악하는 방법은 인사기록카드, 개인별교육이력카드 등의 축척된 자료를 통해 파악할 수 있을 것이다. 특히 인원에 관한 능력 파악은 해당 부서장이 파악을 잘 할 수 있다고 본다.

조직원의 참여를 도모하고 개발하기 위해 조직은 다음과 같은 사항들을 고려해야 한다.

- 채용, 진행되는 교육훈련, 팀워크와 승진의 기회를 통해 기술과 경력을 유지해야만 한다.
- 개별적이고 종합적인 목적을 세우고 그 결과를 평가함으로써 조직의 목적을 위한 업무 수행을 유지해야만 한다.
- 의사결정에의 참여와 업무수행에 대한 표창과 포상의 격려를 촉진해야만 한다.
- 직원이 필요로 하는 것을 지속적으로 찾아냄으로써 상호 대화를 보장해야만 한다.
- 직원의 제안과 의견 교환을 촉진하는 정보 시스템을 사용해야만 한다.

조직원들이 그들이 책임지고 있는 목표 달성의 중요함을 이해하도록 분위기를 조성하여야 한다.

각각의 프로세스는 역할과 책임의 관점에서 정의되어야만 한다. 이것은 능력과 관련된 조직원들의 욕구를 파악하기 위한 기회를 제공할 수 있다. 어떤 프로세스들은 조직을 벗어나 공급자와 고객에게까지도 확대될 수 있다는 것을 인식하여야 한다.

업무 아웃소싱 또는 조직원의 임시 고용은 조직의 품질 목표가 만족되어지는 것을 보장해야만 한다.

(2) 적격성/역량(competence)

적격성이란 직무수행능력을 말한다. 학력, 교육훈련, 숙련도 및 경험으로부터의 역량관리를 통하여 품질경영시스템에서 일정 자격이 필요한 공정에서 자격을 갖추어서 업무를 수행하라는 것이다. 조직 내 이에 관련된 절차서 즉, 인사관리나 취업규정, 교육훈련 절차서에서 일정 자격을 규정하고 있는 경우 필요시 교육훈련을 실시하고 자격을 부여한다.

이에는 이미 법적으로 요구하는 사항도 있지만 공정의 수행직무에 따라 요구한다.

예를 들면 법적 요구사항 이외에 내부 심사원, 설계자 및 검증자, 검사 및 시험원, 교정원, 특수공정 종사자 등이 되겠다. 또한, 직무를 수행하는 데 필요한 조직 구성원들의 능력을 평가하는 것은 효과성을 평가하는 방법이 된다.

조직원의 적격성(능력)은 조직원의 선발, 채용, 자격부여, 교육훈련 등에 의하여 결정되어야 한다.

(3) 교육훈련

① 교육훈련 필요성 파악과 계획

교육훈련은 조직의 잠재력을 키우고 중, 장기적인 전략과 함께 조직원의 상호계발, 자기계발을 통하여 지식을 공유하여 조직의 방침과 목표를 달성할 수 있도록 한다.

조직은 모든 조직원을 위한 교육훈련의 필요성을 파악 · 분석하여야 한다. 이러한 파악과 분석은 기술과 경험 등의 능력을 적절한 지식으로 제공하는 교육훈련 계획서의 수립으로 나타나야 한다.

교육훈련 계획은 다음을 포함해야만 한다.

- 교육훈련 목적
- 교육훈련 프로그램 및 방법
- 필요한 교육훈련 자원
- 필요한 지원의 명확화

- 조직원의 향상된 능력의 관점에서의 교육훈련 평가

조직의 방침과 목표를 성취하기 위한 교육훈련은 모든 조직원에게 제공되어야만 한다. 이것은 만일 업무가 부적절하게 수행되었을 때 제품 및 서비스에 미치는 영향을 인식하여야만 한다.

② 능력 확대
교육훈련과 경험 축적을 통한 능력 확대는 다음 사항들을 언급하고 있다.

- 기술적, 기능적 및 과학적 지식
- 시장과 고객 욕구와 기대의 인식
- 법과 규정의 요구사항
- 조직 표준 및 규정
- 작업 표준 및 절차
- 일반상식 등의 소양교육 및 외국어

③ 교육훈련의 평가
조직은 품질경영시스템에 규정한 책임을 갖는 인원에 대한 교육을 실시하고 필요시 업무를 수행하기 위한 자격을 평가하여야 한다.

취해진 조치에 대한 효과파악은 조직 구성원에 대해 직접평가로 직무평가를 포함한 교육훈련 평가를 실시할 수 있을 것이다. 예를 들면 필기시험, 구두시험, 실습시험 등이다.

이외에도 품질경영시스템에 대한 성과 파악, 품질목표의 달성정도, 고객만족도, 품질지수 등의 추이를 통하여 효과를 파악할 수 있을 것이다.

인적자원에 대한 기록유지는 조직의 필요성에 의해 적절하게 선택하여 실행할 수 있다. 여기에는 전산정보에 의한 관리도 가능할 것이다. 구체적인 예를 들면 다음과 같다.

- 인사기록에 및 관련 사항
- 경력 및 근무경력 사항
- 교육 이수현황
- 직무능력 평가 관련기록
- 기타 관련 직무의 자격
- 교육훈련계획서
- 교육훈련 평가 등이 포함 될 것이다.

3) 점검사항

① 조직은 품질경영시스템의 성과 및 효과성에 영향을 미치는 업무를 조직의 관리 하에 수행하는 인원에 필요한 역량을 결정하는가?

② 이들 인원이 적절한 학력, 교육훈련 또는 경험에 근거하여 역량이 있음을 보장하는가?

③ 적용 가능한 경우, 필요한 역량을 얻기 위한 조치를 취하고, 취해진 조치의 효과성을 평가하는가?

④ 역량의 증거로 적절한 문서화된 정보를 보유하는가?

7.3 인식

조직은, 조직의 관리 하에 업무를 수행하는 인원이 다음 사항을 인식하도록 보장하여야 한다.

a) 품질방침

b) 관련된 품질목표

c) 개선된 성과의 이점을 포함하여, 품질경영시스템의 효과성에 대한 자신의 기여

d) 품질경영시스템의 요구사항에 부적합한 경우의 영향

[출처: KS Q ISO 9001]

1) 요점사항

- 인식의 보장

2) 해설

인식이란 조직원의 지식과 이해도를 합한 것이다. 품질경영시스템의 수행도를 달성하기 위해서는, 조직원들이 품질경영시스템의 운영관리에 적극적으로 참가하는 것이 필요하다. 이에 따라, 인식에서는 품질경영시스템의 운영관리 내에서 일하고 있는 사람들에게 다음 사항이 자신들과 어떠한 관계가 있는지를 충분히 이해시킬 방법을 확립할 것을 요구하고 있다.

QMS의 적용범위 안에서 일하는 사람들은 다음의 사항에 대한 인식을 가질 필요가 있기 때문에, 조직적으로 교육·훈련 또는 일상적인 지도를 한다.

① 품질방침

품질방침을 아는 것뿐만이 아니라, 품질 방침의 의도를 이해한다.

② 관련된 품질목표

자신의 업무와 관련된 품질목표를 이해한다.

③ 조직의 성과 수행도 향상에 의해 얻어진 편익을 포함, 품질 관리 시스템의 유효성에 대한 스스로의 공헌 수행도가 향상되는 것으로 「어떠한 유명 무형의 가치를 얻을 수 있는가」, 「QMS의 유효성에 대해 자신이 어떠한 활동을 함으로써 공헌할 수 있는가」를 이해한다.

④ 품질경영시스템 요구사항에 적합하지 않는 것의 의미

QMS 요구사항에 적합하지 않는다면 어떠한 문제가 일어날지를 이해한다.

3) 점검사항

① 조직은, 조직의 관리 하에 업무를 수행하는 인원이 다음 사항을 인식하도록
보장하는가?

- 품질방침
- 관련된 품질목표
- 개선된 성과의 이점을 포함하여, 품질경영시스템의 효과성에 대한 자신의
  기여
- 품질경영시스템의 요구사항에 부적합한 경우의 영향

7.4 의사소통

조직은 다음 사항을 포함하여 품질경영시스템에 관련되는 내부 및 외부 의사소
통을 결정하여야 한다.

a) 의사소통 내용
b) 의사소통 시기
c) 의사소통 대상
d) 의사소통 방법
e) 의사소통 담당자

[출처: KS Q ISO 9001]

1) 요점사항

- 내부 의사소통
- 외부 의사소통
- 의사소통 내용

2) 해설

품질경영시스템 운영관리를 효과적으로 행하기 위해서는, QMS에 관련된 이해관계자와의 의사소통을 할 필요가 있다. 이 방법으로서, 커뮤니케이션이 있고, 7.4에서는 a)~e)를 실시할 것을 요구하고 있다.

(1) 내부 의사소통

조직 내부에 품질경영시스템과 관련된 정보전달 내지 의사소통 방법에는 여러 가지 방식이 있다. 즉, 팀 브리핑, (조)회의, 게시판, 사내 간행물, 가시적인 경영활동, 시청각이나 전자우편 등의 전자통신 매체 및 공문서, 절차서, 지침서와 같은 문서에 규정하는 방법이 있을 수 있다. 또한 종업원에 대한 의견 조사나 제안제도 등도 해당된다. 이때 전달은 조직의 상하관계, 조직 간은 물론 외부와의 전달도 가능하나 이 규격에서는 조직 내의 의사소통 절차를 수립하고 유지하여야 한다.

이 절차에는 다음과 같은 사항이 고려되어야 한다.

① 품질경영시스템 전반에 관한 조직원의 이해 증진
② 조직원이 획득한 품질정보를 관련 부서와 경영자에게 전달하는 체계
③ 의사소통에 관한 구체적인 절차와 방법-회의, 게시, 회람 등
④ 품질과 관련된 조직원들의 의견을 수렴하고 대응
⑤ 외부 이해관계자의 요구사항 접수 및 처리
⑥ 품질방침, 품질목표, 세부목표 및 품질성과의 전달
⑦ 관련 조직원에게 내부 심사 및 경영검토 결과의 전달
⑧ 정보의 조직 내 적용여부 검토 등

(2) 외부 의사소통

외부 의사소통은 이해관계자들의 요구사항을 충족시키기 위한 의사소통이다. 이해관계자와의 효과적인 의사소통은 이해관계자의 기대와 일치된 조직 목표와 활동을 유지하기 위한 필수적인 전제조건이다.

(3) 의사소통 내용

품질경영시스템을 효과적으로 운영관리하기 위해서는 관련된 이해관계자와의 의사소통이 중요하기 때문에 다음의 내용을 명확하게 한다.

① 의사소통의 내용

의사소통의 목적 및 의제를 명확하게 한다.

② 의사소통의 실시 시기

안건에 따라 정기적(위원회, 정례회의), 일상적(매일아침 미팅, 인계), 수시(문제발생 시)로 행하는 경우가 있다.

③ 의사소통의 대상

4.2에서 명확히 한 밀접하게 관련된 이해관계자로, 어떠한 사람인지를 명확하게 한다. 또한, 고객과의 요구사항에 관한 의사소통은 8.2.1에서 대응한다.

④ 의사소통 방법

의사소통 방법에는, IT 활용(메일 등), 전화, 회의체 등이 있다.

⑤ 의사소통을 하는 사람

누가 의사소통의 책임자인지를 명확하게 한다.

3) 점검사항

① 조직은 다음 사항을 포함하여 품질경영시스템에 관련되는 내부 및 외부 의사 소통을 결정하는가?
- 의사소통 내용
- 의사소통 시기
- 의사소통 대상

- 의사소통 방법
- 의사소통 담당자

7.5 문서화된 정보

7.5.1 일반사항

조직의 품질경영시스템에는 다음 사항이 포함되어야 한다.

a) 이 표준에서 요구하는 문서화된 정보
b) 품질경영시스템의 효과성을 위하여 필요한 것으로, 조직이 결정한 문서화된 정보

비고 품질경영시스템을 위한 문서화된 정보의 정도는, 다음과 같은 이유로 조직에 따라 다를 수 있다.
- 조직의 규모, 그리고 활동, 프로세스, 제품 및 서비스의 유형
- 프로세스의 복잡성과 프로세스의 상호 작용
- 인원의 역량

7.5.2 작성(creating) 및 갱신

문서화된 정보를 작성하거나 갱신할 경우, 조직은 다음 사항의 적절함을 보장하여야 한다.

a) 식별 및 내용(description)(예: 제목, 날짜, 작성자 또는 문서번호)

b) 형식(예: 언어, 소프트웨어 버전, 그래픽) 및 매체(예: 종이, 전자 매체)

c) 적절성 및 충족성에 대한 검토 및 승인

7.5.3 문서화된 정보의 관리

7.5.3.1 품질경영시스템 및 이 표준에서 요구되는 문서화된 정보는, 다음 사항을 보장하기 위하여 관리되어야 한다.

a) 필요한 장소 및 필요한 시기에 사용 가능하고 사용하기에 적절함

b) 충분하게 보호됨(예: 기밀유지 실패, 부적절한 사용 또는 완전성 훼손으로부터)

7.5.3.2 문서화된 정보의 관리를 위하여, 다음 활동 중 적용되는 사항을 다루어야 한다.

a) 배포, 접근, 검색 및 사용

b) 가독성 보존을 포함하는 보관 및 보존

c) 변경 관리(예: 버전 관리)

d) 보유 및 폐기

품질경영시스템의 기획과 운용을 위하여 필요하다고, 조직이 정한 외부 출처의 문서화된 정보는 적절하게 식별되고 관리되어야 한다.

적합성의 증거로 보유 중인 문서화된 정보는, 의도하지 않은 수정으로부터 보호되어야 한다.

비고 접근(access)이란 문서화된 정보를 보는 것만 허락하거나, 문서화된 정보를 보고 변경하는 허락 및 권한에 관한 결정을 의미할 수 있다.

— [출처: KS Q ISO 9001] —

1) 요점사항

- 문서화된 정보란?
- 문서관리-유지
- 기록관리-보유

2) 해설

(1) 문서화된 정보란?

ISO 9001 : 2015 표준에서는 기존의 문서와 기록에 관한 요구사항을 하나의 용어인 '문서화된 정보'로 변경되었다.

ISO 9001 : 2015 표준에서 요구하는 문서화된 정보의 대상은 〈표 2-6〉에서 정리해 본다.

문서란 정보를 담고 있는 매체(media)로서 이는 종이(인쇄본), 마그네트 테이프, 광디스크, 사진 또는 마스터 샘플 등이 있다. 즉 문서란 조직원에게 필요한 정보를 제공하고, 업무수행의 기준이자 지침용으로 활용하는 것을 말한다.

기업에서 품질경영시스템을 구성하는 시스템 문서는 품질매뉴얼, 절차서(규정), 지침서, 도면, 시방서, 각종 서식 등이 있다. 그 외 흔히 '공문서'라고 불리는 업무협조전이나 업무연락전, 기안(품의, 보고)서, 각종 데이터를 포함하는 비정형적인 조사보고서 등도 문서라는 범주에 포함된다.

(2) 문서의 종류

- 시스템문서: 품질매뉴얼, 절차서/규정, 품질계획서, 지침서(QC 공정도, 작업표준서, 검사규격, 시험규격, 요령서, 규칙 등)
- 설계문서: 도면, 시방서, 회로도 등
- 구매문서: 구매시방서, 원단위표, 단가표, PL(Part List), 공급자평가표 등
- 외부 출처 문서: 고객이 제공한 문서(도면, 시방서, 기술규격, 기술서적 등), 공급자가 제공한 문서(제품성적서, Mill sheet 등)

〈표 2-6〉 ISO 9001 : 2015 표준에서 요구하는 문서화된 정보의 대상

NO.	요건 번호	명칭		유지 (문서)	보유 (기록)
1	4.3	품질경영시스템 적용범위 결정		○	
2	4.4	품질경영시스템과 그 프로세스	4.4.2항	○	○
3	5.2.2	품질방침에 대한 의사소통		○	
4	6.2	품질목표와 품질목표 달성 기획	6.2.1항	○	
5	7.1.5	모니터링 자원과 측정자원	7.1.5.1 일반사항		○
			7.1.5.2 측정 소급성		○
6	7.2	역량/적격성			○
7	7.5	문서화된 정보	7.5.1 일반사항	○	
			7.5.2 작성 및 갱신	○	
			7.5.3 문서화된 정보관리	○	
8	8.1	운용기획 및 관리		○	○
9	8.2.3	제품 및 서비스에 대한 요구사항의 검토	8.2.3.2항		○
10	8.3.2	설계와 개발 기획			○
11	8.3.3	설계와 개발 입력			○
12	8.3.4	설계와 개발관리			○
13	8.3.5	설계와 개발 출력			○
14	8.3.6	설계와 개발 변경			○
15	8.4	외부에서 제공되는 프로세스, 제품 및 서비스 관리	8.4.1항		○
16	8.5.1	생산 및 서비스 제공의 관리		○	
17	8.5.2	식별과 추적성			○
18	8.5.3	고객 또는 외부 공급자의 재산			○
19	8.5.6	변경관리			○
20	8.6	제품 및 서비스의 불출/출시			○
21	8.7	부적합 출력/산출물의 관리	8.7.2항		○
22	9.1	모니터링, 측정, 분석 및 평가	9.1.1항		○
23	9.2	내부 심사	9.2.2항		○
24	9.3.3	경영검토 출력사항			○
25	10.2	부적합 및 시정조치	10.2.2항		○

- 전자매체문서: 컴퓨터 하드, 소프트웨어, 디스켓 등
- 일반공문서: 협조전/업무연락전, 기안(품의, 보고)서, 비정형적인 (조사)보고서, 대외공문 접수 및 발송문서 등
- 기타: 마이크로 필름, 사진 등

(3) 문서관리란?

문서관리란 기업의 모든 정보, 자료, 시방서, 도면, 지침서, 절차서 등을 다음과 같이 관리하고자 하는 것이다.

- 정해진 절차에 따라 검토/승인되어야 한다.
- 필요한 부서/위치에서 사용되어야 한다.
- 유효기간이 경과되었을 경우 사용 현장에서 즉시 회수되어야 한다.

(4) 문서관리의 방법

- 절차서, 지침서, 시방서, 도면, 각종 양식, 자료 등은 발행/배부 전에 검토되고 승인되어야 한다.
- 문서의 최신판(latest revision)이 문서 사용 부서/위치에서 활용되도록 한다.
- 문서번호, 개정번호, 페이지 번호가 문서의 개별 페이지에 표시되도록 한다.
- 유효기간이 지난 구문서는 즉시 사용현장으로부터 회수한다.
- 가능하면 개정내용을 요약하여 문서별로 첨부한다.(개정이력)
- 문서개정 시는 당초 문서의 작성, 검토 승인 절차, 승인권자에 의거 처리한다.
- 개정된 문서는 발행하여 동일한 절차에 의거 배포한다.
- 시스템 문서 외 일반 공문서에서도 문서의 조건인 작성, 검토, 승인, 문서 번호, 작성 일자, (필요한 경우)페이지 수(1/2, 2/2, 1-2, 2-2) 등의 식별이 있어야 한다.

(5) 문서관리의 절차

① 문서의 식별

- 문서관리에서 첫 번째 주요 과제는 문서의 식별이며 이를 위하여 모든 문서는 고유한 식별번호(혹은, 문서번호)가 부여된다.
- 식별번호는 기업의 실정에 맞는 간단한 체계(문서번호 부여체계)를 수립하여 관련 지침서나 절차서에 정하여 놓으면 된다.

② 문서의 작성, 검토, 승인 및 발행

- 문서관리에 대한 절차서가 마련되어 관리대상이 되는 문서별로 문서작성자, 문서 검토자, 문서 승인자가 규정되어야 한다. 즉, 대표적인 시스템 문서인 품질매뉴얼, 프로세스, 절차서(규정), 지침서 등 해당 문서의 기능과 목적에 따라 작성, 검토, 승인단계를 규정하고 있어야 한다. 지침서의 경우는 여러 가지의 문서로 구분되는데 예를 들면 규칙, 기준서, 요령서, QC 공정도, 작업표준서, 설비작동요령서, 각종 검사규격, 시험규격, 도면, 시방서, 서식 등의 지침서는 가능하면 문서의 승인단계를 낮추어서 하는 것이 좋겠다. 왜냐하면 지침서는 해당 업무를 수행하는 사람들의 기술적, 관리적 방법론을 알기 쉽게 작성된 문서이므로 신속한 개정과 실행이 중요하기 때문에 조직적 문서관리의 효율적 운용이라는 차원에서 고려를 하여야 할 것이다.
- 외부에서 반입되는 문서(데이터)—KS표준서, 국제규격서, 참고기술도서— 등도 문서관리규정의 절차에 따라 문서등록대장(master list) 등재한 후 사용하도록 하여야 한다. 대부분 KS인증 공장에서는 KS표준을 비치하고 있거나 그 외 공장에서도 필요에 따라 KS표준을 많이 가지고 있는 경우 반드시 문서등록대장에 기록할 필요가 없이 해마다 발행하는 연도 KS 총람을 문서등록대장으로 대신할 수도 있다는 것이다. 이런 내용을 문서관리규정에서 언급하고, 실행하면 된다.
- 문서는 해당문서를 필요로 하는 위치/장소에서 활용되어야 하고 문서가 개정될 때에는 즉시 개정판이 배포되고 구문서가 회수될 수 있는 체계를 갖추

어야 한다(배포 대장비치要). 또한 배포문서의 유효본 관리를 위해서는 무단 복사를 통제할 필요가 있다.

시스템 문서를 특히 발행하는 부서에서는 문서를 배포하기 전 이 문서에 대한 지속적인 개정관리를 계속 해주어야 하면 해당 문서의 사본에 '관리본', 아니면 차후 이문서의 개정이 되더라도 추가적인 배포를 할 필요가 없는 문서에는 '비관리본'이라는 식별을 (청색) 고무인으로 마킹하여 배포를 하도록 한다.

- 관리본: 문서의 개정판이 계속 배부되어 문서가 항상 최신 개정판으로 유지됨
- 비관리본: 문서가 개정판으로 유지되지 못함.

• 회수되는 구문서(폐지된 문서)는 즉시 모든 및 사용처에서 폐기하거나 잘못된 사용이 방지되도록 하는 문서관리 절차서를 수립하고 실행하여야 한다. 즉시 폐기가 곤란한 경우에는 이런 경우에는 쉽게 눈에 띄는 곳에 '폐기/VOID' 또는 '사용불가'의 적색 스탬프를 날인하여 오용되지 않도록 한다.

법적 혹은 지식보존의 목적으로 보존되어야 하는 폐지문서는 적절하게 식별되어야 한다. 이의 식별은 '문서의 오용 방지'가 주목적이므로 다음과 같이 식별을 하고, 가능하면 폐지문서는 적색으로 마킹을 하는 것이 좋다.

[예: 구본 혹은 구문서(OLD), 폐기(VOID), 폐지(OBSOLETE), 참고용(REFERENCE)]

③ 문서등록대장 관리

• 효력이 상실되어 사용될 수 없는 문서가 부주의로 사용되는 것을 방지하기 위하여 문서등록대장(master list)을 구비할 것을 ISO 9000에서 요구하고 있다.
• 여기서 문서등록대장은 문서번호별로 문서명, 개정일자, 개정번호가 표시되어 해당 문서의 최신본임을 입증하기 위해 한눈에 알아 볼 수 있도록 정리하여 놓은 것이다.

④ 문서의 개정
- 형식적인 문서가 아닌 살아 숨 쉬는 문서가 되기 위해서는 기업의 경영, 환경변화, 신기술 및 신소재의 개발, 공정개선, 설비교체 등에 따라 관련 문서가 개정된다.
- 이에 대비하여 개정문서의 작성, 규정을 준비하여 효과적으로 운영하여야 하겠다.
- 문서개정에 관한 절차서는 내부 문서뿐만 아니라 규격서 등 외부에서 반입되는 문서의 개정 사항에도 적용될 수 있어야 한다.

⑤ 문서의 보유-보관문서와 보존문서

(6) 보관문서와 보존문서
문서관리 절차서는 해당 문서의 보관기간과 보존기간을 설정한다.

① 보관문서: 정보가치가 충분하며 활용 빈도가 높은 문서이면서 원칙적으로 당해 연도에 생성된 문서나 기록을 말하며 또한 당해 연도의 문서는 아니지만 현재 문서의 효력이 진행 중인 문서도 보관문서라고 한다. 예를 들면 A제품의 개발착수를 2015년부터 하여 현재까지 개발 중에 있는 개발관련 문서 및 기록들은 보관문서가 된다는 것이다.

② 보존문서: 문서로서의 정보 가치는 있지만 활용 빈도가 낮은 문서로서 일정 기간 지식보존을 하게 되는 당해 문서 이전의 완결문서나 기록을 말한다. 보존문서에는 각 문서의 법적 요건, 조객의 요구사항, 자료의 신뢰성 확보, 지식보존의 중요도 등을 고려하여 보존기간을 설정하여야 한다.

보유기간은 보관기간과 보존기간을 합한 기간으로 계산된다. 이것에 관해 보다 구체적인 내용은 '기록관리'와 연계하여 설명하도록 한다.

(7) 전자매체 문서관리

① 컴퓨터 소프트웨어 관리: 컴퓨터 본체(하드웨어), 소프트웨어 프로그램, 디스
  켓, CD ROM, USB 등

② 디스켓의 식별

업무구분	
등록번호	
승인권자 (부서장)	인

③ 디스켓 전자매체의 관리방법
- 각 부서별 컴퓨터(디스켓) 담당자를 지정한다.
- 컴퓨터 작업을 하고 난 후 담당자는 문서화 자료 및 기록을 해당 업무의 디스
  켓에 저장하고 입력된 내용의 중요도에 따라 컴퓨터 기기의 초기 유동성 관
  리 차원에서 다른 디스켓에 재저장할 수도 있다. (하드웨어 1번, 디스켓에 1번, 2
  개의 디스켓에 저장)
- 디스켓도 문서이므로 문서의 식별, 등록, 승인 등의 절차를 거쳐 사용해야 한
  다. 흔히들, 공적 업무 중에 개인이 사용하는 디스켓으로 작업하여 업무의 개
  인화가 우려되기 때문에 모든 컴퓨터 관련 작업 중에 발생한 내용은 반드시
  부서장의 승인을 득한 공식적인 디스켓에 작업하고 필요시 즉시 사용할 수
  있도록 지속적인 관리가 필요하다. (디스켓 관리대장에 등록)
- 최소한 부서단위로 디스켓의 등록, 승인 관리가 이루어져야 하며 디스켓 보
  관박스도 알기 쉽게 목록표를 부착하여 디스켓과 보관박스가 항상 보관관리
  가 될 수 있도록 한다. 특히 업무를 마친 후 디스켓도 일정 보관 장소를 보관
  하고 필요한 경우, 시건장치도 하여야 한다.
- 컴퓨터 보호장치의 하나로 각 컴퓨터에 패스워드(Pass word)를 설치하는 경
  우 컴퓨터담당자는 만약을 위해서 각 컴퓨터의 패스워드를 대외비로서 파악

을 하고 있어야 한다.

(8) 기록 관리란?

기록은 요구품질이 달성되었음을 입증하고 조직의 품질경영시스템이 효과적으로 운영되고 있다는 증거를 제공한다. 따라서 조직은 해당 기록의 식별(identification), 보관(storage), 보호(protection), 검색(retrieval), 보유기간(retention time), 및 처분(disposition)방법을 제시하는 문서화된 절차서를 수립하고 유지하여야 한다. 이때 고객과 공급자들의 품질기록의 이용가능성에 대한 조직의 방침도 설정되어 있어야 한다.

기록관리의 목적은 품질경영시스템의 적합성 및 효과적인 운영을 실증하고 시정 조치 및 예방조치를 위한 분석단계의 자료를 용이하게 제공하기 위함이다.

또 기록은 요구사항에의 적합성과 시스템의 효과적인 운영의 증거로서 유지되어야 한다. 이를 위해 조직의 차원에서 파일링 시스템 지침서를 마련하여 운영하는 것도 도움이 될 것이다.

(9) 기록관리 절차의 내용

① 문서화된 절차수립 유지: 기록의 식별, 보관, 보호, 검색. 보유기간 및 처분 등
② 기록은 규정된 요구사항에 대한 적합성 및 품질경영시스템의 효과적인 운용을 실증하도록 유지
③ 공급자 관련 기록도 포함하여 유지, 관리
④ 기록은 쉽게 읽을 수 있고 노화, 손상, 손실을 방지
⑤ 적절한 환경구비조건에서 즉각 검색 가능토록 보관 및 보존(문서고, 사무실)
⑥ 기록의 보존기간 설정 및 기록 유지
⑦ 계약상 협정된 경우 기록은 규정된 기간 동안 보존되어 고객 또는 그 대리인이 요구 시 제출 가능해야함.
⑧ 기록은 인쇄본/전자매체 또는 기타 형태로 가능

(10) 파일링 시스템(filing system) 구축 및 운영

① 파일링 시스템이란?

업무를 수행하면서 발생되는 모든 문서, 자료, 전표, 도면, 기록 등을 필요에 따라 즉시 이용할 수 있도록 그 발생에서부터 조직적이고 체계적으로 분류, 정리한 후 보관 및 보존의 단계를 거쳐 제도적으로 폐기시키는 일련의 시스템을 말한다.

② 목적

파일링 시스템은 업무를 수행하면서 발생되는 모든 문서, 자료, 전포, 도면, 기록 등의 시스템적 관리제도 정착을 통하여 문서 및 기록의 효율적 활용, 정보자료의 축적과 공유화, 문서의 안전보관 및 관리기준의 명확화, 사무실 공간 및 비품의 효율적 활용으로 업무능률 향상을 목적으로 한다.

③ 문서 보존기간 설정

- 보존기간 설정은 부서단위별, 팀별, 해당 문서 및 기록단위별로 설정하는데 우선 실무적으로 문서담당자가 설정한 해당 부서원의 검토 후 부서장이 최종 승인을 한다.
- 주관 부서에서는 전사적인 차원에서의 파일링 시스템을 구축하고 보존기간도 재검토하여 최종 결정을 내린다.
- 보존기간 설정기준
  - 현실적인 상황을 충분히 고려한다.
  - 상법, 세법, 노동법등 법률상의 보존기간을 우선적으로 따른다.
  - 보존 기간의 결정은 전사적인 차원에서 최종 결정한다.
  - 대상은 가능한 한 구체적으로 결정한다.

④ 보존기간의 구분

- 보존기간은 영구, 10년, 5년, 3년, 1년, 계약에 의한 년수를 6단계로 구분하는 것을 원칙으로 하되 활용도를 고려하여 조정할 수 있다.

- 보존기간 설정 시 동일문서의 원본과 부본은 주관부서와 비주관부서에 따라 달라질 수 있으며 보존기간은 표준문서 분류표(체계표)에 따른다.

⑤ 보존기간 기준(예시)

- 영구보존문서
    - 기획 정책문서, 중요제도 관계문서
    - 사규 및 정관문서
    - 중요지침 및 방침문서
    - 중요 계약문서, 재산관련문서
    - 특허, 인허가문서
    - 회사의 역사적 가치가 있는 중요문서
    - 중요 인사서류
    - 기타 회사존속 을 위해 필요한 중요문서, 중요 기술문서 등

- 10년 보존문서
    - 중장기 경영정책(10년 이상의 계획) 및 사업계획서
    - 관공서제출(보고)서
    - 만기 해약된 계약문서
    - 영구보존가치가 없는 계약서
    - 사업의 중요방침서류
    - 법령에서 보존기간을 10년으로 확정한 문서
    - 중요 제도개선에 관한 조사, 연구, 보고의 기본문서
    - 중요 경리, 회계 및 자금관련문서, 감사관계문서 등

- 5년 보존문서
    - 일반증빙관계 경리문서, 일반경리, 회계 및 자금관련 문서
    - 각종 경영관련 주요 통계자료
    - 중 · 단기 경영계획 및 사업성 검토, 재고 관리
    - 기타 법정문서 및 부서장 결정에 관한 주요 문서 등

- 3년 보존문서
  - 단기계획 및 실적분석
  - 영업 관련 주요 회의록
  - 교육훈련에 관한 자료
  - 기타 부서장이 결정한 문서
- 1년 보존문서
  - 각종 일지 단순 업무, 대외 사소한문서
  - 일시적 처리 종료문서
  - 기타 부서장이 결정한 문서 및 기록 등
- 계약에 의한 보존문서
  - 각 아이템에 대한 품질이력 등 거래 업체와의 계약에 의해 년수가 정해진 문서
- 수시폐기
  - 참고용 문서
  - 카탈로그

⑥ 문서분류의 단계별 세부실행 방법

- 불필요문서 폐기

  사무실 내의 각종 캐비닛, 책상서랍, 내·외서고에서 불필요한 문서, 잡지, 정기간행물, 도서 등을 일차적으로 폐기한다.

- 예비분류

  1차 폐기 후 부서 내에 남아있는 모든 문서 및 자료를 표준문서 분류표를 보고 그 분류체계에 따라 대분류와 중분류별로 분류한다.

- 대·중·소분류 실시
  - 사무실 내(각종 캐비닛, 책상 등)의 모든 서류 및 자료를 모두 꺼내놓은 다음 문서분류표상의 대·중·소분류별로 기존 파일을 분류한다.
  - 분류 시 중분류 사이에 문서량이 늘어나면 파일을 추가로 사용한다.

- 상세 분류

  상세 분류란 대분류 및 중 · 소분류별로 분류된 문서를 기능별로 세분화하여 보관문서, 보존문서, 폐기문서, 진행문서로 구분 정리하는 단계를 말한다.

⑦ 보관문서 파일링 방법

- 원칙적으로 문서는 당해 문서 발생 년도로 정리한다.
  - 보존문서라도 활용빈도가 높은 것(연 4회 이상 사용)은 문서의 양을 고려하여 사무실에 비치된 문서보관 캐비닛에 병행 또는 별도 보존 캐비닛에 보관할 수 있다.
  - 당해 연도 발생문서라도 활용빈도가 낮은 것은 보존 또는 폐기문서로 할 수 있다.
- 각 업무담당별로 대 · 중 · 소분류 기준으로 기존 파일의 문서를 상세하게 분류하여 새로 파일을 만들어 나간다.
- 파일 하나당 100~150매를 초과하지 않는 범위에서 편철한다.
- 파일에는 항상 문서 발생 년도를 기입한다.
- 파일에 편철은 상철을 원칙으로 하되 상철 시 기록이 보이지 않을 때는 좌철한다.
- 문서의 크기는 A4 기준이며 크기가 맞지 않을 시는 A4 크기로 접어서 편철한다. (단, 전산장부는 세운 상태에서 색인표를 부착하여 일정한 장소에 보관한다.)
- 1개 파일 내에 문서량이 늘어날 경우에는 소분류 다음에 '(2)'라고 연번표기를 한다.
- 색인방법은 문서보관상자의 표시면에 5. 3항의 분류체계별로 1차 색인을 표기하고 각 파일 우측 하단부에 작성연도, 파일 번호, 보존기간, 폐기일자 등을 표시한 2차 색인을 표기한다.
- 각 부서별 문서보관 캐비닛은 정 · 부 책임자를 지정하여 엄격히 관리해야 한다. 정책임자는 부서장으로 하고 부책임자는 문서관리 담당자로 할 수 있다.

⑧ 보존문서 정리 방법

- 상세분류 실시 중 보존가치가 있는 문서만 선별한다.
- 문서분류표상의 분류기준에 따라 대분류, 중분류 단위까지 연도별로 구분 정리한다. (단, 현 문서분류체계는 반드시 따른다.)
- 중분류 단위에서 보존 파일이 소량 발생할 경우는 대분류별, 폐기연도별로 취합하여 정리한다.
- 당해연도 발생문서라도 활용도가 낮은 것은 보존문서로 분류할 수 있다.
- 보존문서는 원본을 위주로 한다.

⑨ 폐기문서 정리법

미래지향적 보다는 과거지향적인 원칙으로 폐기한다. '언젠가는 보겠지' 하면서 지금까지 한 번도 본 적이 없는 문서는 과감하게 폐기한다.

- 폐기 시 점검사항
  - 활용이 되지 않는 자료나 문서의 유무
  - 목적이나 업무와의 관련이 분명하지 않는 자료의 유무
  - 전혀 필요치 않는 자료와 이용도가 낮은 자료의 계속 보관 여부
  - 종래의 습관으로 형식적으로 보관하는 자료 여부
  - 동일 또는 유사한 자료의 중복 보관 여부

- 폐기 대상문서
  - 불필요한 메모, 정서필의 초안문서, 오래된 연하장 등
  - 개정 후 변경전의 통보사항
  - 각종 복사(copy) 문서, 각부서의 중복 보관문서, 내용이 경미한 문서
  - 계약 만기가 끝난 문서
  - 참고 정도로 보내온 보고서, 통지, 일보, 속보 등
  - 기타 불필요한 각종 자료 등

- 보존 연한이 경과한 문서

⑩ 진행문서 파일링 및 정리방법

- 보관 · 보존문서도 진행문서가 될 수 있으나, 참고자료 형식으로 개인이 보관하는 문서는 진행문서가 아니다. (참고자료는 공동보관 또는 폐기한다.)
- 진행문서는 별도 파일에 정리하여 '진행 중' 또는 '미결서류'라고 명시한 후 책상서랍 하단이나 개인 서류함에 정리한다.

3) 점검사항

① 조직의 품질경영시스템에는 다음 사항이 포함되는가?
- 이 표준에서 요구하는 문서화된 정보
- 품질경영시스템의 효과성을 위하여 필요한 것으로, 조직이 결정한 문서화된 정보
② 문서화된 정보를 작성하거나 갱신할 경우, 조직은 다음 a)~c) 조항의 적절함을 보장하는가?
③ 품질경영시스템 및 이 표준에서 요구되는 문서화된 정보는, 다음 사항을 보장하기 위하여 관리되는가?
- 필요한 장소 및 필요한 시기에 사용 가능하고 사용하기에 적절함
- 충분하게 보호됨
④ 품질경영시스템의 기획과 운용을 위하여 필요하다고, 조직이 정한 외부 출처의 문서화된 정보는 적절하게 식별되고 관리되는가?
⑤ 적합성의 증거로 보유 중인 문서화된 정보는, 의도하지 않은 수정으로부터 보호되는가?

〈표 2-7〉 문서(document)와 기록(record)의 비교—참고자료

구분	문서	기록
1. 대상	품질매뉴얼, 절차서, 지침서, 품질계획서, 도면, 시방서, 회로도,원단위표, 서식 등 고객도면 및 시방서, 외부 규격(KS, ISO, JIS 등), 고객 및 공급자 출처 관련문서	각종 검사보고서/성적서, 생산일지, 심사보고서, 경영검토자료, 부적합통보서, 교육훈련기록, 구매기록, 교정검사 기록 등
2. 용도	• 업무수행 기준, 방법, 지침 • 입력관계: input • 교재용/배포용	• 업무수행 근거, 증거 • 출력관계: output • 분석용/근거용
3. 시점	진행문서	완료문서
4. 일자표시	문서적용 발효일자 제정일자, 개정일자	업무수행 일자기준 작성일자, 발행일자
5. 개정/수정	가능 개정번호 부여	불가능 개정번호 없음
6. 보관여부	폐지된 문서는 보관가능	보관 가능 보관하지 않고 즉시 폐지 가능
7. 유효마감	폐지	폐기
8. 관리단계	작성, 검토, 승인, 발행, 배포, 개정 보관, 보존 구문서 회수, 폐기	식별, 보관, 보호, 검색, 유지(보존), 처분(폐기)

※ 문서와 기록은 엄격하게 보면 각각의 용도가 있으나 기록은 특수한 형태의 문서의 일부라고 볼 수 있다. ISO 9001 : 2015 에서는 문서와 기록을 '문서화된 정보'라는 용어로 통합 적용함.

8. 운용

운용은 고객이 요구하는 제품이나 서비스를 창출하고자 준비된 여러 자원을 투입하여 실질적인 부가가치의 효율성과 효과성을 극대화하고자 한다. 이를 위해서는 운용 기획 및 관리, 제품 및 서비스의 요구사항, 설계 및 개발, 외부에서 제공되는 프로세스, 제품 및 서비스 관리, 생산 및 서비스 제공, 제품 및 서비스 불출, 부적합 출력의 관리 등의 활동이 어떻게 이루어지는지, 어떻게 시스템을 운용하여야 하는지 개념이 필요하다.

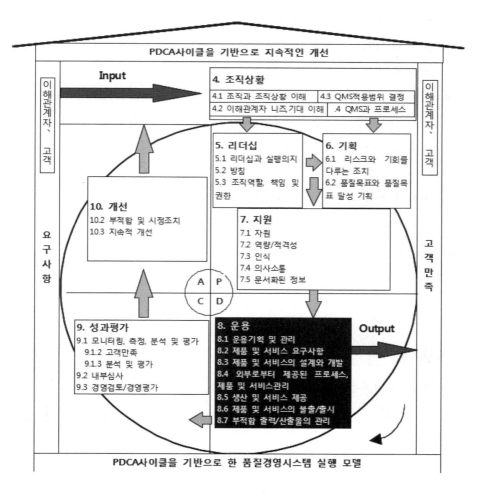

8.1 운용 기획 및 관리

조직은 다음 사항을 통하여, 제품 및 서비스의 제공을 위한 요구사항을 충족하기 위해 필요한, 그리고 6절에서 정한 조치를 실행하기 위해 필요한 프로세스(4.4 참조)를 계획, 실행 및 관리하여야 한다.

a) 제품 및 서비스에 대한 요구사항 결정
b) 다음에 대한 기준 수립
  - 프로세스
  - 제품 및 서비스의 합격 판정
c) 제품 및 서비스 요구사항에 대한 적합성을 달성하기 위해 필요한 자원의 결정
d) 기준에 따라 프로세스 관리의 실행
e) 다음을 위해 필요한 정도로 문서화된 정보의 결정, 유지 및 보유
  - 프로세스가 계획된 대로 수행되었음에 대한 신뢰 확보
  - 제품과 서비스가 요구사항에 적합함을 실증

이 기획의 출력은 조직의 운용에 적절하여야 한다.

조직은 계획된 변경을 관리하고, 의도하지 않은 변경의 결과를 검토해야 하며, 필요에 따라 모든 부정적인 영향을 완화하기 위한 조치를 취하여야 한다.

조직은 외주처리 프로세스가 관리됨을 보장하여야 한다(8.4 참조).

— [출처: KS Q ISO 9001] —

1) 요점사항
  - 제품 및 서비스 실현 프로세스 설계
  - 운용기획
  - 품질계획서

2) 해설

(1) 제품 및 서비스 실현 프로세스 설계

QMS의 제품 및 서비스 실현에 필요한 프로세스를 설계할 때의 사고방식을 명확하게 하고, 프로세스의 입력, 프로세스에 필요한 자원, 프로세스의 활동, 프로세스의 관리에 관한 요소에 대해 요구하고 있다. 8.2~8.7항에서는 제품 및 서비스 실현 프로세스의 일반 요구사항을 보여주고 있다.

프로세스 관리의 원리는 작업(업무)을 수행하는 위치에서의 어떤 활동에 적용되어야 한다. 프로세스는 입력, 활동 또는 작업 및 출력으로 구성된다. 모든 프로세스가 효율적인 시스템으로 운영됨을 보장하기 위해서는, 조직은 하나의 프로세스의 출력이 다른 프로세스의 입력으로 인식되어질 경우, 프로세스가 서로 어떤 관련성을 맺고 있는지를 분석하여야 한다. 조직의 주요 프로세스는 제품 출력의 달성과 관련이 있다. 게다가, 보건과 안전, 환경 및 위험 관리에 관한 프로세스를 고려하여야 한다.

입력 · 출력 과정의 프로세스로는 경영관리 프로세스, 핵심 프로세스, 지원 프로세스로 구분할 수 있으며 다음과 같다.

① 경영관리 프로세스-5. 리더십 5.1 리더십과 의지표명, 9.3 경영검토 참조
② 핵심 프로세스-4.4 품질경영시스템과 그 프로세스 및 품질루프(Quality Loop)
   참조
③ 지원프로세스-7. 지원 참조

즉 단순히 제품을 생산하는 개념보다는 조직에서 고객만족을 충족하기 위해 고객에게 제공할 수 있는 모든 것을 실현하는 공정으로 '제품 및 서비스실현' 프로세스로 규정한 것이다. 따라서 이 프로세스에서는 고객과 관련 이해관계자의 요구의 파악에서 영업, 구매, 설계 및 개발, 생산 및 서비스의 운영, 부적합 출력/산출물의 관리에 이르기까지 광의의 프로세스, 즉 '제품 및 서비스 실현 프로세스'를 의미한다.

(2) 운용기획

운용기획이란 제품 및 서비스를 실현하기 위한 '고객의 요구사항을 비롯한 법적 및 규제적 요구사항, 제품요구사항 등의 요구사항을 충족시키기 위하여 제품 및 서비스를 설계·개발하고 운영하는 각 프로세스의 단계 및 결과물을 어떻게 모니터링·측정을 할 것인지를 계획하는 것이다.

기획(planning)이란 포괄적인 상위의 프로세스에 대해 수립하는 것을 말하며, 즉 기획은 전략을 달성하기 위한 장기계획이라고 볼 수 있다. 계획(plan)은 기획의 결과 개별제품의 프로세스에 대해 수립하는 행위를 말하며, 즉, 계획은 전술을 달성하기 위한 단기계획을 말한다.

운영기획은 일반적으로 신규 프로젝트 발생 또는 신제품의 발생, 새로운 서비스 등의 경우에 실시하며, 요구되는 제품이나 서비스가 어떻게 달성되도록 할 것인가의 계획을 수립하여야 하며 품질경영시스템의 다른 요구사항과 일관성을 가져야 한다.

제품 및 서비스 제공을 위한 운용기획은 다음과 같다.

① 제품 및 서비스에 관한 요구사항의 명확화(8.2 참조)
② 프로세스에 관한 기준 설정(4.4 참조)
③ 제품 및 서비스 검사의 합불 판정 기준을 결정(8.3.5 참조).
④ 제품 및 서비스의 요구사항에의 적합성 달성에 필요한 자원의 명확화(7.1참조)
⑤ 상기 ②, ③의 기준에 따라, 프로세스 관리의 실시(4.4의 f.참조)
⑥ 프로세스가 계획된 대로 수행되었음에 대한 문서화된 정보의 유지 및 보유
⑦ 제품과 서비스가 요구사항에 적합함을 실증하기 위한 문서화된 정보의 보유

이 운용기획의 출력물은 조직의 운용에 맞춰야 한다. 기획의 출력물로써는, 예를 들어, QC 공정표, 업무 플로우차트, 설계 개발 계획서, 시공계획서 등을 작성한다.

운용기획의 출력물을 변경하는 경우에는, 변경관리를 한다. 의도하지 않은 변경에서 문제가 발생한 경우에는, 그 내용을 확인하고, 문제해결을 하여야 한다. 변경 관리에 대해서는 8.2.4, 8.3.6, 8.5.6을 참조하길 바란다.

조직은 외부에 위탁한 프로세스가 관리되고 있는 것을 확실하게 해야 한다(8.4 참조). 이때, 외부에 위탁한 프로세스를 적절하게 관리할 필요가 있다.

(3) 품질계획서(quality plan)

품질계획서는 특정 제품, 프로젝트 또는 계약에 품질경영시스템의 프로세스 및 자원이 적용되는 방법을 기술한 문서를 말하며 이미 규정된 품질경영시스템으로는 대응하기 어려운 특정업무인 경우에 작성한다. 예를 들면, 토목공사, 원자력발전소 건설공사, 아파트공사, 조선소 등에서 작성하여 활용한다. 이 품질계획서를 프로젝트 품질계획서라고도 한다.

① 품질계획서의 사용 목적
- 품질매뉴얼에 설명된 품질시스템이 특정 프로젝트에 적용될 수 있는 방법을 제시
- 품질에 대한 특정 요구사항의 계획 및 전달로 해당 제품 또는 프로젝트에 반영 확인
- 특정계약의 품질에 대한 요구사항이 어떻게 충족될 수 있는가를 고객에게 입증

② 품질계획서의 성격
- 품질계획서는 다른 계획과 ISO 9001 품질경영시스템의 연계성이 있어야 한다.
- 특정 프로젝트별로 개발하는 문서로 제품의 적합성 검증에 필요한 모든 관리를 통합시킨 문서이다.
- 품질시스템 절차와의 차이점을 기술하고 부수적인 계획의 관리사항들을 참조할 수 있도록 인용하여야 한다.
- 품질계획서는 품질요구사항에 대한 적합성을 감시하고 평가하는 데 활용된다.

- 품질계획서를 작성하는 것은 품질기획의 일부가 될 수 있다.

조직에서 실현하고자 하는 제품의 형태가 다양하고 상이하므로 '품질계획서'라는 특정한 명칭의 문서만을 요구하는 것이 아님을 참고하길 바란다.

3) 점검사항

① 조직은 다음 a)~e) 조항을 통하여 제품 및 서비스의 제공을 위한 요구사항을 충족하기 위해 필요한, 그리고 6절에서 정한 조치를 실행하기 위해 필요한 프로세스(4.4 참조)를 계획, 실행 및 관리하는가?
② 이 기획의 출력은 조직의 운용에 적절하는가?
③ 조직은 계획된 변경을 관리하고, 의도하지 않은 변경의 결과를 검토해야 하며, 필요에 따라 모든 부정적인 영향을 완화하기 위한 조치를 취하는가?
④ 조직은 외주처리 프로세스가 관리됨을 보장하는가?

8.2 제품 및 서비스 요구사항

8.2.1 고객과의 의사소통

고객과의 의사소통에는 다음 사항이 포함되어야 한다.

a) 제품 및 서비스 관련 정보 제공
b) 변경을 포함하여 문의, 계약 또는 주문의 취급
c) 고객 불평을 포함하여 제품 및 서비스에 관련된 고객 피드백 입수
d) 고객 재산의 취급 및 관리
e) 관련될 경우, 비상조치를 위한 특징 요구사항 수립

8.2.2 제품 및 서비스에 대한 요구사항의 결정

고객에게 제공될 제품 및 서비스에 대한 요구사항을 결정할 경우, 조직은 다음 사항을 보장하여야 한다.

a) 제품 및 서비스 요구사항은 다음을 포함하여 규정됨
　　1) 적용되는 모든 법적 및 규제적 요구사항
　　2) 조직에 의해 필요하다고 고려된 요구사항
b) 조직은 제공하는 제품 및 서비스에 대한 요구(claim)를 충족시킬 수 있음

— [출처: KS Q ISO 9001] —

1) 요점사항

- 고객요구사항을 충족시키기 위한 의사소통
- 제품 및 서비스에 대한 요구사항의 결정

2) 해설

(1) 고객요구사항을 충족시키기 위한 의사소통

① 의사소통의 창구 마련

고객과의 효과적인 의사소통은 고객 요구와 사용자의 기대와 일치된 조직 목표와 활동을 유지하기 위한 필수적인 전제조건이다.

조직은 고객 요구사항을 충족시키기 위한 목적으로 고객과의 의사소통을 실행하기 위한 준비를 하여야 한다. 즉 모든 고객의 의사소통 절차를 수립하여야 한다.

의사소통을 위한 요구사항을 요약해보면 다음과 같다.

- 제품/서비스 정보
- 문의, 계약, 주문 및 변경의 취급
- 고객 불만과 조치

- 제품 리콜(recall) 프로세스
- 제품/서비스 적합성과 관련한 고객반응

고객과의 의사소통의 방법으로는 정기적인 회의체 구성 및 운영, 통신매체, 현장방문, 문서에 의한 의사전달

② 의사소통 정보의 효과

조직은 제품 및 서비스의 고객 및 사용자에게 제공된 정보가 조직의 이미지와 고객의 신뢰도를 증진시키도록 보장하여야 한다.

이러한 정보는

- 제품 및 서비스의 사용기간 또는 적용기간 중 의도된 이익 촉진
- 사용자 및 다른 관계자들이 제품 및 서비스와 관련된 잠재적인 위험방지
- 제품 및 서비스 품질, 사용자의 기대 및 제안사항의 강화에 대한 반응 촉진

(2) 제품 및 서비스에 대한 요구사항의 결정

조직은 고객만족을 보장하기 위하여 제품 관련 요구사항을 파악하고 결정하여야 한다.

고객을 포함한 제품 관련 요구 및 기대를 보장하기 위하여 관련 정보를 파악하고 검토하여야 한다. 이러한 요구사항을 파악하고 결정하기 위한 프로세스를 갖추고 실행하여야 한다. 고객 요구사항은 다음 사항이 포함된다.

① 법적 및 규제적 요구사항: 각종 관련 법규와 PL법 등에 의한 강제적 요구
② 특정고객의 요구사항: 계약, 주문 시 명시되는 고객 요구사항
③ 잠재적(潛在的) 고객의 요구사항(불만 등), 부적합 발생 가능 요인
④ 특정 고객의 요구사항: 계약에 의한 개별 고객의 요구사항
⑤ 제품인증제도에 의한 요구사항: 제품인증, 즉 KS, JIS 등의 제품규격 인증 시

요구사항

⑥ 품질시스템 인증제도에 의한 요구사항: 품질시스템의 규격, 즉 ISO 9001,
IATF 16949, S-PPM 등의 시스템 인증 요구사항

⑦ 조직의 경영기획 전략상 요구사항: 마케팅전략, 개발전략, 자금조달 및 주식
전략상의 요구사항

고객 요구사항을 파악하고 결정하는 방법은 다양한 방법이 있다. 예를 들면, 설
문조사, 품질기능전개, 계약서, 시방서, 관련 도면 등이 있을 것이다.

3) 점검사항

① 고객과의 의사소통에는 a)~e) 조항이 포함되는가?
② 고객에게 제공될 제품 및 서비스에 대한 요구사항을 결정할 경우, 조직은
a)~b) 조항을 보장하는가?

8.2.3 제품 및 서비스에 대한 요구사항의 검토

8.2.3.1 조직은 고객에게 제공될 제품 및 서비스에 대한 요구사항을 충족시키는
능력이 있음을 보장하여야 한다. 또한 조직은 고객에게 제품 및 서비스의 공급을 결
정하기 전에, 다음 사항을 포함하여 검토를 실시하여야 한다.

a) 인도 및 인도 이후의 활동에 대한 요구사항을 포함하여, 고객이 규정한 요구
사항

b) 고객이 명시하지 않았으나 알려진 경우, 규정되거나 의도된 사용에 필요한
요구사항

c) 조직에 의해 규정된 요구사항

d) 제품이나 서비스에 적용되는 법적 및 규제적 요구사항

e) 이전에 표현된 것과 상이한 계약 또는 주문 요구사항

조직은 이전에 규정한 요구사항과 상이한 계약 또는 주문 요구사항이 해결되었음을 보장하여야 한다.

고객이 요구사항을 문서화된 상태로 제시하지 않는 경우, 고객 요구사항은 수락 전에 조직에 의해 확인되어야 한다.

<blockquote>
비고 인터넷 판매 등과 같은 상황에서는, 각각의 주문에 대한 공식적인 검토가 비현실적이다. 이러한 경우, 카탈로그와 같은 관련 제품정보를 검토하는 것으로 대신할 수 있다.
</blockquote>

8.2.3.2 조직은 적용될 경우, 다음 사항에 대한 문서화된 정보를 보유하여야 한다.

a) 검토결과

b) 제품 및 서비스에 대한 모든 새로운 요구사항

8.2.4 제품 및 서비스에 대한 요구사항이 변경

제품 및 서비스에 대한 요구사항이 변경된 경우, 조직은 관련 문서화된 정보가 수정됨을, 그리고 관련 인원이 변경된 요구사항을 인식하고 있음을 보장하여야 한다.

— [출처: KS Q ISO 9001] —

1) 요점사항

- 제품 및 서비스에 대한 요구사항의 검토
- 제품 및 서비스에 대한 요구사항의 변경

2) 해설

(1) 제품 및 서비스에 대한 요구사항의 검토

이 항목은 1994년도 ISO 9001 표준에서는 '계약검토(4.3)'와 같은 내용에 해당된다. 따라서 '계약검토'라는 의미는 고객으로부터 주문서, 계약서 등 고객의 요구사항을 약속이나 계약을 하기 전에 검토하는 것이다. 즉 고객의 요구사항을 보다 명확히 하고, 조직이 고객의 요구사항을 충족시킬 수 있는지를 확인하기 위하여 수행하는 조직적인 활동을 말한다.

(2) 요구사항의 검토 범주

조직은 전항(7.2.1)에서 파악하고 결정된 제품 요구사항에 대하여 검토하여야 한다.

고객 요구와 기대를 충족하기 위해서는 조직 내의 유용한 정보와 자료를 다음 사항을 중심으로 분석하고, 검토하여야 한다.

① 제품의 요구사항이 결정됨.
② 이전에 제시된 발주서나, 입찰서 혹은 견적서 등과 다른 계약 또는 주문 요구사항이 있는 경우 이것이 해결됨.
③ 요구사항을 충족시킬 수 있는 능력이 있는지의 여부
④ 제품 및 서비스의 시장 수용
⑤ 가격, 수량, 납기, 장소
⑥ 품질기준 및 기능, 포장방법, 식별관련, 운송
⑦ 품질시스템 요구사항, 제조공정의 요구사항
⑧ 법적, 규제적 요구사항
⑨ 기타 거래조건 등

주문의 수락은 그것이 문서화이든지, 대화(유선)로 처리되든지 명백하게 해결되고 행위에 대한 근거를 가지고 있어야 한다. 즉, 고객이 요구사항을 문서화된 것(예:

관련서류, 도면 등)으로 제시하지 않는 경우, 수락 전에 고객 요구사항을 확인하고 그 내용을 요점, 기록하여야 한다.

최근 많은 거래가 이루어지고 있는 인터넷 판매와 같은 경우, 다양한 방법으로 검토가 이루어 질 것이다. 이런 경우, 관련 카탈로그, 홍보물 등과 같이 제품정보를 검토할 수 있다.

(3) 제품 및 서비스에 대한 요구사항의 변경

제품 및 서비스에 관한 요구사항은 변경이 따르기 마련이다. 이에 8.2.4에서는 변경이 발생한 경우에는 관련 문서류의 변경을 하고, 이 내용이 관련된 사람들에게 빠짐없이 전달될 것을 요구하고 있다.

제품 및 서비스에 관한 요구사항이 변경된 경우 관련 문서(계약서, 사양서, 도면 등)를 수정하고 변경된 요구사항을 관련 인원에게 전달하여 인식하고 있어야 한다.

3) 점검사항

① 조직은 고객에게 제공될 제품 및 서비스에 대한 요구사항을 충족시키는 능력이 있음을 보장하는가? 또한 조직은 고객에게 제품 및 서비스의 공급을 결정하기 전에, a)~e) 조항을 포함하여 검토를 실시하는가?

② 제품 및 서비스에 대한 요구사항이 변경된 경우, 조직은 관련 문서화된 정보가 수정됨을, 그리고 관련 인원이 변경된 요구사항을 인식하고 있음을 보장하는가?

8.3 제품 및 서비스의 설계와 개발

8.3.1 일반사항

조직은 제품 및 서비스의 설계와 개발 이후의 공급을 보장하기에 적절한 설계와 개발 프로세스를 수립, 실행 및 유지하여야 한다.

8.3.2 설계와 개발 기획

설계와 개발에 대한 단계 및 관리를 결정할 때, 조직은 다음 사항을 고려하여야 한다.

a) 설계와 개발 활동의 성질, 기간 및 복잡성

b) 적용되는 설계와 개발 검토를 포함하여, 요구되는 확인(validation) 활동

c) 요구되는 설계와 개발 검증 및 실현성 확인/타당성 확인(validation) 활동

d) 설계와 개발 프로세스에 수반되는 책임 및 권한

e) 제품 및 서비스의 설계와 개발에 대한 내부 및 외부 자원 필요성

f) 설계와 개발 프로세스에 관여하는 인원 간 인터페이스의 관리 필요성

g) 설계와 개발 프로세스에 고객 및 사용자의 관여 필요성

h) 제품 및 서비스의 설계와 개발 이후의 공급을 위한 요구사항

i) 설계와 개발 프로세스에 대해 고객 및 기타 관련 이해관계자가 기대하는 관리의 수준

j) 설계와 개발 요구사항이 충족되었음을 실증하는 데 필요한 문서화된 정보

──── [출처: KS Q ISO 9001] ────

1) 요점사항

(1) 설계와 개발 기획

- 설계 및 개발 계획서
- 조직적, 기술적 그룹간의 연계성
- 기획 출력물의 갱신

2) 해설

(1) 용어 해설

① 개발: 기존의 기술, 기준을 보다 새로운 아이디어를 통해 제품이나 서비스의 기능 혹은 시스템 개선을 유도하여 실용화하는 행위

② 설계: 내 · 외부 고객이나 이해관계자의 요구사항을 적용하기 위해 기술적, 절차기준 등 계획을 도면과 같은 데에 구체적으로 명시하는 행위

③ 설계검토(design review): 적절한 단계에서 조직은 모든 활동이 입력 요구사항 및 품질목표가 일치함을 검토되어야 한다. 즉, 설계검토는 조직 간 대표자들이 설계출력물을 통하여 설계 및 개발의 목표를 달성가능 여부를 모니터링하고 확인하는 것이다.

④ 설계검증(design verification): 설계 및 개발 출력이 설계 및 개발 입력 요구사항을 충족시켰다는 것을 보장하기 위하여 해당 설계 단계에서 전문적인 지식을 가지고 있는 내부 또는 외부 인원으로서 가능한 설계자와 독립된 인원이 점검을 하는 활동을 말한다.

⑤ 설계 실현성 확인/타당성 확인(design validation): 설계 및 개발 실현성 확인/타당성 확인은 제품의 규정 또는 요구사항을 충족시키는지의 여부를 확인하기 위해 설계 및 개발기획에 따라 수행되어야 한다. 즉, 제품 및 서비스, 프로세스 또는 시스템이 실제적인 사용과 다른 고객의 요구를 만족한다는 것을 보장하기 위해서 수행하며, 설계 및 개발 단계의 마지막 확인이 될 것이다.

(2) 설계 및 개발 계획서

제품에 대한 설계 및 개발 활동을 계획하고 관리하여야 한다. 이에는 관련 계획서, 품의서, 보고서 등에 의하여 계획되고 관리됨을 말한다.

설계 및 개발 프로세스는 개선 프로젝트 관리 내에서도 적용될 수 있다. 또한 조직은 제품, 프로세스 또는 시스템이 어떻게 시간, 비용 및 위험요인을 감소하도록 단순화 될 수 있는 방법에 대해 고려해야 한다.

이러한 설계 및 개발 활동의 효과적인 틀을 제공하기 위해, 조직은 설계 및 개발 프로세스 또는 프로젝트의 목표, 활동, 자원, 입력 및 출력을 계획하여야 한다.

설계 및 개발계획서에 다음 사항이 포함된다.

① 설계 및 검증활동 단계
② 각 설계단계별 유자격자에게 배정
③ 개발일정계획(전체일정 및 세부일정) 수립
④ 설계 참여팀 간 업무분담
⑤ 조직적, 기술적 인터페이스 및 의사소통 수단 명확화

목표 및 기대된 출력결과는 이해관계자에 의해 이해되고 효율적인 자원의 적용을 위해 이해됨을 보장하도록 의사가 소통되어야 한다.

(3) 조직적, 기술적 그룹 간의 연계성(interface)

효과적인 의사소통 및 책임의 명확성을 보장하기 위해 설계 및 개발계획을 업무를 추진하는 데에는 설계 및 개발에 필요한 관련 그룹(부서, 팀) 간의 협조와 정보전달이 필요하며, 서로 다른 그룹간의 업무의 연계성을 관리하여야 한다. 업무의 연계성은 다른 업무들이 서로 만나는 부분 또는 공유하는 부분을 말한다. 성공적인 설계 및 개발을 완료하기 위해서는 그룹 간 업무의 연계성의 중요성은 아무리 강조해도 지나치지 않는다.

설계 및 개발업무의 연계성(interface)은 내부 인터페이스와 외부 인터페이스로

구분될 수 있을 것이다. 내부 인터페이스는 조직 내 부서 간 및 설계조직 내부 간의 인터페이스를 말한다.

① 인터페이스 관련 부서

설계 및 개발업무에는 다음과 같은 여러 조직(부서, 그룹)이 직간접적으로 전담 또는 부분적으로 참여할 수 있다. 제조업의 조직 간의 부서명을 나열하면 다음과 같다.

- 영업부/판매/마케팅
- 자재관리/구매/외주관리
- 검사 및 시험/품질보증
- 기술관리/설계/디자인 등
- 생산관리/생산부
- 생산기술/설비보전
- 서비스

예를 들면, 설계조직은 고객의 요구사항을 적시에 정확하게 파악하기 위해서는 영업부서와 긴밀한 협조와 의사소통이 있어야 할 것이다. 또한, 설계조직 내부에서도 디자인팀, 설계팀, 기술관리팀 주에서 그룹간의 해당 설계업무의 주관팀을 설계팀으로 결정했다면, 설계팀을 주축으로 하는 업무 연계성을 구축하여 정기적인 회의나 그 밖의 의사전달의 방법을 활용하여야 할 것이다.

② 인터페이스의 식별관리

내부 인터페이스는 설계 및 개발계획, 내부 조직의 절차에 의해 최소한 다음 사항이 관리되어야 한다.

- 기술적인 지식, 내부 설계 입력의 제공
- 설계 및 개발의 수행, 내부 검토 및 승인
- 설계 및 개발 정보의 교환 등

또한 외부 인터페이스는 외부와 내부 조직 간의 연계성에 의한 설계 및 개발업무를 수행하는 것으로 흔히들 고객과의 계약, 공공기관과의 법적인 입력요건, 외부 설계업체, 공급자와의 개발 및 설계 용역, 외주처리 등 내부 절차에 최소한 다음사항이 식별되어 관리되어야 한다.

- 설계 및 개발입력의 수립 및 지원
- 설계의 수행 및 승인
- 설계의 변경 등

③ 인터페이스의 문서화

우선 설계조직 간 및 설계조직 주위의 관련 조직 간의 설계관련 업무에 대한 업무의 범위와 분장을 정한다. 인터페이스 관리 중 필요한 설계 및 개발정보의 문서화와 전달과 정규적인 검토는 가장 중요한 사항이다. 이를 문서화하는 것으로 적절한 것은 '설계관리 절차서 및 설계계획서' 혹은 '설계 및 개발정보 연락서'와 같은 문서를 사용할 수 있으며 여기에는 다음 사항이 포함될 수 있다.

- 사업명 및 해당 설계계획
- 문서번호
- 발신조직, 수신조직
- 제목, 설계정보 내용 및 송부 목적(필요시 관련자료 별첨)
- 정보의 상태
  - 예비상태(preliminary): 정보의 최종상태의 확인이 필요한 상태
  - 최종상태(final): 정보의 확인 없이 사용 가능한 상태
- 정보의 근거
- 배포조직 등

이러한 설계정보는 정규적인 검토를 통해 최종상태 정보의 접수 및 반영, 정보개정 등을 확인하여야 한다. 상기의 내용을 포함한 '설계 및 개발의 상호 연락규정'과

같은 절차서를 작성하여 활용할 필요성이 있으며 여기에는 다음 사항이 포함될 수 있다.

- 연락망 또는 정기적 연락회의
- 참가대상 및 자격
- 연락문서의 작성, 배포 및 보관
- 연락책임자의 임명
- 고객 또는 동종업계 및 주변정세에 대한 정보 분석과 피드백

(4) 기획 출력물의 갱신

설계 및 개발 진행이 진행됨에 따라 설계 및 개발 계획서 등의 기획출력물은 그 내용이 주기적으로 갱신되어야 한다.

3) 점검사항

① 조직은 제품 및 서비스의 설계와 개발 이후의 공급을 보장하기에 적절한 설계와 개발 프로세스를 수립, 실행 및 유지하는가?
② 설계와 개발에 대한 단계 및 관리를 결정할 때, 조직은 다음 a)~j) 조항을 고려하는가?

8.3.3 설계와 개발 입력

조직은 설계와 개발될 특정 형태의 제품 및 서비스에 필수적인 요구사항을 정하여야 한다. 조직은 다음 사항을 고려하여야 한다.

a) 기능 및 성능/성과 요구사항

b) 이전의 유사한 설계와 개발활동으로부터 도출된 정보

c) 법적 및 규제적 요구사항

d) 조직이 실행을 약속한 표준 또는 실행지침

e) 제품 및 서비스의 성질에 기인하는 실패의 잠재적 결과

입력은 설계와 개발 목적에 충분하며, 완전하고 모호하지 않아야 한다.
상충되는 설계와 개발 입력은 해결되어야 한다.
조직은 설계와 개발 입력에 대한 문서화된 정보를 보유하여야 한다.

— [출처: KS Q ISO 9001] —

1) 요점사항

- 설계 및 개발입력 요구사항
- 내부 입력과 외부 입력

2) 해설

(1) 설계 및 개발입력 요구사항

설계 입력이란 세부적인 최종설계의 기초가 되는 기준, 변수, 근거 또는 기타 설계 요건을 말한다. 따라서 설계 입력은 출력의 검증과 유효성 확인을 위해 사용되어질 수 있도록 요구사항의 명확한 근거를 제공하기 위해 파악되어야 한다.

입력은 외부 및 내부 입력이 될 수 있다. 제품 및 서비스, 프로세스 또는 시스템에서 모든 이해관계자 요구와 기대가 충족됨을 보장하기 위해, 설계 및 개발에 대한 입력은 정확하고 완전하게 할 필요가 있다.

애매모호하거나 상충되는 입력은 영향을 미치는 외부 및 내부의 관계자들과 협의를 통해서 해결할 수 있다.

주요 설계 입력 요구정도는 설계의 복잡성, 중요도, 설계단계 등에 따라 기본도면, 시방서, 제품설명개요서, 설계 입력 목록표, 설계기준서, 설계설명서, 설계계획

〈표 2-5〉 설계 입력 포함 내용

구분	설계 입력 내용
법적, 규제적 요구	법적, 규제적 요구사항(환경, 안전, 보건, PL법)종류, 시방, 형태, 성분, 구성요소(구조) 및 기타의 설계 특징 등 요구
표준별 요구	사내표준, 단체표준, 국가표준, 지역표준, 국제표준 등 요구사항
고객별 요구	제품요구사항, 시장요구사항, 고객요구사항
신인성	신뢰성(reliability), 보전성(maintenability), 가용성(availability)
외관	외관, 색상, 형상, 디자인, 포장 등의 요구사항
성능	종류, 시방, 형태, 성분, 구성요소(구조) 및 기타의 설계 특징
기타	해당산업관행

서 등 여러 가지 형태로 문서화할 수 있다. 이를 문서화하는 것은 입력요구사항(〈표 2-5〉)을 빠짐없이 설계자에게 전달하여 설계에 반영하도록 하는 데 있다.

즉, 설계 입력을 파악하고 문서화한 이후에는 적절성, 누락 및 상충여부 등을 검토하여야 한다.

(2) 내부 입력과 외부 입력

내부 입력은 조직의 방침, 표준 및 규격, 기존 제품 및 또는 서비스와 프로세스에 대한 문서 및 자료, 운영 프로세스 사양이 포함될 수 있다.

외부 입력에는 시장조사 및 시장여건변화의 결과(샘플, 카탈로그, 모델), 고객이나 주문요건(시방서), 시장의 요구와 기대, 계약상의 요구사항, 법적 또는 강제 규정상의 요구사항, 국내외 표준규격(KS, ASME, ISO 등) 등이 있을 것이다.

시스템은 생산 및 서비스의 제공 절차의 반응이 제품 및 서비스 설계에 대한 설계 입력을 제공할 수 있도록 개발되어야 한다.

제품을 설계할 때 조직은 제품 및 서비스의 적절한 입력특성 즉, 안전 및 운영, 보존, 취급, 유지 및 처리 요구사항 등을 파악하고, 제품 및 서비스 또는 공정의 적절한 기능에 중대한 설계 및 개발의 특성을 파악한다.

제품 및 프로세스에 중대한 입력 요구사항은 적절한 책임과 자원을 배정하기 위해서 파악되어야 한다.

3) 점검사항

① 조직은 설계와 개발이 될 특정 형태의 제품 및 서비스에 다음 a)~e)항을 고려하여 필수적인 요구사항을 정하는가?

② 입력은 설계와 개발 목적에 충분하며, 완전하고 모호하지 않아야 하며, 상충되는 설계와 개발 입력은 해결되는가?

③ 조직은 설계와 개발 입력에 대한 문서화된 정보를 보유하는가?

8.3.4 설계와 개발관리

조직은, 설계와 개발 프로세스에 다음 사항을 보장하기 위하여 관리/통제하여야 한다.

a) 달성될 결과의 규정

b) 설계와 개발 결과가 요구사항을 충족하는지의 능력을 평가하기 위한 검토 시행

c) 설계와 개발의 출력이 입력 요구사항에 충족함을 보장하기 위한 검증활동 시행

d) 결과로 나타난 제품 및 서비스가 규정된 적용에 대한, 또는 사용 의도에 대한 요구사항을 충족시킴을 보장하기 위한 실현성 확인 활동의 시행

e) 검토 또는 검증 및 실현성 확인 활동 중 식별된 문제점에 대해 필요한 모든 조치의 시행

f) 이들 활동에 대한 문서화된 정보의 보유

비고 설계와 개발 검토, 검증 및 실현성 확인에는 별개의 다른 목적이 있다. 설계와 개발 검토, 검증 및 실현성 확인은 조직의 제품 및 서비스에 적절하도록 별도로 또는 조합하여 시행될 수 있다.

───── [출처: KS Q ISO 9001] ─────

1) 요점사항

- 설계 및 개발 검토
- 설계 및 개발 검증
- 설계 및 개발 실현성 확인/타당성 확인

2) 해설

(1) 설계 및 개발 검토

조직은 모든 활동이 입력요구사항 및 품질목표가 일치함을 검증하기 위해 설계 및 개발 동안 적절한 주기로 검토되어야 한다. 즉 설계개발의 각 단계가 종료되면 적절한 단계를 설정하여 설계결과에 대해 공식적인 문서화된 검토를 실시한다.

또한, 설계검토는 설계 및 개발 프로세스 뿐 아니라 설계 및 개발 종료 후 지정된 시점에서 수행될 수 있다.

설계 및 개발활동은 특성상 조직원들의 개인 및 집단의 창의적인 노력을 요구한다.

그러므로 조직은 적절한 단계 또는 주기에서 모든 활동이 전반적인 설계 및 개발의 목표와 서로 일치되고 있는가를 감시(monitor)하기 위한 검토를 수행하는 것이 필요하다.

① 설계 및 개발 검토자

설계검토는 설계 및 개발 단계에 관련되는 기능을 대표하는 인원에 의해 수행되어야 한다. 즉, 조직 내 모든 기능의 대표자(부서장, 팀장의 범위)들이 참여하여야 하며 필요한 경우에는 고객, 공급자(업체) 및 해당 전문가 등의 외부 관계자도 포함시킬 수 있다.

설계 검토자는 설계 부서와 반드시 독립할 필요가 없으며, 검토단계에 적절하게 배치되어야 하며 필요시 검토회의를 할 수 있다.

② 설계 및 개발 검토내용

설계검토는 설계출력의 적합성, 의사결정의 미해결, 문제영역 및 잠재적인 결함 등이다. 또한 프로젝트나 설계 및 개발 프로세스의 설계에서 어떠한 결함이 있는가를 규정하여야 한다. 설계 및 개발검토를 위해 고려되는 항목은 목적과의 합치, 실현가능성, 작업의 난이도, 측정의 가부, 성능, 신뢰성, 보전성, 안전성, 환경적인 측면, 시간, 수명주기(life cycle), 비용 등이다. 구체적인 항목별 내용은 다음과 같다.

이러한 검토항목을 검토단계마다 적절히 활용하기 위해 '설계 및 개발 검토 체크리스트' 등을 활용할 수 있다.

- 고객요구와 고객만족 관련 항목
  - 제품시방서(product brief)에 나타난 고객의 요구와 재료, 제품 그리고 공정의 기술 시방서와의 비교, 검토
  - 초물시험(prototype test)을 통한 설계의 유효성 확인
  - 예상 사용조건, 환경 하에서의 수행능력
  - 의도되지 않는 사용과 오용의 검토
  - 안전성 및 환경성의 병용
  - 법적 요구사항, 국제 및 국가규격, 그리고 조직의 관행과의 적합성
  - 경쟁하는 설계와의 비교 검토
  - 유사설계와의 비교, 특히 문제 재발을 방지하기 위한 내부, 외부 문제의 이력에 대한 분석

- 제품시방서와 관련된 검토항목
  - 신뢰성 및 서비스에 대한 요구
  - 허용 공차와 공정능력과의 비교
  - 제품 합격판정기준
  - 설치성, 조립 난이도, 저장 필요성, 유통기한, 폐기
  - 고장 영향 완화와 이중안전 특성 및 풀 프루프(fool proof) 시스템

- 외관과 관련된 시방과 허용기준
- 고장유형 및 결과분석(FMEA)과 고장수 분석(FTA)
- 문제를 진단하고 시정하는 능력
- 라벨, 경고, 취급설명서, 식별 및 추적성 요건
- 표준부품의 평가 및 사용

- 공정시방서와 관련된 검토항목
  - 설계 및 계발에 적합한 제품을 생산할 능력, 특수공정의 필요, 기계화, 자동화, 구성부품의 조립 및 설치 등의 검토
  - 설계검사 및 시험능력, 특수검사 및 시험 요구사항의 검토
  - 재료, 구성부품, 서브조립품의 시방서, 입수가능성, 승인된 구입품 및 공급업체 검토
  - 취급, 보관, 포장 및 보존기한에 관한 요구사항 검토, 특히 반입, 반출과 관련된 안전요소에 관한 검토

(2) 설계 및 개발 검증

ISO 9000에 따르면 검증이란 '규정된 요구사항(3.8.1)이 충족된다는 객관적 증거로서 조사하고 확인하는 것'으로 정의된다. 따라서 설계검증이란 설계과정의 각 단계에서 설계 출력물이 설계 입력 요건을 충족시키고 있는지의 여부, 수행된 설계의 기본방향 혹은 설계목적과 일치여부를 확인하는 단계를 말한다. 예를 들면, 도면의 완성, 금형의 완성, 제품설명서의 완성, 초물 완성(prototype), (시)제품 완성 등 각 단계에서 이루어질 수 있다.

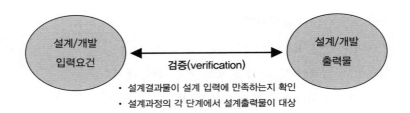

조직은 설계 및 개발을 검증하는 기능을 계획, 수립하고 문서화하여야 하고 일정한 업무수행 경력과 훈련을 받은 인원에게 설계검증기능을 부여하여야 한다.

설계 검증자는 해당 설계 단계에서 전문적인 지식을 가지고 있는 내부 또는 외부 인원으로서 가능한, 설계자와 독립된 인원이 점검이 이루어져야 한다.

설계 및 개발의 검증은 출력의 입력 요구사항을 만족시키는 것을 보장하기 위하여 계획되고 수행되어야 한다.

검증 결과 및 수반되는 후속 조치는 기록되어야 한다.

① 설계 및 개발 검증 계획

이미 설명한 바 있는 설계 및 개발계획에 검증방법, 시기, 검증자 등을 포함한 설계 및 개발검증의 실행계획을 명시하며, 필요시 다음 내용을 포함한 설계 및 개발검증 실행계획서를 작성할 수 있다.

- 설계 및 개발 검증대상
- 설계 및 개발 검증방법
- 설계 및 개발 검증자 혹은 검증 위원
- 설계 및 개발 검증 시행 시기
- 기타 설계 및 개발 검증에 필요한 참고 문서 및 자료

② 설계 및 개발 검증활동 내용

검증활동은 제품 및 서비스 기준사양(specification)이 충족되는지를 보장하기위해 수행되어야 한다. 또한 설계검증의 가장 전형적인 방법은 역시 시험이다.

이러한 검증활동은 다음사항이 포함된다.

- 일반적 요구사항 또는 입력 사양의 체크리스트와 같은 보조자료를 사용하는 자기점검
- 훈련된 인원에 의해 독립적으로 점검

- 유사제품 및 서비스에 대한 비교 또는 대체계산 등의 평가방법
  - 입증된 유사설계와 새로운 설계와의 비교
  - 대체계산 및 분석방법 실행
    * 대체계산(alternative calculation): 수학적, 통계적, 물리적, 역학적, 기하학적 등의 계산 및 분석, 컴퓨터프로그램 의한 계산 등 결과의 객관성과 합리성을 가지고 설계 입력 요구사항과 설계 출력 결과치의 정합성을 증명(근거)하는 (계산)방법
- 특정 입력과 일치하는지를 확인하기 위한 시험, 시뮬레이션 시험 및 시운전
    * 시험(test): 설계검토, 대체계산으로 설계검증이 불가능하거나 비합리적인 부분에 대해 시제품에 대한 인증시험을 실시하여 설계검증을 수행한다. 계산이나 분석이 불가능한 부분이 많기 때문에 인증시험이 유용한 경우가 많다.
    * 실증(demonstration): 서비스의 설계에 주안점을 둔 것으로써 설계된 대로 서비스를 시행해보는 것을 말한다.
- 부적합 사항(결함) 등과 같은 과거 프로세스 경험으로부터 얻은 교훈에 대한 평가

③ 설계 및 개발 검증 기록

설계 및 개발 계획에 따른 설계검증의 현황을 관리하기 위해 계획과 설계실행 현황을 기록해 두어야 한다. 이러한 설계 및 개발검증기록에는 다음 사항을 포함할 수 있다.

- 설계 및 개발 검증실행 계획번호
- 설계 및 개발 검증대상
- 설계 및 개발 검증방법 및 검증자
- 설계 및 개발 검증 시행 시기
- 설계 및 개발 검증내역을 기술한 보고서 번호 등

(3) 설계 및 개발 실현성 확인/타당성 확인(validation)

94년 판에서는 '유효성 확인', 2000년 판에서는 '타당성 확인'이란 용어로 사용하였으나 2008년 판에서는 '실현성 확인/타당성 확인'으로 병용하여 사용한다.

설계 및 개발 실현성 확인/타당성 확인은 제품의 규정 또는 요구사항을 충족시

키는지의 여부를 확인하기 위해 설계 및 개발기획에 따라 수행되어야 한다. 즉, 제품 및 서비스, 프로세스 또는 시스템이 실제적인 사용과 다른 고객의 요구를 만족한다는 것을 보장하기 위해서 수행한다. 즉 실현성 확인/타당성 확인은 최종 제품에 대하여 고객의 요구를 충족시킬 수 있는가를 확인하기 위하여 실시하는 설계 및 개발 단계의 마지막 확인이 될 것이다. 운영상태 또는 사용상태의 가능한 범위를 고려해야 한다.

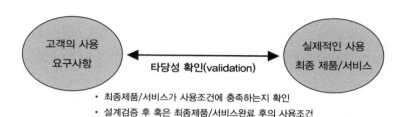

- 최종제품/서비스가 사용조건에 충족하는지 확인
- 설계검증 후 혹은 최종제품/서비스완료 후의 사용조건

설계 및 개발 실현성 확인/타당성 확인 활동은 다음 사항을 포함할 수 있다.

① 다른 고객을 포함한 검토
② 모델링과 시뮬레이션 연구
③ 제품 및 서비스의 주요 측면에서의 시운전

- 설계 및 개발 실현성 확인/타당성 확인 방법
  - 예상되는 사용 조건하에서의 시험 및 검사
  - 고객의 요구 운용조건 하에서 시험 및 검사
  - 생산 및 현장의 경험
  - 적당량의 샘플에 의한 현장 성능조사
  - 시작품 평가(시연 및 시사회)
  - 관능검사(기호성 테스트 포함)
  - 제한적 지역의 시장반응 조사
  - 시장출하 준비상태 심사 등

3) 점검사항

① 조직은 설계와 개발 프로세스에 다음 사항을 보장하기 위해 관리/통제하는가?

- 달성될 결과의 규정
- 설계와 개발 결과가 요구사항을 충족하는지의 능력을 평가하기 위한 검토
- 설계와 개발의 출력이 입력 요구사항에 충족함을 보장하기 위한 검증활동 시행
- 결과로 나타난 제품 및 서비스가 규정된 적용에 대한, 또는 사용 의도에 대한 요구사항을 충족시킴을 보장하기 위한 실현성 확인 활동의 시행
- 검토 또는 검증 및 실현성 확인 활동 중 식별된 문제점에 대해 필요한 모든 조치의 시행
- 이들 활동에 대한 문서화된 정보의 보유

8.3.5 설계와 개발 출력

조직은 설계와 개발 출력이 다음과 같음을 보장하여야 한다.

a) 입력 요구사항 충족
b) 제품 및 서비스 제공을 위한 후속 프로세스에 대해 충분함
c) 해당되는 경우, 모니터링과 측정 요구사항의 포함 또는 인용, 그리고 합격 판정기준의 포함 또는 인용
d) 의도한 목적에, 그리고 안전하고 올바른 공급에 필수적인 제품 및 서비스의 특성 규정

조직은 설계와 개발 출력에 대한 문서화된 정보를 보유하여야 한다.

[출처: KS Q ISO 9001]

---

1) 요점사항

- 설계 및 개발 출력
  - 설계출력물의 작성, 검토 및 승인
  - 주요 제품 및 서비스 특성 결정
  - 합부 판정 기준 명시
  - 설계 출력물의 배포

2) 해설

(1) 설계 및 개발출력

설계 및 개발출력은 계획된 입력 요구사항에 대하여 검증 및 타당성 확인이 가능하도록 용이한 정보를 포함하여야 한다. 즉, 요건, 계산 및 해석의 형태로 문서화되고 표현되어야 한다. 설계출력이란 설계 입력 요건이 설계과정을 통해 나타나는 결과물을 말하는데 보통은 도면이나 각종 시방서, 설계보고서, 지침서, 프로세스 입출력 비교를 실증한 데이터, 소프트웨어, 서비스 절차 및 지정된 재료규격, 소요자재 명세서, 사용자 및 소비자 정보 등으로 표현된다. 이러한 설계출력은 구매, 제작, 시험, 검사 및 서비스에 사용되는 최종설계문서이다.

① 설계출력물의 작성, 검토 및 승인

설계출력물의 작성, 검토 및 승인을 포함한 설계업무 수행의 책임은 설계 및 개발계획과 설계관리절차에 따라 처리된다. 특히 설계검토는 생산, 검사, 시험 및 서비스 활동을 위해 출력물의 적합성을 검토해야 하며, 작성자의 상급자에 의한 검토와 인터페이스 분야 간 협력사항별로 구분할 수 있다. 주요 검토사항은 다음과 같다.

- 설계정보의 반영
- 인터페이스 부분의 기술적, 절차적인 검토
- 설계의 일관성 검토

설계 및 개발 출력 문서는 배포 전에 승인되어야 한다.

② 주요 제품 및 서비스 특성 결정

안전하고 적절한 사용에 필수적인 제품 및 서비스의 특성을 정하여야 한다.

품질특성이 제품 및 서비스의 결과에 영향을 크게 미친다고 판단되는 것이나, 고객에게 중대한 결함을 발생시킬 수 있는 항목의 특성 및 프로세스 간 다음 고객에게 영향을 미칠 우려가 있는 관리항목 등의 특성에 대하여 결정을 하여야 한다.

③ 합부 판정 기준 명시

출력은 입력요구사항 및 이해관계자의 만족을 위해 합부 판정 기준을 명시하고 다른 기술 기준서를 인용할 수 있다. 또한 이의 합부 판정 기준에 대해 유효성이 확인 되어야 한다. 설계출력은 생산 및 서비스의 합부 판정 기준을 설정하며 이는 공차를 설정하거나 시험 및 검사 결과의 합격 수치를 기재하여야 한다.

④ 설계 출력물의 배포

도면을 비롯한 출력물을 내부 조직 및 공급업체에 관리본으로 배포하고 관리하 여야 한다. 설계 출력물은 조직의 기술적, 절차적 기준이므로 경쟁업체에 쉽게 노출 되지 않도록 사전에 예방적인 관리 체계가 중요하다. 출력문서를 배포하기 전에 책 임있는 자의 승인 후 배포하여야 한다. 설계 출력물의 배포 전 관리요령은 다음과 같다.

- 설계출력물 배포대상 조직/공급자 기록
- 설계출력물의 용도 식별
- 설계출력물의 배포 근거(배포대장 사인 등)
- 개정된 출력물의 배포 근거
- 구본도면의 처리(즉시 폐기, 회수)

3) 점검사항

① 조직은 설계와 개발 출력이 다음과 같음을 보장하는가?

- 입력 요구사항 충족
- 제품 및 서비스 제공을 위한 후속 프로세스에 대해 충분함
- 해당되는 경우, 모니터링과 측정 요구사항의 포함 또는 인용, 그리고 합격 판정기준의 포함 또는 인용
- 의도한 목적에, 그리고 안전하고 올바른 공급에 필수적인 제품 및 서비스의 특성 규정

② 조직은 설계와 개발 출력에 대한 문서화된 정보를 보유하는가?

8.3.6 설계와 개발 변경

조직은 제품 및 서비스의 설계와 개발 과정, 또는 이후에 발생된 변경사항을 요구사항의 적합성에 부정적 영향이 없음을 보장하는 데 필요한 정도까지 식별, 검토 및 관리하여야 한다.

조직은 다음 사항에 대한 문서화된 정보를 보유하여야 한다.

a) 설계와 개발 변경
b) 검토 결과
c) 변경의 승인
d) 부정적 영향을 예방하기 위해 취한 조치

[출처: KS Q ISO 9001]

1) 요점사항

- 설계 및 개발 변경
  - 설계 및 개발 변경관리
  - 설계 및 개발 변경사유

2) 해설

(1) 설계 및 개발 변경관리

과거에는 설계출력물(특히 도면)과 현장의 실물과 일치하지 않은 경우가 많이 발생하여 설계 주관 부서에서는 여러 가지 업무가 혼돈된 상태가 있었다. 그때를 생각해 보면, 이미 관련 부서나 공급자, 고객에게 배포된 도면들의 변경관리의 절차가 제대로 실행이 되지 않은 이유가 상당히 차지하였다. 그 중에 하나가 예를 들면 생산 부서에서 어떤 이유로 치수변경의 필요성을 느끼면 작업자에게 구두 통보하여 가지고 있는 도면만 수정하여 작업을 하고 설계 주관 부서에 설계변경 절차를 밟지 않는다면 어떻게 될까?

우선, 첫째 설계 주관 부서가 설계변경의 검토, 확인이 없는 상황에서 발생될 수 있는 문제, 둘째 설계변경의 결과를 수정도, 통보하지 않음으로써 발생되는 문제 등이 결국 제품 및 서비스와 설계출력물이 일치가 되지 않는 상황을 초래하게 될 것이다.

조직은 설계변경관리 절차를 수립하고 전부서가 실행하고 유지할 수 있어야 하며, 이는 결국 설계품질을 보증하는 데 중요하다.

조직은 설계 및 개발 프로세스의 변경은 파악되고, 기록 관리되어야 한다. 즉, 설계 및 개발 프로세스 동안, 변경 관리를 위한 기술적 및 관리적 절차를 정하는 것이 좋다.

이러한 변경사항은 해당되는 경우, 검토, 검증 및 타당성 확인이 되어야 하며 실행되기 전에 권한이 부여된 인원에 의해 승인되어야 한다.

또한 하나의 구성부품의 변경이 프로젝트나 시스템 전체에 미칠 수도 있기 때문에 구성관리(configulation management)의 전개 및 이미 인도된 제품 및 서비스의 변경에 따른 영향 평가를 포함되어야 한다.

즉, 변경사항은 적절하게 검증되어야 하고, 타당성을 확인하여야 한다. 동시에 공정설비 및 능력의 유지성에 확인을 하여야 한다.

설계변경에 대한 검토 결과 및 모든 후속조치는 기록되어야 한다.

(2) 설계 및 개발 변경의 사유

제품 및 서비스의 변화에 따른 설계의 변경에는 다음과 같이 여러 가지의 사유가 있는바 이를 나열하면 다음과 같다.

① 설계가 완료된 후 생산 및 서비스 활동이 어려운 경우이거나 불가능한 경우
② 조직 내부나 고객 등 이해관계자들이 설계변경을 요구하는 경우
③ 설계 검토단계에서 누락, 실수, 착오 등이 추후 발견된 경우
④ 설계검토, 검증, 타당성 확인 결과 변경이 필요한 겨우
⑤ 경영검토, 내부 심사 등의 적합성 검증시 시정 요구사항으로 변경을 요구할 때
⑥ 각종 규격, 법규 등의 개정으로 인한 변경이 요구될 때
⑦ 제품 또는 서비스의 절차, 성능의 개선을 위해 변경이 요구될 때

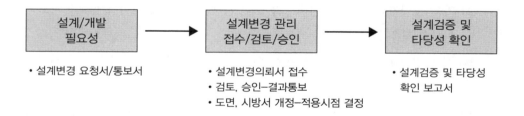

3) 점검사항

① 조직은 제품 및 서비스의 설계와 개발 과정, 또는 이후에 발생된 변경사항을 요구사항의 적합성에 부정적 영향이 없음을 보장하는 데 필요한 정도까지 식별, 검토 및 관리하는가?

② 조직은 다음 사항에 대한 문서화된 정보를 보유하여야 한다.

- 설계와 개발 변경
- 검토 결과
- 변경의 승인
- 부정적 영향을 예방하기 위해 취한 조치

8.4 외부에서 제공되는 프로세스, 제품 및 서비스의 관리

8.4.1 일반사항

조직은 외부에서 제공되는 프로세스, 제품 및 서비스가 요구사항에 적합함을 보장하여야 한다.

조직은 다음의 경우, 외부에서 제공되는 프로세스, 제품 및 서비스에 적용할 관리방법을 결정하여야 한다.

a) 외부 공급자의 제품 및 서비스가 조직 자체의 제품 및 서비스에 포함되도록 의도한 경우
b) 제품 및 서비스가 조직을 대신한 외부 공급자에 의해 고객에게 직접 제공되는 경우
c) 프로세스 또는 프로세스의 일부가 조직에 의한 결정의 결과로, 외부 공급자에 의해 제공된 경우

조직은 요구사항에 따라 프로세스 또는 제품 및 서비스를 공급할 수 있는 능력을 근거로, 외부 공급자의 평가, 선정, 성과 모니터링 및 재평가에 대한 기준을 결정하고 적용하여야 한다. 또한 조직은 이들 활동에 대한, 그리고 평가를 통해 발생한 모

든 필요한 조치에 대한 문서화된 정보를 보유하여야 한다.

8.4.2 관리의 유형과 정도(extent)

조직은 외부에서 제공되는 프로세스, 제품 및 서비스가, 적합한 제품 및 서비스를 고객에게 일관되게 인도하는 조직의 능력에 부정적인 영향을 미치지 않음을 보장하여야 한다.
조직은 다음 사항을 수행하여야 한다.

a) 외부에서 제공되는 프로세스가 조직의 품질경영시스템 관리 내에서 유지됨을 보장
b) 외부 공급자에게 적용하기로 한 관리와, 결과로 나타나는 출력에 적용하기로 한 관리 모두를 규정
c) 다음에 대한 고려
 • 고객 요구사항과 법적 및 규제적 요구사항을 일관되게 충족시켜야 하는 조직의 능력에 미치는, 외부에서 제공되는 프로세서, 제품 및 서비스의 잠재적 영향
 • 외부 공급자에 의해 적용되는 관리의 효과성
d) 외부에서 제공되는 프로세스, 제품 및 서비스가 요구사항을 충족시킴을 보장하기 위하여 필요한 검증 또는 기타 활동의 결정

———— [출처: KS Q ISO 9001] ————

1) 요점사항

 • 외부에서 제공되는 프로세스, 제품 및 서비스의 관리
 • 외부 제공자에 대한 관리의 유형과 정도

2) 해설

(1) 외부에서 제공되는 프로세스, 제품 및 서비스의 관리

8.4.1에서는, 제공 프로세스, 구매제품, 제공 서비스가 요구사항에 적합하다는 것을 확실하게 할 것을 요구하고 있다. 또한, a)~c)에 해당하는 경우에는, 구매제품·제공서비스, 제공 프로세스 관리에 관한 요구사항을 적용할 것을 요구하고 있다. 외부 제공자의 능력을 고려하여, 외부 제공자의 평가, 선택, 성과 감시 및 재평가를 행하기 위한 기준의 확립, 적용 및 그 결과의 기록을 요구하고 있다.

외부에서 제공되는 프로세스, 제품 및 서비스의 모든 형태는 8.4항에서 다루어지며 그 예를 보면 다음과 같다.

- 공급자로부터 구매
- 관련 회사와의 협정
- 외주공급자에게 프로세스 외주처리

외부 제공자의 능력에 대응한 외부 제공자의 평가, 선택, 성과 감시 및 재평가를 행하는 기준을 정하고, 그대로 실시, 관련한 기록을 작성한다. 성과에는 외부 제공자의 프로세스, 제품 및 서비스의 결과에 관한 품질정보가 있다. 또한 제품 및 서비스의 적합을 확인하는 방법으로서 수입검사가 있다.

① 구매 프로세스 관리

조직에서 생산하는 제품 및 서비스의 품질은 구매되는 각종 원부자재, 부품, 반제품 등의 품질에 의해 좌우되므로, 조직이 기대하는 품질 요구사항이 적정한 관리시스템을 통하여 조직 내부나 공급자에게 전달되어 고객의 요구사항에 일치하는 품질요건을 갖춘 물품이 조달 내지 공급되도록 하는 데 있다.

조직은 구매된 제품이 요구사항을 만족시키도록 구매된 제품을 평가하고 관리하기 위한 구매 프로세스를 파악, 수립하고 이를 파악하여야 한다. 구매한 제품은 규정된 요구사항에 적합함을 보장하여야 한다.

구매 프로세스는 다음과 같은 사항을 포함할 수 있다.

- 구매 요구사항 및 제품 규격(시방서 포함)에 대한 정확한 파악
- Q, C, D를 고려한 적절한 구매 제품의 원가 평가
- 공급자 선정, 평가 및 주문을 위한 프로세스의 기준 및 방법
- 부적합 구매품에 대한 품질보증 계약
- 제품식별 및 추적성을 위한 기준, 절차
- 제품보존 및 물류관리를 프로세스
- 공급자에 대한 구매품의 검증 방식
- 기록을 포함한 문서화
- 특정 공급자에 대한 프로세스
- 공급자 개발 및 위기관리 등

② 공급자의 평가 및 선정

조직은 균일한 품질 및 신뢰할만한 공급을 보장하도록 제품 및 서비스의 공급자를 평가하고 선정하여야 한다. ISO 9000에서 정의하는 공급자란 '제품을 제공하는 조직 또는 사람'이라고 하며 여기에는 제품의 생산 제공자, 배급자, 소매업자 또는 납품자, 서비스 또는 정보의 제공자를 말한다. 공급자는 도한 조직 내부 또는 외부일 수 있으며 계약관계에서 공급자는 때때로 '계약자'로 불린다.

일반적인 공급자 자격부여 시스템은 다음과 같은 객관적인 평가 및 수단을 사용한다.

- 관련 경험 및 실적의 평가
- 제품 및 서비스 품질, 가격, 납기의 적시성 및 문제에 대한 대응능력의 이력
- 공급자의 경영시스템의 감사 및 요구된 제품 및 서비스를 적시에 효과적으로 제공할 능력의 평가
- 고객만족에 대한 관련 자료의 점검

- 계획(계약)된 공급기간 중 공급자의 지속성을 보장하기 위한 재무평가

　균일한 품질을 제공하는 정도에 따라 공급자의 능력이 평가되고 조직은 수입검사를 비롯한 제품/서비스 유효성 확인의 엄격도를 조정하거나 제거할 수 있다.
　이것은 공급자의 공정 및 관리시스템의 유효성을 확인하고 제품 및 서비스의 라이프 사이클을 통해 일어나는 문제의 보고시스템과 같은 관련 정보의 수집 방법을 수립함으로써 달성될 수 있다.
　다음은 공급자의 자격 평가시스템을 구체적으로 나열하면 다음과 같다.

① 공급자의 평가 및 선정
- 조직의 제품 및 서비스 품질은 공급업체에 좌우된다고 하여도 과언이 아니다. 따라서 체계적인 절차(서)에 따라 공급자가 평가·선정·관리되어야 한다.
- 조직의 품질 요구사항을 만족시킬 수 있는 공급자는 다음과 같은 기본요건을 갖추어야 한다.
  - 생산설비/검사설비/기술인력/기술수준
  - 품질보증 시스템의 확립 및 효율적 시행
  - 재무능력

② 공급자 선정을 위한 평가 방법
- 과거 유사 품목의 납품실적이 있을 경우(납기관리, 불량률 등에 대한 평가)
- 제품 샘플의 평가 및 서비스 실증에 의한 평가
- 외부 전문가/전문기관에 심사의뢰
- 경영자의 열의와 능력
- 공급자의 시장점유율 및 사회적 지명도
- 공급자의 품질경영시스템 현지평가
- 국내외 품질인증업체는 평가없이 공급업자 자격이 부여될 수 있으며 이러한 경우 문서화되어야 한다. 예를 들면 다음과 같다.

-KS 제품인증업체

-NT, KT, EU, UL 마크 품질인증공장

-ISO 9000 인증업체

• 기업의 협력관계 고려

- 가격, 공급업체의 위치, 재무상태 등

③ 공급자 평가팀 구성

• 공급자의 평가 요건에는 공급업체의 품질 시스템, 생산설비, 기술수준. 재무 능력 등 여러 부분이 포함되므로 평가팀을 구성하여 관련 부서에서 선임된 인원이 참여할 수 있다. 예를 들면, 대상 공급업체의 규모에 따라서 평가팀을 구성하는 것이 중요하며 주요 기능을 재무, 생산, 품질, 기술, 자재, 영업 등으로 분류하여 적절하게 그룹화 하여 평가팀을 구성한다.

• 평가팀을 구성하여 활동한다고 하더라도 종합적인 조정 업무는 구매 부서에서 담당한다.

④ 공급자 현지심사

공급자 현지심사는 사실에 입각한 심사이어야 하므로 미리 준비된 설문서를 사용하는 것이 좋다.

㉠ 공급자의 등록 및 재평가

• 조직 내의 평가방법에 의해 평가된 공급자는 등록절차에 따라 등록요건을 검토하여 등록한 후 다음 내용을 포함해서 '공급자 등록대장'이나 '공급자 목록'이 작성되고 유지되어야 한다.

- 등록일자

- 공급 업체명, 공급자(대표)

- 사업자 등록번호

- 전화번호 및 FAX 번호

- 주소

- 주 공급품목/서비스
- 등록업체등급
- 등록요건 보유근거
- 등록책임자

• 등록된 공급자는 정기적인 주기를 정하여 재평가를 한다. 이는 경우에 따라서 등록업체 등급이나 품질의 영향도에 따라 주기를 달리 설정할 수 있는데 통상 1~3년 정도의 주기로 재평가를 할 수도 있다.

(2) 외부 제공자에 대한 관리의 유형과 정도

외부 제공자의 관리에 관한 방법을 결정한다.

① 외부에서 제공된 프로세스를 조직의 품질경영시스템의 범위 내에 포함하여 관리를 확실하게 한다. 즉 조직의 QMS는 외부에서 제공되는 프로세스와 일체화하여 운영 관리하는 것이 중요하다.

② 외부 제공자에게 적용하기 위한 관리 및 그 출력물에 적용하기 위한 관리정도를 결정한다. 예를 들면, 「외부 제공자의 능력에 맞는 관리방법을 결정한다」, 「조직이 고객에게 제공하는 제품 및 서비스 영향의 정도를 고려하여 관리방법을 결정한다」는 의미이다.

③ 외부 공급자 관리에 다음 사항을 고려한다.

• 외부에서 제공된 프로세스, 제품 및 서비스가 고객요구사항 및 적용되는 법적·규제적 요구사항을 일관되게 충족시키는 조직의 능력에 미치는 잠재적인 영향 즉, 외부에서 제공되는 프로세스, 제품 및 서비스가 조직의 능력에 미치는 잠재적인 영향의 크기에 따라 관리 방식 및 정도를 결정한다. 예를 들어, 제조 프로세스의 대부분을 외주 위탁하고 있는 경우와 제조 프로세스 조립의 일부를 외주 위탁하고 있는 경우에서는 관리 방식 및 정도를 바꾸는 것이 효과적이다.

• 외부 공급자에 따라 적용되는 제조 및 서비스 제공의 관리가 계획에 대해 성과를 올릴 수 있는지 아닌지로 관리 방식 및 정도를 바꾸는 것이 효과적

이다. 외주 위탁처의 품질보증에 관한 능력이 높다면, 관리 방식 및 검사 엄격도를 조절할 필요가 있다.

3) 점검사항

① 조직은 외부에서 제공되는 프로세스, 제품 및 서비스가 요구사항에 적합함을 보장하는가?

② 조직은 다음 a)~c) 조항의 경우, 외부에서 제공되는 프로세스, 제품 및 서비스에 적용할 관리방법을 결정하는가?

③ 조직은 요구사항에 따라 프로세스 또는 제품 및 서비스를 공급할 수 있는 능력을 근거로, 외부 공급자의 평가, 선정, 성과 모니터링 및 재평가에 대한 기준을 결정하고 적용하는가?

④ 조직은 이들 활동에 대한, 그리고 평가를 통해 발생한 모든 필요한 조치에 대한 문서화된 정보를 보유하는가?

⑤ 조직은 외부에서 제공되는 프로세스, 제품 및 서비스가, 적합한 제품 및 서비스를 고객에게 일관되게 인도하는 조직의 능력에 부정적인 영향을 미치지 않음을 보장하는가?

⑥ 외부에서 제공되는 프로세스가 조직의 품질경영시스템 관리 내에서 유지됨을 보장하는가?

⑦ 외부 공급자에게 적용하기로 한 관리와, 결과로 나타나는 출력에 적용하기로 한 관리 모두를 규정하는가?

⑧ 조직은 다음 사항을 고려하는가?

- 고객 요구사항과 법적 및 규제적 요구사항을 일관되게 충족시켜야 하는 조직의 능력에 미치는, 외부에서 제공되는 프로세서, 제품 및 서비스의 잠재적 영향
- 외부 공급자에 의해 적용되는 관리의 효과성

⑨ 외부에서 제공되는 프로세스, 제품 및 서비스가 요구사항을 충족시킴을 보장하기 위하여 필요한 검증 또는 기타 활동의 결정하는가?

8.4.3 외부 공급자를 위한 정보

조직은 외부 공급자와 의사소통하기 이전에 요구사항이 타당함/충분함(adequa-cy)을 보장하여야 한다.

조직은 다음 사항에 대한 조직의 요구사항을 외부 공급자에게 전달하여야 한다.

a) (외부 공급자가) 제공하는 프로세스, 제품 및 서비스
b) 다음에 대한 승인
   - 제품 및 서비스
   - 방법, 프로세스 및 장비
   - 제품 및 서비스의 불출(release)
c) 요구되는 모든 인원의 자격을 포함한 역량/적격성
d) 조직과 외부 공급자의 상호작용
e) 외부 공급자의 성과에 대하여 조직이 적용하는 관리 및 모니터링
f) 조직 또는 조직의 고객이 외부 공급자의 현장에서 수행하고자 하는 검증 또는 실현성 확인 활동

— [출처: KS Q ISO 9001] —

1) 요점사항

- 외부 공급자를 위한 정보
- 구매정보 및 구매문서

2) 해설

(1) 외부 공급자를 위한 정보

조직이 구입하는 제품 및 서비스가, 자기 조직에 미치는 영향을 줄이기 위해, 외부 공급자의 요구사항을 명확히 하고, 서로 의사소통을 꾀할 필요가 있다. 이를 위해,

8.4.3에서는, 외부 공급자에 대해 a)~f)의 요구사항을 분명하게 하고, 그것이 타당하다는 것을 평가, 외부 공급자에게 전달할 것을 요구하고 있다.

① 제공되는 프로세스, 제품 및 서비스에 관한 사양 등에 관한 요구사항
② 다음 사항에 대한 승인
  - 제공되는 제품 및 서비스의 사양이나 사양변경 등의 승인에 관한 요구사항
  - 제조방법, 서비스 제공방법, 작업절차서, 사용하는 설비, 생산조건 변경 등의 승인에 관한 요구사항
  - 제품 및 서비스의 불출(release) 방법, 특채(특별채용) 등의 승인에 관한 요구사항
③ 작업자들의 역량, 숙련도 등 필요한 적격성에 관한 요구사항
④ 조직과 외부 공급자와의 상호작용
  조직과 외부 공급자의 관계에 관한 요구사항. 예를 들어, 외부 공급자의 성과 보고, 개선제안, 2자 심사 등
⑤ 조직이 적용하는 외부 공급자 성과의 관리 및 모니터링 결과에 관한 요구사항
⑥ 조직 또는 그 고객이 외부 공급자 장소에서의 검사활동이 필요한 경우 요구사항은 구매계약서나 품질보증계약서, 발주서 등에서 명확하게 하여야 한다.

(2) 구매정보 및 구매문서

구매정보란 구매품에 대한 요구사항이 무엇인지 구매품 및 서비스를 명확하게 기술한 문서로서, 조직은 구매된 제품 및 서비스를 위한 주문이 품질 방침 및 목표와 일치성을 보장하는 모든 필요한 요구사항을 규정함을 보장하여야 한다.

일반적으로 구매정보는 발주서, 도면, 시방서, 계약서 등의 구매문서를 말한다. 이러한 구매문서에는 고객이 조직에게 요구하는 사항을 근거로 필요시 공급자에게 요구할 수 있는 구매정보를 포함하여야 한다.

구매문서는 주문품에 대한 요건을 구체적으로 누락됨이 없이 전달하고 공급자

가 완전히 이해할 수 있도록 적절한 방법(구매문서 적성지침, 공급자간 협의, 구매품 식별법 등)을 강구하는 것이 중요하다.

① 구매문서의 종류
- 주문서 및 발주서
- 도면, 기술기준서
- 재료규격, 검사규격 및 특정규격
- 물품 공급계약서

② 구매문서의 포함 사항
- 제품 및 서비스, 절차, 프로세스, 장비의 승인에 대한 요구사항
- 인원의 자격인정에 대한 요구사항
- 형식, 종류, 등급, 식별번호(발주번호, 개정번호)
- 도면, 시방서, 규격서, 기준서, 작업표준, QC 공정도 등의 관련 지침서
- 관련 기술 규격, 관련 국제규격
- 승인된 공급자로부터 구매
- 요구되는 경영시스템(품질, 환경 관련) 및 품질인증
- 제품 및 서비스의 포장(단위, 방법), 취급, 보존 및 운송조건
- 구매 문서 작성, 검토, 승인 등 구매 권한
- 시방서 제목, 문서번호, 개정번호, 구매품의 사전승인(APQP 등)

③ 구매문서의 작성, 검토, 승인 및 배포
- 일정요건, 일정서식에 의거 구매 문서에 포함될 사항을 고려하여 작성하며, 공급자의 입장에서 작성한다.
- 구매라는 '단순히 사다'라는 의미가 아닌, 조직의 품질 방침 및 목표와 일치성을보장할 수 있도록 최소한 품질(Q), 원가(C), 납기(D) 측면을 고려하면서 작성한다.

- 구매문서의 검토 및 승인은 절차에 따라 권한과 책임이 부여된 인원에 의해 수행된다.
- 구매문서는 배포하기 전에 포함된 규정된 요구사항의 적절함을 보장하기 위해 검토, 승인한다.

3) 점검사항

① 조직은 외부 공급자와 의사소통하기 이전에 요구사항이 타당함/충분함(adequacy)을 보장하는가?

② 조직은 다음 a)~f) 조항에 대한 조직의 요구사항을 외부 공급자에게 전달하는가?

8.5 생산 및 서비스 제공

8.5.1 생산 및 서비스 제공의 관리

조직은 제품 및 서비스 제공을 관리되는 조건하에서 실행하여야 한다.
관리되는 조건에는 해당되는 경우, 다음 사항이 포함되어야 한다.

a) 다음을 규정하는 문서화된 정보의 가용성
- 생산되어야 하는 제품의, 제공되어야 하는 서비스의, 또는 수행되어야 하는 활동의 특성
- 달성되어야 하는 결과

b) 적절한 모니터링 자원 및 측정 자원의 가용성 및 활용

c) 프로세스 또는 출력의 관리에 대한 기준, 그리고 제품 및 서비스에 대한 합격 판정기준이 충족되었음을 검증하기 위하여, 적절한 단계에서 모니터링 및 측

정 활동의 실행

d) 프로세스 운용을 위한 적절한 기반구조 및 환경의 활용

e) 요구되는 모든 자격을 포함하여, 역량이 있는 인원의 선정

f) 결과로 나타난 출력이, 후속되는 모니터링 또는 측정에 의해 검증 될 수 없는 경우, 생산 및 서비스 제공을 위한 프로세스의 계획된 결과를 달성하기 위한 능력의 실현성 확인 및 주기적 실현성 재확인

g) 인적 오류를 예방하기 위한 조치의 실행

h) 불출, 인도 및 인도 후 활동의 실행

[출처: KS Q ISO 9001]

1) 요점사항

- 생산 및 서비스 제공 준비
- 생산 및 서비스 제공 실행
- 생산 및 서비스 프로세스의 타당성 확인 공정-특수 공정

2) 해설

조직은 요구사항을 준수하고 고객에게 이익을 제공하기 위해 제품실현 프로세스를 수립하고 실행한다. 그 중에서 제품실현을 위해 생산의 4요소(man, material, machine, method)와 환경(environment) 등 많은 자원의 투입을 필요로 하고 관리를 요구하는 프로세스가 '생산 및 서비스 제공 프로세스'가 될 것이다.

(1) 생산 및 서비스 제공 준비

조직은 다음 사항을 포함한 문서화 된 정보를 이용 가능하도록 한다.

① 제조하는 제품, 제공하는 서비스, 또는 실시하는 활동의 특성을 기술한 작업 표준서, 공정도, 사양서, 설비작동요령서 등을 활용한다.

② 조직은 요구된 능력을 달성하기 위한 주요 제품 및 서비스 특성에 기여하는 장비 및 설비 특성을 파악하여야 한다.

③ 조직은 제품 및 서비스 그리고 공정을 적절하게 식별하기 위해 제품 및 서비스와 관련된 추적성 요구사항을 파악하여야 한다.

④ 달성해야 할 목표 즉 제조 및 서비스 제공에 있어 성과를 명확하게 한다. 예를 들어, 공정부적합품율, 고장율, 가동율, 생산지수, 공정능력지수, 손실공수 비율 등이 있다.

⑤ 필요한 적격성을 포함, 역량을 갖춘 사람들을 선발한다.

작업에 필요한 역량을 보유하고 있는(7.2 참조) 사람을 작업에 투입한다.

⑥ 휴먼 에러를 방지하기 위한 조치를 실시한다.

에러를 견딜 수 있는(에러 프루프) 대책을 시행한다. 실수방지(error proof)란, 인간의 실수를 방지하는 혹은 그에 따라 야기될 수 있는 영향을 경감하기 위한 제품 및 서비스 또는 작업 방법에 관한 연구이다. 인간 실수 대책을 시행한다고 결정된 경우에는 이를 실시한다.

(2) 생산 및 서비스 제공 실행

① 생산 및 서비스 제공의 모니터링 및 측정을 위한 적절한 자원을 활용(7.1.4 참조)하고, 측정 및 유지 장비는 공정능력을 유지하기 위해서 적절하게 유지되어야 하며 사용 도중에 적정한 보호와 유지가 되어야 한다.

② 프로세스 운용을 위한 적절한 기반구조 및 환경을 사용한다. 사용해야 할 기반구조 및 프로세스 운용에 관련한 고장대응, 정기점검 등의 사후보전, 예방 보전활동을 한다.

③ 프로세스 또는 아웃풋의 관리기준, 제품 및 서비스의 합부판정기준을 충족시키고 있는 것을 검증하기 위해 적절한 단계에서 모니터링 및 검사활동을 실시한다(8.6 참조).

④ 제품 및 서비스 특성에 영향을 주는 공정변경은 기록되어야 하며, 제품 및 서비스의 특성을 유지하기 위하여 의사소통 되어야 하고, 개선에 대한 정보로

제공되어야 한다. 공정 변경을 위한 권한은 유지, 관리를 위해 정의되어야
한다.

⑤ 불출, 고객에게의 인도 및 인도 후 활동을 실시한다. 결정된 절차에 의해 업무
를 한다(8.5.5 및 8.6 참조).

(3) 생산 및 서비스 제공 프로세스의 실현성/타당성 확인

결과적인 출력이 수반되는 모니터링 또는 측정에 의하여 검증이 될 수 없는 경
우 그리고 결함이 사용 중이나 인도 후에 나타나는 경우 생산 및 서비스 제공을 위한
모든 프로세스는 타당성 확인을 실시하고 정기적으로 타당성을 재확인한다. 이는 기
존의 '특수공정(special process)'에 해당되는 내용이다. 이 특수공정은 제조업의 경우
용접, 납땜, 열처리, 멸균, 발효, 염색, 단조, 도금, 도장 및 비파괴검사 공정 등이 해당
된다. 그러나 이에 해당되는 경우이더라도 모든 프로세스가 이 항목의 적용이 되는
것은 아니다. 예를 들면, 용접강도를 측정하고자 해도 파괴조사가 되기 때문에 용접
공정의 설비, 요원의 능력을 평가한다. 또, 이 능력은 저하될 가능성이 있기 때문에,
정기적으로 평가를 한다. 또한 서비스 제공 프로세스인 호텔 프론트 업무에서 업무
제공 시 검증을 하기가 서비스 특성으로 어려운 상황인 경우이므로 서비스 제공자의
역량을 모니터링하고 평가하여야 한다.

조직은 다음을 포함한 실현성/타당성 확인방법을 수립하여야 한다.

① 프로세스의 검토 및 승인에 대한 정해진 기준
② 장비의 승인 및 인원의 자격인정
③ 규정된 방법과 절차의 사용
④ 기록에 대한 요구사항
⑤ 타당성의 재확인

(4) 실현성/타당성 재확인

프로세스(공정) 변경은 공정의 개선의 기회를 보여준다. 프로세스 변경에 따른

역효과를 예방하기 위하여 변경된 프로세스의 효과적인 관리가 필요하다. 프로세스 변경에 대한 책임과 권한, 절차를 수립하여 시행할 필요가 있다.

프로세스 변경은 설계변경 등의 사양변경, 장비교체, 자재변경 및 대체, 작업공정의 변경 및 단축, 작업조건 및 방법의 변경 등의 변경을 말한다. 따라서 변경된 공정에 대해 적절한 시기에 적절한 방법을 통하여 공정의 실현성/타당성 재확인을 하여야 한다.

실현성/타당성 확인의 기법으로는 감시, 시험 및 검사 외 공정의 파악기법으로 공정위험분석(process risk analysis)과 프로세스 타당성 재확인의 통계적 기법으로 공정능력분석(process capability analysis) 등이 활용될 수 있을 것이다.

3) 점검사항

① 조직은 제품 및 서비스 제공을 관리되는 조건 하에서 실행하는가? 관리되는 조건에는 해당되는 경우, a)~h) 조항이 포함되었는가?

8.5.2 식별과 추적성

조직은 제품 및 서비스의 적합성을 보장하기 위하여 필요한 경우, 출력을 식별하기 위하여 적절한 수단을 활용하여야 한다.

조직은 생산 및 서비스 제공 전체에 걸쳐 모니터링 및 측정 요구사항에 관한 출력의 상태를 식별하여야 한다.

추적성이 요구사항인 경우, 조직은 출력의 고유한 식별을 관리하여야 하며, 추적이 가능하기 위하여 필요한 문서화된 정보를 보유하여야 한다.

— [출처: KS Q ISO 9001] —

---

1) 요점사항

- 식별관리
- 추적성

2) 해설

(1) 식별관리

식별이란 제품 및 서비스 운영의 모든 단계에 이르기까지 부품/제품이 관련 문서를 통하여 출처에 연결하는 과정/상태를 말한다. 따라서 식별은 공정 운영의 모든 단계 과정에서 고객의 요구, 계약 및 설계 시 요구사항과 일치하는 부품/제품이 정상적인 공정에 투입(유입) 되도록 하기 위함이다. 즉 운영관리에 혼란이나 혼돈을 사전에 방지하자는 것이 식별의 목적이다.

식별이 필요한 물품은 입고, 불출, 인도 및 최종 목적지에서의 설치에 이르기까지 각 단계별로 식별되어야 한다. 이러한 식별은 경우에 따라 기록하여야 하며, 긴급품 처리, 부적합품 및 공정에서의 회수(recall) 등의 특정제품은 식별 관리되어야 한다.

식별 및 추적성 관리란 제품 및 서비스 운영의 모든 단계(기획, 설계, 개발, 생산, 설치, 측정, 감시, 시험)의 과정을 걸쳐 원부자재/부품/제품이 관련문서와 연결되어 식별되고, 필요한 경우, 추적성이 이루어지도록 하는 것이다.

① 식별공정 및 표시
식별이 필요한 공정은 다음과 같다.

- 입고, 불출 및 적재 시
- (수입, 중간, 최종) 검증 시
- 생산, 서비스 현장에 사용 시
- 공정간 대기 시
- 출하, 납품, 설치 및 진열 시
- 특채, 재가공, 수리, 선별, 재등급, 폐기, 반품 시 등

② 식별표시 내용

식별표시 내용은 다음과 같이 나열할 수 있다.

- 품목, 명칭, 품명, 종류, 등급, 규격, 모델, 호칭 등
- 로트NO., S/N, 프로젝트, 과정, 배치 등
- 고유번호, 바코드, 색깔, 부호, 기호
- 조직명, 공급자명, 고객명, 수행자(검사자 등) 등
- Lot Size 및 수량, 날짜(생산, 입고, 출하), 유효기간, 수행부서, 위치 등

③ 식별표시 방법

제품실현의 모든 단계에서 해당되는 경우 〈표 2-8〉에서와 같이 적절한 식별표시 방법으로 식별하여야 한다. 여기서 식별은 모니터링 및 측정요구사항과 관련된 제품상태를 포함해야 한다.

〈표 2-8〉 식별표시 방법

구분	식별표시 방법
직접표시	▶ 해당 제품에 개별, 직접적으로 마킹, 부착하는 방법. (예) 스탬프, 각인(타각, 식각), 라벨, Tag, 명판, 인쇄, 페인팅 등
저장시설 상 표시	▶ 배치 공정의 제품이나 연속공정을 거친 제품은 경우에 따라 직접적인 표시가 불가능한 경우 (예) 저장탱크, 사일로 또는 운송차량의 표면이나 기타 적절한 방법으로 식별
공정이동표 표시	▶ 해당 제품에 직접적인 식별방법이 품질에 악영향을 미치는 경우혹은 직접표시가 불가능한 경우 그리고 공정간 이동이 많은 경우 적재위치와 적절한 전표를 이용하여 식별의 수단으로 사용
포장박스 혹은 용기 표시	▶ 제품의 크기가 작아서 해당 제품에 직접 표시가 불가능한 경우 플라스틱 백 등의 제품용기에 식별. 유효기간이 있는 제품의 경우에는 그 유효기간을 표시
기타 표시 방법	▶ 부적합품 보관장소의 팻말, 보관지역 표시선 구분

(2) 추적성

추적성이란 기록된 식별수단에 이해 어떤 실체의 이력, 적용, 또는 위치를 추적하는 능력으로 정의하고 있다. 즉, 제품의 식별관리에서 시작되어 원재료, 부품, 반제품, 완제품 등을 초기 공정에서부터 출하 후 사용단계에 이르기까지 그 물품의 이력 파악이 체계적으로 이루어지도록 하는 일련의 활동을 말한다.

이는 부적합사항 및 결함을 방지하고, 제조물 책임법(PL) 등의 대책수립 및 해결을 용이하도록 한다.

① 추적의 필요성
- 품질, 서비스 문제의 발생시: 부적합품, 불만처리 및 고객 클레임, 공정이상 등
- 품질개선을 위한 연구, 분석
- 품질계획의 기초자료
- 결과나 활동에 대한 신뢰 확인

② 추적성의 관점
- 제품의 관점: 원재료와 부품의 출처, 부품가공이력, 완제품 인도 위치 등
- 데이터 수집 관점: 품질고리를 통하여 때로는 어떤 실체에 대한 요구사항까지 거슬러 올라가서 만들어진 데이터 및 통계적 분석과 관련
- 측정기기 관점: 국가 또는 국제표준, 원기, 기본 물리상수나 성질 또는 품질에 대한 측정장비와 관련된다.

③ 추적방법
- 각 운영단계별로 관련된 수행자(작업자, 검사원 등)를 식별하도록 요구하는 경우, 이들 공정 및 수행자 추적이 가능하도록 해야 한다. 해당업무 수행하는 경우, 개인별 혹은 팀별 업무일지(생산일지, 검사일지 등)에 기록하여야 한다.
- 개별 및 로트 단위에 의한 식별표시 등으로 추적이 가능하다. 원재료 변경,

가공 방법 변경, 설비교체, 공정변경 등의 사항에 대해 식별표시가 요구될 수 있다. 차후 추적을 위한 식별표시는 해당검사와 보관기록상에 표시되어야 한다.

- 제품의 추적은 제품의 이력을 추적하거나 제품의 위치를 기록함으로써 가능하다. 추적성 관련 제품, 추적의 시작과 끝, 품질기록의 범위 등이 구체적으로 규정되어야 한다.

④ 추적성의 범위

추적성의 범위는 고객의 요구, 계약상, 법적 요건, 품질의 중요도/영향도, 조직의 관리 능력, 비용 등을 고려하여 자체적으로 추적성의 범위를 정하여야 한다.

구체적인 추적성 범위는 다음과 같다.

- 제조일시
- 제조위치 – 공정, 라인, 부서
- 수행자: 작업자, 검사자, 공급자 등
- 사용자재: 검증여부, 출처, 수량
- 사용문서: 도면, 작업표준, 기타 지침서 등
- 작업환경: 온도, 습도, 분진, 소음 등 대기환경

3) 점검사항

① 조직은 제품 및 서비스의 적합성을 보장하기 위하여 필요한 경우, 출력을 식별하기 위하여 적절한 수단을 활용하는가?

② 조직은 생산 및 서비스 제공 전체에 걸쳐 모니터링 및 측정 요구사항에 관한 출력의 상태를 식별하는가?

③ 추적성이 요구사항인 경우, 조직은 출력의 고유한 식별을 관리하여야 하며, 추적이 가능하기 위하여 필요한 문서화된 정보를 보유하는가?

8.5.3 고객 또는 외부 공급자의 재산

조직은 조직의 관리하에 있거나, 조직이 사용 중에 있는 고객 또는 외부 공급자의 재산에 대하여 주의를 기울여야 한다. 조직은 제품 및 서비스에 사용되거나 포함되도록 제공된 고객 또는 외부 공급자의 재산을 식별, 검증, 보호 및 안전하게 유지하여야 한다.

고객 또는 외부 공급자의 재산이 분실, 손상 또는 사용하기에 부적절한 것으로 판명된 경우, 조직은 고객 또는 외부 공급자에게 이를 통보하여야 하며, 발생한 사항에 대해 문서화된 정보를 보유하여야 한다.

> **비고** 고객 또는 외부 공급자의 재산에는 자재, 부품, 공구 및 장비, 고객 부동산, 지적 소유권 및 개인 정보가 포함될 수 있다.

— [출처: KS Q ISO 9001] —

1) 요점사항

- 고객, 외부 공급자 재산 정의 및 범위
- 고객, 외부 공급자 재산 보호 및 보고

2) 해설

(1) 고객, 외부 공급자 재산 정의 및 범위

고객 또는 외부 공급자 재산이란 고객 또는 외부 공급자가 제품 및 서비스의 생산을 위해 지급한 구성요소들과 원자재, 부품, 부자재, 제조설비, 검사설비, 포장재료 및 포장을 위해 제공된 제품, 또한 규격, 도면 및 고객 소유 정보(기술정보, 노하우, 고객 도면 등) 등을 포함한 지적자산이 포함될 수도 있다. 추가적으로 고객 또는 외부 공급자 재산에 대한 예를 들면 다음과 같다.

- 제품 또는 서비스에서 포함을 위해 공급된 원료 또는 구성요소

- 계약 포장 운영을 위해 제공된 제품
- 구매자에 의해 직접적으로 공급된 포장 재료
- 수리, 보전 및 기능향상을 위해 공급된 제품
- 보관과 같은 서비스 운영을 위한 고객 자재

(2) 고객, 외부 공급자 재산 보호 및 보고

조직은 조직의 관리범위 내 있거나 사용하고 있는 고객 또는 외부 공급자의 재산을 사용에 적합한 상태인지를 확인하며, 안전하게 보관, 관리하여야 한다. 이를 위해서는 고객 또는 외부 공급자 재산의 식별, 검증, 보관 및 유지가 보장되어야 하며 또한 분실, 손상, 또는 사용상 부적합한 것으로 판명된 재산은 기록되고, 고객 또는 외부 공급자에게 보고하여야 한다.

3) 점검사항

① 조직은 조직의 관리 하에 있거나, 조직이 사용 중에 있는 고객 또는 외부 공급자의 재산에 대하여 주의를 기울이며, 제품 및 서비스에 사용되거나 포함되도록 제공된 고객 또는 외부 공급자의 재산을 식별, 검증, 보호 및 안전하게 유지하는가?

② 고객 또는 외부 공급자의 재산이 분실, 손상 또는 사용하기에 부적절한 것으로 판명된 경우, 조직은 고객 또는 외부 공급자에게 이를 통보하여야 하며, 발생한 사항에 대해 문서화된 정보를 보유하는가?

8.5.4 보존

조직은 요구사항에 적합함을 보장하기 위해 필요한 정도까지, 생산 및 서비스를 제공하는 동안 출력을 보존하여야 한다.

| 비고 | 보존에는 식별, 취급, 오염관리, 포장, 보관, 전달 또는 수송 및 보호가 포함될 수 있다. |

———— [출처: KS Q ISO 9001] ————

1) 요점사항

- 보존의 목적
- 보존의 단계

2) 해설

(1) 보존의 목적

제조한 제품 및 서비스 제공 간에, 출력에 문제가 발생하지 않도록 하기 위해, 그 상태 그대로를 유지하는 것과 같은 보존을 요구하고 있다.

보존의 목적은 손상, 열화 또는 오용을 방지하기 위함이다. 즉, 모든 원부자재, 부품의 입고 단계에서부터 제품 및 서비스 생산, 출고, 인도단계에 이르기까지 제품 및 서비스의 손상, 분실 및 오용을 방지하여 제품 및 서비스의 품질이 규정된 요건을 만족시키도록 한다. 제품의 보존에는 식별, 취급, 포장, 보관 및 보호를 포함하여야 한다. 또한 제품의 구성부품에도 이를 적용하여야 한다. 즉 보존은 원재료나 중간제조, 최종제품 등에 대해, 품질특성이 나빠지지 않도록 온습도 관리 등을 한다. 또한, 제품의 취급, 제품의 수송 등에서 품질특성에 문제가 발생하지 않도록 한다.

제품의 수명기간 동안 제품을 유지하기 위하여 필요한 자원을 파악하고, 제품의 의도된 사용을 보존하는 데 필요한 자원과 방법에 대하여 관련 이해관계자에게 필요한 정보를 전달하여야 한다.

* **열화**(deterioration, '노화'라고도 함): 시간이 경과함에 따라 품질이 저하되는 현상. 즉, 고무제품, 화공약품 등이 갱년 변화의 영향을 받는 제품들이다. 취급/보관 시의 부주의로 나타날 수 있는 일반적인 손상과는 구별된다.

(2) 보존의 단계

① 식별(identification)

식별은 앞서 설명한 8.5.2항 '식별 및 추적성'과 동일하기 때문에 별도로 설명을 하지 않는다.

② 취급(handling)

조직은 손상이나 노화를 방지하는 제품취급 방법을 갖추어야 한다. 즉 자재, 재공품 및 최종제품의 운반이나 사용 시 발생하는 충격, 마모, 부식, 긁힘 또는 기타 요인에 의한 손실을 방지하기 위한 방법을 마련하여야 한다.

㉠ 취급방법은 다음과 같다.
- 항목의 정확한 식별
- 파렛트, 컨테이너, 박스, 대차 등 운반 기구와 같은 사용방법
- 표면 및 코팅 제품의 취급 방법
- 충격방지를 위한 완충장치
- 정전기(ESD)방지를 위한 손목띠나 자국이 나지 않도록 장갑 착용방법

㉡ 취급관리는 다음과 같이 구체적으로 나열한다.
원자재, 부품, 제품의 취급 시에는 다음 사항들이 고려되어 절차서 또는 작업 표준에 반영되도록 하다.
- 무게/크기
- 작업장, 공정간 이동시 사용되는 용기/장비(천정 크레인)
- 특정 제품의 경우 과도한 충격, 급격한 온도 변화방지
- 부식, 흠(stain/scratch)의 방지, 경우에 따라 오일, 그리스로 도포하여 예비 조치 강구
- 서로 섞이지 않도록 조치
  - 서로 다른 등급품과의 혼입

- 검사품과 미검사품의 혼입
- 이를 방지하기 위한 적절한 식별표시
- 종업원의 청결 상태 유지
  - 특히 고정밀도 전자 부품, 광학 제품, 화공약품을 취급하는 종업원의 청결 상태 유지
- 위험 물질의 경우 종업원 보호 조치 강구
- 취급 장비의 주기적 점검
  - 천장 크레인
  - 지게차 등

③ 포장(packaging)

㉠ 포장(packaging)의 의미

통상 영어로 packaging와 packing은 같은 의미로 쓰일 수 있으나 여기서는 다음과 같이 구별된다. 포장이라는 의미로는 packaging를 사용하고 포장 상자 내 완충물질을 넣는 것을 충진이라는 용어로 packing 과는 구별되는 용어이다. 예를 들면 값비싼 도자기를 포장 할 때에 포장에 사용되는 나무상자 외에 도자기가 나무 상자 내에서 흔들이지 않도록, 혹은 외부 충격을 방지할 수 있는 신문지, 솜, 스폰지, 발포비닐 등으로 포장 상자 속을 채우는 행위를 충진(packing)이라고 한다. 즉, 포장의 범주 속에 충진이 포함된다고 말할 수 있다.

㉡ 포장 방법은 다음과 같은 특성을 포함하여야 한다.
- 취급, 운송 및 보관 중 환경에 대해 제품상태의 견고함
- 운송 및 적재 및 양륙 장비
- 온도, 습도, 먼지 및 염분과 같은 환경 상태
- 사용할 때까지의 내구기간
- 포장의 내용물의 표시사항(마킹, 라벨링 등)

ⓒ 보다 구체적인 포장관리는 다음과 같다.

- 포장의 목적/포장 재료
  - 포장의 목적은 제품이 고객에게 인도되어 사용될 때까지 제품의 취급, 수송 보관 과정에서 제품을 보호하는 것이다.
  - 포장재료는 제품의 품질에 영향을 미쳐서는 안 된다. 특히 식료품, 화공약품, 폭발물의 포장 재료는 엄격한 기준에 따라 선정되어야 할 것이다.
- 포장에 영향을 미치는 사항/고려해야할 사항
  - 제품수송의 방법: 육로/항공/해상
  - 제품이 포장 속에 있어야 할 기간, 포장 내부의 환경조건: 해상 수송일 경우 습기 방지, 바닷물에 의한 표시
  - 재활용 포장지를 사용할 경우 명확한 식별 표시: 라면상자, 사과상자 등을 활용할 경우에는 구식별 표시를 지우고 제품의 식별 표시를 명확히 하여 제품취급, 수송 시에 혼란이 없도록 한다.
  - 식료품, 화공약품 등 갱년 변화가 예상되는 제품은 유효기간을 명시

④ 보관(storage)

보관은 지정된 보관구역을 지정하거나 별도의 시설물을 갖추어 정리 정돈된 상태를 유지하도록 한다.

㉠ 보관의 방법은 다음과 같은 특성을 고려하여야 한다.

- 보관 지역 또는 보관실의 보호
- 보관 지역에 분실, 도난 방지를 위한 입고, 출고 통제의 책임과 권한에 관한 사항
- 저장 상태 및 조건
- 가능한 열화 방지를 위한 주기적 점검

㉡ 보다 구체적인 보관방법에 대해 서술하면 다음과 같다.

- 원자재, 부품, 제품보관 시 고려되어야 할 사항
  - 적절한 보관 장소/창고 확보
  - 적절한 환경 확보(필요시): 온도, 습도 등
    (예) 냉동실: -18℃ 이하, 냉장실: 10℃ 이하, 기타 창고: 상온, 상습
  - 제품 손상, 갱년변화를 방지하기 위한 주기적 점검: 특히 위험물질/발화성 물질은 따로 보관
  - 보관품에 대한 적절한 식별표시: 표시방법, 쉽게 지워지지 않도록 함
  - 보관 장소로부터 제품 입·출고 시의 책임과 권한 사항 규정: 제품 입고, 출고는 누구의 지시(권한)에 의하여 이루어지는가?
  - 갱년변화가 예상되는 원자재, 부품, 제품은 선입 선출을 적용
- 선입 선출(FIFO: First-In, First-Out) 적용
  - 갱년 변화란 시간이 경과함에 따라 제품의 품질이 저하되는 현상이라고 설명하였다. 즉, 고무제품, 화공약품 등과 같이 어느 정도의 보존 연한이 정하여져서 그 기간이 지나면 품질의 저하가 예상되는 제품, 부품은 선입 선출하여 재고품의 품질 저하를 예방하여야 한다는 것이다.
  - ISO 9000을 준비하는 업체에서는 이점을 염두에 두고 갱년 변화가 우려되는 품목을 절차서 등에 미리 정해놓고 해당되는 품목에 한하여 선입선출을 적용하면 그것으로 충분하다.
- 주기적인 점검
  - 저장소, 보관 창고 및 기타 장소에서 보관하고 있는 재료, 제품 등의 물품이 적절한 상태로 보관되도록 주기적으로 점검하여야 한다.

⑤ 보호(protection)
조직의 관리, 감독 하에 있을 때 제품의 보호 및 격리방법을 적용한다.

㉠ 보관과 보호의 용어 차이
보관(storage)과 보호는 다소 구별될 수 있는 용어이다. '보관'은 물리적인 보관

장소와 관련되어 사용되는 용어이나 '보호'는 보관장소/창고와 관련 없이 사용되는 용어로서, '품질의 계속유지'라는 뜻이 열화로부터의 방지라는 의미를 강하게 내포하고 있다.

ⓛ 보호 및 격리방법은 다음 사항을 고려할 수 있다.
- 보존기한의 식별 및 격리
- 의료기기에 대한 살균 조건의 유지
- 온도, 습도 등의 유해 환경관리(냉동 · 냉장, 항온 · 항습 등)
- 깨지기 쉬운 제품의 보호
- 화학적 분리(침전 등)를 방지하기 위한 교반
- 정전기나 전자자기로부터의 보호
- 식품에 대한 온도, 습도 및 위생조건의 관리
- 부식, 산화방지를 위한 방청 및 피막처리
- 위험(폭발, 유출 등)에 대비한 안전성

⑥ 수송(transport)

운송이나 인도 중의 제품보호는 각종 운송 수단에 따라 다르며 특히 상 · 하차 시의 취급에 주의를 하여야 한다. 우천 시, 대설이나 폭설 등 다양한 기상변화에 모니터링하면서 제품품질를 보호할 수 있는 기준을 수립하여 실행하여야 한다. 특히 운송기간 중 온도변화에 민감한 식자재 등은 제품의 열화관리를 위하여 냉동 및 냉장에 대한 온도관리 및 시간관리를 기준에 따라 점검하여야 한다.

3) 점검사항

① 제품 및 서비스가 고객에게 인도될 때까지 식별, 취급, 포장, 보관 및 보호되고 있는가?
② 제품의 손상을 방지하기 위한 제품 취급방법/수단이 마련되어있는가?

8.5.5 인도 후 활동

조직은 제품 및 서비스에 연관된 인도 후 활동에 대한 요구사항을 충족하여야 한다. 조직은 요구되는 인도 후 활동에 관한 정도를 결정할 때, 다음 사항을 고려하여야 한다.

a) 법적 및 규제적 요구사항
b) 제품 및 서비스와 관련한 잠재적으로 원하지 않은 결과
c) 제품 및 서비스의 성질, 용도 및 계획수명
d) 고객 요구사항
e) 고객 피드백

비고 인도 후 활동에는 보증규정에 따른 조치, 정비 서비스와 같은 계약상 의무사항, 그리고 재활용이나 최종 폐기와 같은 보충적인 서비스가 포함될 수 있다.

— [출처: KS Q ISO 9001] —

1) 요점사항

• 인도 후 활동

2) 해설

인도 후의 활동이란 제품 및 서비스를 고객에게 인도한 후 제반 지원에 관련된 활동(가동상황 모니터링, 서비스 보증기간 등)을 말한다.

인도 후 활동에서는 제품 및 서비스를 고객에게 인도할 때, a)~e) 조항의 것을 검토한 후, 구체적인 방법을 결정하여 충족시킬 것을 요구하고 있다.

인도 후의 활동에 대한 정도를 결정할 때에는, 다음 사항을 고려한다.

① 법령 · 규제요구사항

법령 · 규제요구사항에 대응하는 내용이 있다.

② 제품 및 서비스에 수반되어 일어날 수 있는 바람직하지 않은 결과

「고장에 의해 인적 · 물적 장해를 일으킨다」, 「보증기간 내에 고장난다」, 「리콜이 발생한다」 등이 있다.

③ 제품 및 서비스의 성질, 용도 및 의도한 내용(耐用)년수

시장제품, 신뢰성 높은 제품, 차량, 제조설비, 건물, 도로설비 등에 대한 특성을 고려한 보증기간 등이 있다.

④ 고객요구사항

설비 보수에 관한 교육 · 훈련 등의 요구사항 등이 있다.

⑤ 고객으로부터의 피드백

고객으로부터의 제품 및 서비스에 관한 불만, 의견, 요망에 관한 정보 등이 있다.

3) 점검사항

① 제품 및 서비스에 연관된 인도 후 활동에 대한 요구사항은 충족하는가?
② 제품 및 서비스 인도 후 활동에 관한 정도를 결정할 때, a)~e) 조항을 고려하는가?

8.5.6 변경관리

조직은 생산 또는 서비스 제공에 대한 변경을, 요구사항과의 지속적인 적합성을 보장하기 위하여 필요한 정도까지 관리하여야 한다.

조직은 변경에 대한 검토의 결과, 변경 승인자 및 검토 결과 도출된 필요한 모든 조치사항을 기술한 문서화된 정보를 보유하여야 한다.

──── [출처: KS Q ISO 9001] ────

1) 요점사항

- 변경관리

2) 해설

변경이란 제조 및 서비스 제공 시에 작업 및 업무의 기준의 변경, 배송루트의 변경 등을 비롯한 4M(Man, Machine, Method, Material) 변경 등이 발생하여 현장에서 적당히 처리한다면, 제품 및 서비스 제공에의 품질유지 및 품질향상에 저해요인이 발생할 것이다. 이러한 경우에는, 작업의 조건, 기준서를 충족시키고 있는지에 대해 시스템 상의 책임과 권한을 부여 받은 인원이 검토하여, 문제가 없다면 변경하고, 변경한 결과에 대한 영향을 평가한다. 또한, 변경 검토의 결과, 「변경을 허가한 자는 누구인가」, 「어떠한 조치를 취했는가」에 대한 기록을 작성한다.

변경관리에서는, 8.5의 제조 및 서비스 제공을 하고 있는 도중에 변경하지 않으면 안 되는 상황이 발생하여 긴급하게 대응해야 할 경우가 있어도 요구사항에 충족시키기 위하여, 변경에 관한 검토를 행하여 문제가 발생하지 않도록 관리할 것을 요구하고 있으며 조직적인 차원에서 변경과 관련 정보가 관련 인원들에게 공유가 되어야 한다.

3) 점검사항

① 조직은 생산 또는 서비스 제공에 대한 변경을, 요구사항과의 지속적인 적합성을 보장하기 위하여 필요한 정도까지 관리하는가?

② 조직은 변경에 대한 검토의 결과, 변경 승인자 및 검토 결과 도출된 필요한 모든 조치사항을 기술한 문서화된 정보를 보유하는가?

8.6 제품 및 서비스의 불출/출시(release)

조직은 제품 및 서비스 요구사항이 충족되었는지 검증하기 위하여, 적절한 단계에서 계획된 결정사항을 실행하여야 한다.

계획된 결정사항이 만족스럽게 완료될 때까지, 제품 및 서비스는 고객에게 불출되지 않아야 한다. 다만, 관련 권한을 가진 자가 승인하고, 고객이 승인한 때(해당되는 경우)에는 불출할 수 있다.

조직은 제품 및 서비스의 불출에 관련된 문서화된 정보를 보유하여야 한다. 문서화된 정보에는 다음 사항이 포함되어야 한다.

a) 합격 판정기준에 적합하다는 증거
b) 불출을 승인한 인원에 대한 추적성

[출처: KS Q ISO 9001]

---

1) 요점사항

• 제품 및 서비스 요구사항 검증
• 제품 및 서비스 불출권자의 승인

2) 해설

(1) 제품 및 서비스 요구사항 검증

이 표준에서는 제품 및 서비스의 요구사항을 충족시키고 있는지 아닌지를 검사 등에서 확인하고, 요구사항을 충족시키는 것만을 불출할 것을 요구하고 있다. 다만, 불출의 권한을 가진 사람과 고객이 승인한 경우에는 불출이 가능하다. 이러한 활동 중에 누가 고객에 불출을 하였는지를 기록관리를 하여야 한다. 다만, 사내규격을 충족하고 있지는 않지만, 고객요구사항을 충족시키고 있는 경우에는, 특별채용을 하는 경우가 있고, 그 때에는 릴리즈를 허가한 사람을 특정해 둘 필요가 있다.

검사라는 행위는 기업의 경영자 입장에서 보면 불필요하고 극단적으로 말하면 손해라고 하는 경향이 있다. 이런 생각이 정상적이라고 볼 수도 있다. 반면, 조직은 고객이 있어야만 존재가 가능하고 기업의 영속성이 보장되는 것이기 때문에 결국 고객의 입장에서 최악의 수단인 검사행위를 하여야 하는 정당성을 일부 제공하고 있기는 하다. 따라서 검사행위는 '비경제적이라는 것'은 분명하기 때문에 최적화 내지는 최소화하여야 한다.

그러기 위해서는 각 공정에서 제품별, 서비스별 품질특성을 파악하여 선정하는 것이 중요하다. 이것은 신체의 급소를 찾는 것과 마찬가지이다. 이러한 품질특성을 중심으로 하는 중점관리 공정과 항목을 집중적으로 관리하기 위한 기초행위가 바로 검사행위인 것이다.

① 검사 및 시험의 용어 정의
- 시험(test): 샘플 또는 시험편에 대하여 그 특성을 조사하는 것.
- 검사(inspection): 물품을 어떤 방법으로 측정한 결과를 판정 기준과 비교하여 개개 단위체에 대해서는 양호, 불량 혹은 로트에 대해서는 합격, 불합격 등으로 판정을 내리는 것.

② 측정 요구사항의 수립
조직은 제품과 서비스의 합·부 판정기준을 포함한 측정요구사항을 수립하여

규정하여야 한다. 제품과 서비스의 측정은 규정된 요구사항에 대한 일치성을 확인하기 위해 계획되어야 한다.

제품과 서비스의 측정과 관련되어 프로세스를 실현하기 위해서는 다음을 포함하여야 한다.

- 모니터링 및 측정 운영절차
- 제품 관련 검사 및 시험 계획
- 공급자 제품의 적합성 검증방법
- 공정 내에서의 각 검사나 시험 포인트(위치, 항목)
- 각 포인트에서 검사 및 시험되는 특성, 사용되는 절차서 및 수용기준, 필요한 특수 공구, 기법 또는 인원 자격부여
- 고객이 선택한 제품 의 특성에 대해 입증 또는 검증 포인트를 설정한 위치
- 검사나 시험이 규제당국에 의해 입증 또는 수행하도록 요구한 위치
- 어디에서, 언제, 어떻게 조직이 다음을 실행하기 위해 인정된 제3자 기관을 이용하려 하거나 또는 고객이나 규제 당국에 의해 요구되는지를 다음의 방법에 따라 제시하여야 한다.
  - 형식시험
  - 공정 검사 또는 시험
  - 제품 및 서비스 검증
  - 제품 및 서비스 타당성 확인
  - 재료, 제품 및 서비스, 공정, 품질경영시스템 또는 인원의 인증
  - 모든 규정된 검사 및 시험이 완료되고 합격되었는지 확인하기 위한 최종검사
  - 제품 및 서비스의 측정 프로세스의 출력

③ 요구사항의 적합성 검증
제품 및 서비스의 측정은 요구사항의 적합성을 검증하도록 실행되어야 한다.
인도 이전에 조직은 다음 사항을 확인하여야 한다.

- 제품 및 서비스가 고객 요구사항과 일치하는지
- 제품 및 서비스 인도 절차가 제정은 되어 있는지
- 서비스 책임을 충족시키기 위해 자원은 유용한지
- 해당 실무 코드, 규격, 도면 및 사양이 충족되는지
- 제품 및 서비스의 사용과 관련된 정보가 고객이 이용 가능한지 등이다.

수입검사의 경우를 예를 들면, 검사를 실행할 경우 조직에서 직접 검사 방법과 공급자가 납품이전에 자체 시험 및 검사결과를 제출하는 방법이 있고, 시험장비가 없는 경우 혹은 주요한 검증항목인 경우 그리고 고객이 요구하는 경우에 공인 시험기관에 의뢰하여 적합성을 검증할 수 있다. 이외에도 적합성 검증결과를 평가하여 일정 수준이상의 품질을 유지하고 있는 경우 무검사 형식을 취할 수 있을 것이다.

④ 측정 및 감시 결과 및 개선
조직은 제품 및 서비스 측정에 사용된 방법을 검토하여, 적절한 개선을 하여야 한다.
제품 및 서비스의 측정 결과의 대표적인 예는 다음과 같다.
- 검사 및 시험 보고서
- 재료 불출 통보서
- 요구되는 인증서

⑤ 검사의 목적
- 다음 고객이나 공정에 불량품이 넘어가는 것을 방지하는 것
- 공정의 변화와 공정과 규격한계의 변화를 판단하기 위하여
- 품질정보를 제공하는 것
- 제품의 결점정도를 평가하고 측정기기의 정밀도를 측정하기 위하여
- 검사원의 정확도와 제품설계에 필요한 정보를 얻기 위하여
- 공정능력을 측정하기 위해

• 고객에게 품질보증을 주기 위하여 등이 있다.

⑥ 검사행위의 조건

품질특성을 중심으로 하는 중점관리 공정과 항목을 집중적으로 관리하기 위한 기초행위를 제공하는 것이 바로 검사행위인 것이다.

"검사행위를 한다"라고 하면 최소한 다음 검사행위의 조건을 갖추어야 한다.

• 검사기준서(검사규격서)
• 검사자(자격)
• 검사기록(검사보고서, 시험성적서 등)

⑦ 검사와 확인의 차이점

검사자는 일정 교육과 경력에 의해 조직에 의해 자격을 인정받은 자로서, 해당 검사기준서를 가지고 검사행위를 하고 그 결과를 기록하고 판정하는 행위를 수행하는 자이다. 여기서 검사자는 품질 주관부서 소속인 인원은 물론, 해당 작업자도 필요한 공정에서 자주검사형태로 검사행위를 해야 할 경우 일정한 경력과 교육을 받으면 검사자의 역할을 수행할 수 있다.

흔히들 말하는 자주검사도 검사행위를 하는 것이므로 검사조건을 반드시 갖추어야 한다. 만약, 이 조건을 갖추지 못하면 자주검사가 아니라 '자주확인'이라는 용어를 사용하여야 한다.

이것과 연장선상에서 가끔 실무 현장에서 발생되는 검사와 확인과의 차이점을 구분하지 못하는 경우가 있다. 예를 들면, A업체 경우 QC 공정도를 보니까 pcb 용접공정의 단계에서 검사공정이 설정되었기에 이 검사공정에 가서 업무수행자에게 몇 가지 질문을 하였다.

¶ 당신은 검사자로 자격이 등록되어 있습니까?　　　　　"아니요"
¶ 당신은 검사기준서에 의거 검사를 합니까?　　　　　　"아니요"
¶ 당신은 오늘 수행한 업무에 대해 기록을 합니까?　　　　"아니요"

¶ 그러면 당신은 무엇을 하고 있습니까?

"나는 그저 pcb판에 부품의 오삽, 미삽 등을 구별하여 빼라는 지시를 받고 일을 하고 있습니다"라는 것입니다.

분명히, QC 공정도에는 검사공정이라고 하면서 검사 행위의 조건을 갖추고 있지 않으면 안된다. 만약 검사행위의 조건을 갖추고 있지 못하면 검사가 아닌 '확인'으로 보아야 한다. 바로 확인은 작업동작의 연속이다. 상기 실례에서 본 것처럼 업무수행자가 검사기준서, 검사원자격, 검사기록 등이 없이 업무를 한다면 이는 검사행위가 아닌 작업의 연속인 확인으로 간주해야 한다. 고로 확인은 검사가 아니므로 이런 상태로 계속 업무를 수행한다면 QC 공정도상에 있는 pcb 용접공정의 검사공정을 삭제를 하든지 아니면 검사행위의 조건을 갖추어서 실행하여야 한다.

⑧ 검사의 종류
- 검사가 행해지는 목적에 의한 분류
  - 수입검사(인수검사): 외부나 공급자로부터 조달한 물품을 상태의 적부를 판정하는 검사로 KS규격에서는 인수검사라고 한다.
  - 중간검사(공정간 검사): 공정 내 반제품을 어떤 부품으로부터 다음 공정으로 이동시켜도 좋은가를 판정
  - 제품검사(최종검사, 완성검사): 조직이 품질보증을 위한 최종기회이다.

    * 출하검사: 제품을 출하할 때 출하품질을 보증하기 위해 실시하는 검사로 이것은 간단한 재체크이므로 제품검사와는 다르다.

- 검사가 행해지는 장소에 의한 분류
  - 정위치 검사: 검사장소를 일정한 위치에 정하고 거기에 물품을 모아서 검사
  - 순회검사: 검사원이 현장을 순회하면서 만들어진 제품을 검사
  - 출장검사(입회검사): 조직의 검사원이 공급자 현장에 가서 수입검사를 하는 방법

- 검사의 성질에 의한 분류
  - 파괴검사: 물품을 파괴하거나 상품가치가 떨어지게 되는 시험을 통해 그 목적을 달성하는 검사. 예를 들면 전구수명시험, 탄약폭발시험 등
  - 비파괴검사: 물품을 시험하여도 상품가치가 떨어지지 않고 검사 목적을 달성하는 검사. 예를 들면 전구의 점등시험, 도금판의 외관검사 등

- 검사의 방법에 의한 분류
  - 전수검사(100% 검사): 개개의 제품에 대해 전부 검사하는 것으로, 특히 중요한 물품의 경우 적용(치명적 안전, 품질, 환경 등)
  - 로트별 샘플링검사: 로트별로 시료를 조사하여 합격, 불합격으로 판정
  - 관리 샘플링검사: 제조공정의 관리, 공정검사의 조정, 또는 검사를 체크할 목적으로 실시하는 검사. 이는 공정의 상태 및 품질 특성을 잘 알고 있는 검사공정에서 적용할 수 있다. 대개는 중간검사나 일부 수입검사에서 적용을 하고 있다. 실무에서는 이 검사를 체크검사(check inspection)라고 한다.
  - 무검사: 제출된 물품에 대해서는 검사를 하지 않고 제품성적서만 확인하여 판정하는 검사.
  - 자주검사: 공정간 검사행위는 원칙적으로는 품질 주관부서에서 직접 실행하여야 함이 원칙이나 조직 내의 여건, 특히 품질비용 등을 고려하여야 할 경우 작업자가 검사를 할 수가 있다. 이런 경우 작업자는 검사행위의 조건을 갖추고 검사를 실시하여야 한다.

⑨ 검사기록(검사보고서)의 내용
  - 검사일시, 품목(모델, 규격), 로트번호, 검사자
  - 관련 지침서(규격) 문서번호
  - 검사항목, 검사기준, 검사방식, 검사결과
  - 양호, 불량 및 합격, 불합격 판정; 총판정

- 검사 및 시험실 환경조건

(2) 제품 및 서비스 불출권자의 승인

기록물인 검사보고서나 성적서에는 고객에게 인도하기 위한 제품 및 서비스의 불출을 승인하는 자의 승인이 있어야 한다. 제품 및 서비스 불출권자가 승인하거나 고객이 승인한 경우를 제외하고는 고객에게 제품 및 서비스를 불출하는 것과 서비스를 인도하는 것은 계획 검증활동이 만족스럽게 완료되기 전에 진행되어서는 안 된다.

3) 점검사항

① 조직은 제품 및 서비스 요구사항이 충족되었는지 검증하기 위하여, 적절한 단계에서 계획된 결정사항을 실행하는가?
② 계획된 결정사항이 만족스럽게 완료될 때까지, 제품 및 서비스는 고객에게 불출되지 않는가? [다만, 관련 권한을 가진 자가 승인하고, 고객이 승인한 때(해당되는 경우)에는 불출할 수 있다.]
③ 조직은 제품 및 서비스의 불출에 관련된 문서화된 정보를 보유하는가?
④ 문서화된 정보에는 다음 사항이 포함되는가?
- 합격 판정기준에 적합하다는 증거
- 불출을 승인한 인원에 대한 추적성

8.7 부적합 출력/산출물(output)의 관리

8.7.1 조직은 의도하지 않은 사용 또는 인도를 방지하기 위하여, 제품 요구사항에 적합하지 않은 출력이 식별되고 관리됨을 보장하여야 한다.

조직은 부적합 성질(nature)에, 그리고 제품 및 서비스의 적합성에 대하여 부적합이 미치는 영향에 따라 적절한 조치를 취하여야 한다.

이것은 제품의 인도 후, 그리고 서비스의 제공 중 또는 제공 후에 발견된 제품 및 서비스의 부적합에도 적용된다.

조직은 부적합 출력을 다음의 하나 또는 그 이상의 방법으로 처리하여야 한다.

a) 시정

b) 제품 및 서비스 제공의 격리, 봉쇄/억제, 반품 또는 정지

c) 고객에게 통지

d) 특채에 의해 인수를 위한 승인의 획득

부적합 출력이 조치되는 경우, 요구사항에 대한 적합성이 검증되어야 한다.

8.7.2 조직은 다음의 문서화된 정보를 보유하여야 한다.

a) 부적합에 대한 기술

b) 취해진 조치에 대한 기술

c) 승인된 특채에 대한 기술

d) 부적합에 관한 활동을 결정하는 책임의 식별

—— [출처: KS Q ISO 9001] ——

1) 요점사항

- 부적합 출력의 관리 절차
- 부적합 출력의 처리 방법
- 부적합 출력의 조치 – 적합성 검증

2) 해설

(1) 용어해설

① 부적합(nonconformity): '요구사항의 불충족'으로 정의하고 여기서 요구사항이란 명시적인 니즈 또는 기대, 일반적으로 묵시적이거나 의무적인 요구 또는 기대를 말한다. 구체적으로 보면 기술규격, 법적 규제사항, 절차서 및 고객과의 계약서 상에 명시된 사항 등이다. 또한 품질특성이나 품질시스템 요소에서 한 개 이상 규정된 요구사항을 벗어나는 경우이거나 미실행 사항도 포함된다.

② 부적합 출력: 규정된 요구사항에 맞지 않은 제품 및 서비스를 말한다. 통상, 이를 부적합품, 불합격품이라고 한다.

③ 특채(concession): 규정된 요구사항에 적합하지 않은 제품 또는 서비스를 사용하거나 불출을 허용하는 것

④ 재작업(rework): 부적합한 제품 또는 서비스에 대해 요구사항에 적합하도록 하는 조치(합부판정기준에 100% 만족하도록 처음부터 다시 작업을 하는 것). 즉, 기준서의 규격 등에 완전히 만족토록 작업

⑤ 수리(repair): 부적합 제품 또는 서비스에 의도된 용도에 쓰일 수 있도록 하는 조치

⑥ 재등급(regrade): 최초의 요구사항과 다른 요구사항에 적합하도록 부적합 제품 또는 서비스의 등급을 변경하는 것

⑦ 폐기(scrap): 부적합 제품 또는 서비스에 대하여 원래의 의도한 용도로 사용하지 않도록 취하는 조치

⑧ 시정(correction): 발견한 부적합을 제거하기 위한 행위

(2) 부적합 출력의 관리 절차

조직 내에서 공정활동을 감시하고 공정의 결과를 확인하는 모든 인원은 신속한 시정 조치가 시행되도록 공정 각 단계의 부적합사항을 보고하는 권한을 가져야 한다.

① 부적합 출력의 관리 절차

부적합 출력의 관리 절차는 다음 사항을 고려한다.

- 부적합 출력의 식별
- 부적합 출력의 문서화
- 부적합 출력의 처리(승인권자)
- 재검증
- 부적합 출력의 격리
- 부적합 출력의 평가(검토)
- 시정 및 예방조치

② 부적합 출력의 식별

부적합 출력이 발견된 품목이나 로트는 즉시 식별되어야 한다.

부적합 출력은 다음과 같은 방법으로 식별한다.

- 부적합 출력 발생 장소, 제품 및 서비스, 부적합 내용 등의 부적합 출력 보고서
- 부적합출력 tag, 스티커
- 부적합출력 관리대장
- 포장단위, 용기의 식별법

③ 부적합 출력의 검토

- 부적합 출력의 검토는 초기발생의 경향인지 또는 반복인지 결정하기 위해 지정된 인원에 의해 시행되어야 한다.
- 검토를 수행하는 인원은 부적합품의 영향을 평가할 수 있는 능력이 있어야 하며, 시정조치를 행하는 권한과 자원을 가져야 한다.
- 근본원인분석(RCA: Rroot Cause Analysis) 결과는 효과적인 시정조치를 정하기 위하여 시험에 의해 검증되어야 한다.

④ 부적합 출력의 처리

부적합 출력의 처리는 검토결과에 따라 다음과 같이 될 것이다.

㉠ 재작업

재작업 함으로써 규정된 요건 또는 합부판정 기준을 만족시킬 수 있을 것으로 판단 될 경우 재작업을 실시

㉡ 특채
- 현 상태에서 특채
  - 부적합 상태가 경미하여 사용하여도 최종 제품의 성능에 부정적인 영향을 미치지 않는다고 판단될 경우 현 상태에서 특채한다.
  - 계약서에 명시된 경우 사전에 고객의 승인을 받아야 한다.
- 수리 후 특채
  - 부적합을 수리하여도 규정된 요건을 완전히 만족시킬 수는 없으나 수리품이 기업이 의도하고 있는 사용상 목적에는 지장이 없다고 판단되는 경우 수리한 후 특채한다.
  - 계약서에 명시된 경우 사전에 고객의 승인을 받아야 한다.

㉢ 타용도로 사용하기 위한 등급 조정

등급을 낮추어서 저등급으로 조정하여 사용하거나 또는 저가로 판매한다. (건설에서는 적용불가)

㉣ 폐기처분

사용이 전혀 불가능하다고 판단될 경우에는 폐기 처분한다.

㉤ 처리결과 관련 부서/기관에 통보
- 처리

부적합 출력 처리를 위한 검토 결과에 따라 생산계획/공정계획에 미치는 영향을 최소화하기 위하여 신속한 처분이 이루어져야 한다.

- 관련 부서/기관통보

  부적합 출력의 발생, 검토, 처리 등에 관한 사항은 신속하게 관련 부서에 통보되어 관련 부서에서 이에 신속히 대응토록 하여야 한다.

  - 수입검사 → 공급업체
  - 공정검사 → 조직(생산부서 등)

- 부적합 보고서 활용(필요시)

  - 부적합 출력은 검사를 통하여 발견되고 검사 보고서 상에 부적합 내용이 기재된다.
  - 효과적인 부적합 출력 관리를 위해서는 앞의 특채 절차에서 소개한 부적합보고서를 다소 변형시켜 시정 조치 사항까지를 포함한 종합적인 부적합 보고서(NCR: nonconformance report)를 활용할 수 있다.

ⓑ 개선활동 피드백

모든 부적합 사항은 시정조치를 통하여 지속적인 개선활동이 되어야 하며 그 분석 결과의 정보는 관련 부서에 피드백 하며, 또한 처리결과를 기록되는 것이 필수적이다.

3) 점검사항

① 조직은 의도하지 않은 사용 또는 인도를 방지하기 위하여, 제품 요구사항에 적합하지 않은 출력이 식별되고 관리됨을 보장하는가?

② 조직은 부적합 성질(nature)에, 그리고 제품 및 서비스의 적합성에 대하여 부적합이 미치는 영향에 따라 적절한 조치를 취하는가?

③ 조직은 부적합 출력을 다음의 하나 또는 그 이상의 방법으로 처리하는가?

- 시정
- 제품 및 서비스 제공의 격리, 봉쇄/억제, 반품 또는 정지
- 고객에게 통지
- 특채에 의해 인수를 위한 승인의 획득, 부적합 출력의 처리에 대한 기록이

유지되고 있는가?

④ 부적합 출력이 조치되는 경우, 요구사항에 대한 적합성이 검증되는가?

⑤ 조직은 다음의 문서화된 정보를 보유하는가?

- 부적합에 대한 기술
- 취해진 조치에 대한 기술
- 승인된 특채에 대한 기술
- 부적합에 관한 활동을 결정하는 책임의 식별

9. 성과 평가

성과평가는 8항 운용 성과물에 대하여 제품 및 서비스 요구사항의 적합성을 입증하고 고객만족도를 측정하여 향상도 평가하고 품질경영시스템의 성과 및 효과성을 확보하고 리스크와 기회를 다루기 위한 취해진 조치의 효과성 및 외부 공급자의 성과를 분석하고 평가를 실시한다. 이러한 제반 활동을 통하여 품질경영시스템의 개선 필요성을 확인한다. 이를 위해 고객만족, 내부 심사, 경영검토 등의 활동을 이해하고 이를 실행하는 것이다.

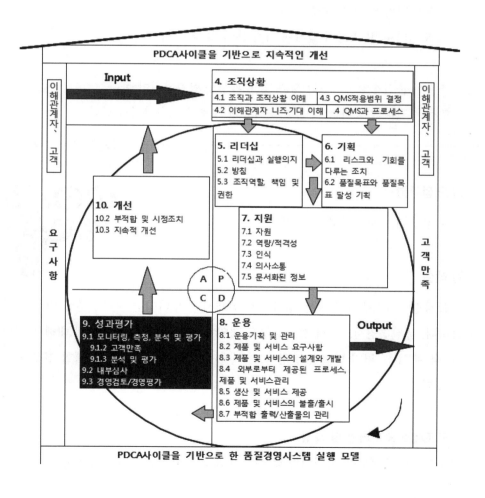

281

9.1 모니터링, 측정, 분석 및 평가

9.1.1 일반사항

조직은 다음 사항을 결정하여야 한다.

a) 모니터링 및 측정의 대상
b) 유효한 결과를 보장하기 위하여, 필요한 모니터링, 측정, 분석 및 평가에 대한 방법
c) 모니터링 및 측정 수행 시기
d) 모니터링 및 측정의 결과에 대한 분석 및 평가 시기

조직은 품질경영시스템의 성과 및 효과성을 평가하여야 한다.
조직은 결과의 증거로, 적절한 문서화된 정보를 보유하여야 한다.

───── [출처: KS Q ISO 9001] ─────

1) 요점사항

• 프로세스 모니터링 및 측정

2) 해설

품질경영시스템의 성과를 평가하기 위해서는 모니터링, 측정, 분석 및 평가가 필요하다. 품질경영시스템의 활동상황을 파악하기 위해 필요한 대상에 대해 모니터링, 측정, 분석 및 평가 방법을 결정하고, 이를 실시하여 그 결과를 기록할 것을 요구하고 있다.

프로세스 모니터링 및 측정

조직에서 수행하는 모니터링 및 측정의 대상은 모든 프로세스에 적용한다.

조직은 프로세스의 효과성과 효율성을 측정하기 위하여 프로세스의 성과를 모니터링하거나 측정하고 평가를 하여야 한다. 이를 위해 프로세스의 성과를 측정할 수 있는 항목을 '관리항목' 혹은 '성과지표'라고 한다.

① 프로세스의 모니터링 및 측정방법의 절차
- 프로세스별 능력을 입증할 수 있는 항목 결정
- 관리목표나 기준을 설정
- 관리방법 설정
- 실행 결과의 기록, 분석
- 부적합 프로세스의 조처

② 프로세스의 측정 관리항목 사례
〈표 2-9〉는 프로세스의 측정 관리항목에 대한 일부 사례를 제시한 것이다. 프로세스 성과의 결과인 관리항목은 제품별, 업종별, 조직의 규모별 프로세스의 전개 및 지향하는 바가 각각 다르기 때문에 조직 자체에서의 관리항목을 설정하여야 할 것이다.

〈표 2-9〉 프로세스의 관리항목(성과지표) 사례

프로세스		관리항목(성과지표)
경영관리	문서관리	• 문서접수, 발송대장 오류(누락) 건수 • 문서(도면) 배포관리 오류(누락) 등
	기록관리	• 문서승인 누락 건수, 문서 파일링 관리 점검점수 등
	방침/기획	• 품질목표 달성률 • Cost절감액 등
인사관리	인사, 교육훈련	• 결근율, 자격증 보유율(기술인력 보유율) • 교육이수율, (사내 · 사외)인당 교육시간, 교재개발 건수 • (사내 · 사외)인당 교육비용, 매출액대비 교육비율 등
영업관리	고객관리	• 고객만족 점수, 고객불만 건수, 고객클레임 건수, 반품 건수, 불만해결률 • 매출액, 클레임금액, 장기미수금, 영업이익률, A/S금액(비율) 등
기술개발	설계/개발	• 특허건수, 신제품개발건수, 제품품평회 건수, 부품개발건수 • 개발리드타임, 개발일정준수율, 설계변경건수 등

구매관리	자재/구매	• 결품건수, 납가지연율, 입고불량율, 특채건수, 공급자평가율(건수) • 재고회전율, 장기재고품율, 평균재고일수, 자재보관기간초과건수 등
생산관리	생산/설비	• 인당생산금액, 인당생산대수, 생산지수, 공정능력지수, 수율, LOB • 서비스건수, 평·설비가동율, 설비고장건수, MTBF, MTTR • 사무실 5S평가점수, 현장 5S평가점수, 서비스소요시간, 평균대기시간, 서비스불만건수 등
품질경영	측정장비 관리	• 측정 및 모니터링장비 수리건수, 측정 및 모니터링장비 수리금액 • 교정검사 실행율 등
	고객만족	• 고객만족도 점수, 고객불만처리건수, 클레임건수, 클레임금액 등
	내부 심사	• 부적합 지적사항 건수, 부적합 지적사항 해결률 등
	제품검사	• 수입검사불량율, 중간검사불량율, 제품검사불량율, 직행율 등
	개선활동	• 인당제안건수, 제안참여율, 분임조별해결건수, 시정조치요구건수 • 제안 년간효과금액, 분임조 년간효과금액 등

3) 점검사항

① 조직은 다음 사항을 결정하는가?

- 모니터링 및 측정의 대상
- 유효한 결과를 보장하기 위하여, 필요한 모니터링, 측정, 분석 및 평가에 대한 방법
- 모니터링 및 측정 수행 시기
- 모니터링 및 측정의 결과에 대한 분석 및 평가 시기

② 조직은 품질경영시스템의 성과 및 효과성을 평가하는가?

③ 조직은 결과의 증거로, 적절한 문서화된 정보를 보유하는가?

9.1.2 고객만족

조직은 고객의 니즈 및 기대가 어느 정도 충족되었는지에 대한 고객의 인식을 모니터링 하여야 한다.

조직은 이 정보를 수집, 모니터링 및 검토하기 위한 방법을 결정하여야 한다.

> **비고** 고객인식에 대한 모니터링의 사례에는 고객 설문조사, 인도된 제품 또는 서비스에 대한 고객피드백, 고객과의 미팅, 시장점유율 분석, 고객의 칭찬, 보증 클레임, 그리고 판매업자 보고서가 포함될 수 있다.
>
> ──── [출처: KS Q ISO 9001] ────

1) 요점사항

- 고객인식과 관련 정보
- 고객의 소리 수집방법
- 고객만족도 조사

2) 해설

고객의 요구사항을 충족시키지 못하면 조직의 지속적인 발전은 불가능하다. 이에 조직의 품질경영시스템 관리 상황과 고객에게 제공하는 제품 및 서비스가 고객의 요구를 충족시키고 있는지의 여부를 평가하여, 고객만족도의 지속적인 향상을 요구하고 있다.

(1) 고객인식과 관련 정보

조직은 고객인식 관련정보의 출처를 파악하고, 그런 정보를 수집하고 분석 및 전개하는 프로세스를 수립해야 한다. 조직은 내·외부 출처로부터 문서이나 구두형태의 가능한 고객정보의 출처를 파악해야 한다.

고객의 인식에는 사용의 적합성, 무결점성, 안전성, 설치의 용이성, 조달/공급의 신속성, 신뢰성, 내구성, 보전성 및 A/S 활동성 등이 있다.

고객 관련 정보에 대한 대표적인 예는 다음과 같다.

① 제품 및 서비스에 관한 피드백

② 고객 요구사항, 서비스 데이터 그리고 계약정보

③ 변화하는 시장 요구

④ 경쟁사와 관련된 정보

(2) 고객의 소리 수집방법

고객의 만족 및 불만족에 대한 피드백을 결정하고 감시하기 위한 조직의 시스템은 제품 또는/서비스의 품질, 가격, 인도 측면을 다루어야 하며, 지속적 근거로 제공되어야 한다. 조직은 고객정보의 출처와의 전달체계를 수립하여야 하며, 미래의 필요성을 예측하기 위해 고객과 상호 협력해야 한다.

조직은 '고객의 소리'를 효율적으로 입수하기 위해 적절한 시장활동을 계획 및 실행 하기 위한 절차를 수립해야 한다.

다음은 고객의 소리 입수 방법에 대하여 나열한다.

① 고객 불만

② 고객과의 직접적인 의사소통

③ 질문서

④ 고객 조직의 보고서

⑤ 다양한 채널의 보고서

⑥ 산업 조사연구

(3) 고객만족도 조사

고객만족도 조사는 일반적인 시장조사와는 달리 지수로 표시되고 경쟁회사의 서비스나 제품이 벤치마킹 된다는 점이 다르다. 따라서 고객만족도 조사는 사후관리로서 고객 만족도에서 도출된 조사자료를 활용하여 고객 만족도를 향상시키기 위한 공정분석까지 이루어져야 한다. 고객만족도 조사를 통하여 얻고자 하는 목적 달성을 위해 다음과 같은 원칙을 준수하여야 한다.

① 계속성의 원칙: 정기적으로 실시

② 정량성의 원칙: 계량화, 수량화로 실시

③ 정확성의 원칙: 대상 조사요소에 대한 신뢰성 확보

또한 고객만족도 조사절차는 다음과 같다.

① 고객의 요구분석

② 조사 및 설문지 설계

③ 현장조사

④ 자료처리 및 분석

⑤ 고객만족 전략 수립 및 반영

3) 점검사항

① 조직은 고객의 니즈 및 기대가 어느 정도 충족되었는지에 대한 고객의 인식을 모니터링 하는가?

② 조직은 이 정보를 수집, 모니터링 및 검토하기 위한 방법을 결정하는가?

9.1.3 분석 및 평가

조직은 모니터링 및 측정에서 나온 적절한 데이터와 정보를 분석하고, 평가하여야 한다.

분석의 결과는 다음 사항의 평가를 위하여 사용되어야 한다.

a) 제품 및 서비스의 적합성

b) 고객 만족도

c) 품질경영시스템의 성과 및 효과성

d) 기획의 효과적인 실행 여부

e) 리스크와 기회를 다루기 위하여 취해진 조치의 효과성

f) 외부 공급자의 성과

g) 품질경영시스템의 개선 필요성

비고   데이터 분석 방법에는 통계적인 기법이 포함될 수 있다.

— [출처: KS Q ISO 9001] —

1) 요점사항

- 데이터 분석 프로세스 수립
- 데이터 분석
- 데이터 분석 결과의 활용

2) 해설

본 항에서는 모니터링, 측정과 그 이외의 데이터 및 정보를 근거로, 품질경영시스템의 개선에 활용하기 위해 통계적 수법 등을 활용하여 분석, 평가할 것을 요구하고 있다. 또한, 그 분석한 결과를 a)~g)의 평가에 활용할 것을 요구하고 있다.

(1) 데이터 분석 프로세스 수립

조직은 계획, 목표 및 성과를 평가 할 수 있도록 제품, 고객, 기타 이해관계자, 시스템, 공정과 같이 다양한 측정으로부터 데이터를 파악, 분석하고, 피드백하는 프로세스를 수립하여야 한다.

이를 위해서는

① 수집 대상 데이터의 결정

② 조직 단위별 적용 데이터 관리

③ 수집방법, 적용서식, 수집주기 등 규정

④ 데이터의 분석 기법

⑤ 분석결과의 검토

⑥ 분석결과에 대한 피드백

(2) 데이터 분석

조직은 데이터 분석을 통하여 '의사결정에 대한 사실적 접근방법'을 함으로써 보다 객관적이고 합리적인 의사결정을 하고자 하는 것이다. 이를 위해 통계적인 기법을 활용하는 계획을 수립하여야 한다. 통계적 기법의 종류는 광범위하며 각종 데이터를 분석하고자 하는 의도와 목적에 적합하고 쉬운 통계적 기법을 선택하여야 한다.

데이터 분석은 경영시스템과 운영 프로세스 전반에 걸쳐 적용되어야 한다. 조직의 모든 분야로부터의 정보와 데이터는 전반적인 조직의 성과를 평가하기 위하여 통합되고 분석되어야 한다. 종합적인 성과는 여러 경영 계층별로 적합한 수준에 맞는 형태에 의해 보고되어야 한다.

조직은 다음과 같은 각종 데이터를 분석하여 정보를 제공하여야 한다.

① 제품요구사항의 적합성

불량률, 반품율, Q-COST, 생산량, 사이클 타임, 수율, 원단위, 제품수명, 품질특성 추이, 산포, 평균 등

② 고객만족

고객만족도, 고객불만 건수, 불만처리시간, 매출액, 시장점유율, 평균 제품 인도시간, 납기 준수율 등

③ 품질경영시스템의 성과 및 효과성

* 설계프로세스: 설계수정건수, 개발일정, 부품의 표준화 정도 등

* 구매프로세스: 납기준수율, 부적합품 처리건수, 합격률 등

* 생산 및 서비스 프로세스: 프로세스개선 건수, Cp, 직행률, 제품불량률, 설치소요시간 등

④ 기획의 효과적인 실행여부

기획(6항)에 의거 운용(8항)이 기대한 결과를 창출하는지를 평가한다.

⑤ 리스크와 기회를 다루기 위하여 취해진 조치의 효과성

6.1항에서 취해진 리스크 및 기회에의 대응이 성과를 높이고 있는지를 평가한다.

⑥ 외부 공급자의 성과

공급자의 경영능력, 공급자의 기술수준, 공급자의 재무능력, 공급자의 품질능력 등

⑦ 시스템의 개선 필요성

품질경영시스템에 대한 분석결과는 품질경영시스템 어떤 요소를 개선할 필요가 있는지를 여부를 가능하고 또한 어떤 시점에서 개선할지를 판단 가능해야 한다.

(3) 데이터 분석 결과의 활용

분석결과는 다음 사항을 결정하는 데 활용될 수 있다.

① 조직의 운영성과 경향
② 고객만족 결과
③ 다른 이해관계자의 만족도
④ 조직의 유효성 및 효율성
⑤ 품질과 재무 그리고 시장관련 성과의 경제성
⑥ 벤치마킹

3) 점검사항

① 조직은 모니터링 및 측정에서 나온 적절한 데이터와 정보를 분석하고, 평가하는가?

② 분석의 결과는 다음 사항의 평가를 위하여 사용되는가?
- 제품 및 서비스의 적합성
- 고객만족 및 불만족
- 품질경영시스템의 성과 및 효과성
- 기획의 효과적인 실행 여부
- 리스크와 기회를 다루기 위하여 취해진 조치의 효과성
- 외부 공급자의 성과
- 품질경영시스템의 개선 필요성

9.2 내부 심사

9.2.1 조직은 품질경영시스템이 다음 사항에 대한 정보를 제공하기 위하여, 계획된 주기로 내부 심사를 수행하여야 한다.

a) 다음 사항에 대한 적합성 여부
- 품질경영시스템에 대한 조직 자체 요구사항
- 이 표준의 요구사항
b) 품질경영시스템이 효과적으로 실행되고 유지되는지 여부

9.2.2 조직은 다음 사항을 실행하여야 한다.

a) 주기, 방법, 책임, 요구사항의 기획 및 보고를 포함하는, 심사 프로그램의 계획, 수립, 실행 및 유지, 그리고 심사 프로그램에는 관련 프로세스의 중요성, 조직에 영향을 미치는 변경, 그리고 이전 심사의 결과가 고려되어야 한다.
b) 심사기준 및 개별 심사의 적용범위에 대한 규정

c) 심사 프로세스의 객관성 및 공평성을 보장하기 위한 심사원 선정 및 심사 수행

d) 심사결과가 관련 경영자에게 보고됨을 보장

e) 과도한 지연 없이 적절한 시정 및 시정조치 실행

f) 심사 프로그램의 실행 및 심사결과의 증거로 문서화된 정보의 보유

비고   가이던스로서 KS Q ISO 19011 참조

— [출처: KS Q ISO 9001] —

1) 요점사항

- 심사형태 및 내용
- 내부 심사의 목적
- 심사 프로그램 계획
- 내부 심사원
- 심사 체크리스트
- 수시심사

2) 해설

본 항에서는 품질경영시스템의 활동상황을 평가하기 위해, a) 및 b)에 관한 내부 심사를 실시할 것을 요구하고 있다.

(1) 심사의 분류 및 내용

① 품질심사의 목적별 분류

- 품질경영시스템심사
- 제품품질심사
- 공정품질심사
- 서비스품질심사

② 심사의 형태

심사형태	심사주관	심사목적	비고
제1자 심사 (내부 심사)	조직	조직 스스로가 정해진 규정에 의거 상호 점검하여 문제점을 파악하여, 개선하며, 사전 고객이나 인증심사에 대비하기 위해 점검하는 목적도 포함됨	조직 스스로의 문제점을 도출, 개선할 수 있는 기회이며 이런 기업문화가 쉽게 적응할 수 있도록 조직 전원의 노력이 절대적 필요
제2자 심사 (실사)	고객	고객(모기업 포함)이 조직에 대해 심사를 실행하는 것으로 품질요구사항을 이행할 수 있는 능력을 평가하여 품질보증을 확보하고, 동시에 객관적인 공급자선정을 하여 시스템의 향상을 유도	고객 및 모기업체의 심사는 현실적인 문제에서 납품량과 관계가 있기 때문에 노력이 필요하고 고객의 요구사항에 적극적인 대처와 수용자세가 필요
제3자 심사 (인증심사)	인증기관	이해관계자와 관계없는 또는 다수의 고객을 대신하여 공인된 인증기관에서 전문적으로 조직의 품질시스템을 심사하여 조직의 품질보증을 보장	1차, 2차 심사에서 완벽하게 시스템이 유지되면 3자 인증심사는 큰 문제가 없을 것이다. 조직에서는 평소에 업무와 같이 실행하는 조직원의 체질화가 요구됨

(2) 내부 심사의 목적

① 국제규격의 요구사항의 적합성과 효과적으로 실행되고 유지되는지 여부

② 조직의 품질경영시스템을 지속적으로 개선하기 위하여

③ 제2자 및 제3자의 심사 실시 전에 부적합사항을 사전 점검하기 위하여

④ 심사 프로세스의 객관성 및 공평성을 보장하기 위하여 스스로 점검

(3) 주기적인 내부 심사

① 조직은 조직 내의 모든 활동과 공정을 공정하게 평가하기 위한 내부 심사 프로그램 및 절차를 수립하여야 한다.

② 각각의 내부 심사에 대한 심사계획은 심사 기간에 수집되는 정보를 토대로 변화가 가능토록 그리고 자원의 효율적인 운영을 위해 유연성 있게 수립되어야 한다.

③ 내부 심사 공정의 효과성과 효율성은 주기적으로 평가되고 개선되어야 한다. 내부 심사 보고서는 품질경영시스템, 공정과 제품 및 서비스의 강점과 취약점, 명확한 조직성과를 기록해야 한다.

내부 심사원은 구두 혹은 문서화로 개선을 위한 제안을 하여야 한다.

(4) 심사 프로그램 계획

① 심사계획

- 년도 심사계획수립
  - 실시 초기단계(2-3년 미만): 분기마다
  - 실시 정착단계(3년 이상): 년 1-2회 정도
- 실행계획 수립
  - 심사대상 조직(전부서, 특정 부서)
  - 심사 일정계획
  - 심사방식 및 범위 결정
  - 심사원 선정 및 구성
  - 심사체크리스트 준비
  - 기타 심사정보 파악
- 피심사부서 심사관련 내용 통보

② 심사실시

- 심사관련 문서 준비 심사: 계획에 따라 심사실시
- 시작회의
- 심사수행: 전회심사결과 시정조치 사항에 대한 효과성 점검(필요시)
- 심사팀 회의
- 종료회의
- 심사결과 보고: 심사보고서 작성

③ 시정 및 후속조치

- 시정조치 요구: 지적된 사항을 해당 부서/종업원에게 통보
- 시정조치 대책수립 및 실시

- 시정조치 완료 통보
- 시정조치 확인 및 실현성 확인

(5) 내부 심사원

① 심사원 및 선임심사원은 사외교육이나 사내교육을 통해 일정한 교육을 이수하고 다음과 같은 자격조건을 규정화하여야 한다.
- 품질 관련 및 시스템 교육과 경험
- 교육, 훈련 및 시험
- 내부 심사의 경험
- 전문적인 지식, 기술
- 자격 등록 및 유지

② 선임 심사원의 역할
- 심사팀의 통솔 및 임무부여
- 세부 심사일정의 이행
- 심사계획 수립
- 심사의 애로사항 조정 및 해결

③ 심사원의 역할
- 심사 체크리스트 작성
- 심사 결과 정리 등
- 심사 실시

(6) 심사체크리스트

① 일반(공통) 체크리스트

관련 ISO 9001규격의 전 항목을 기초로 미리 작성되었고, 관련 절차서 내용에 포함시킨다.

② 특별(업무특성에 따른) 체크리스트

피심사부서에 업무특성을 고려하여 지명된 심사원이 심사 실시 전에 작성

(7) 수시 심사

① 고객이 우리 조직의 특정업무분야의 심사를 요청할 경우

② 고객과 새로운 계약관계 수립의 전제조건으로 고객이 품질경영시스템의 현황 보고서 제출을 요구할 경우

③ 주요 공정의 변경, 새로운 설비도입

④ 직제의 변경으로 업무분장, 책임과 권한의 조정

⑤ 제품의 안전성, 성능이 위험한 수준에 이르렀다고 판단되는 경우

3) 점검사항

① 내부 심사에 관한 프로세스는 있는가?

② 프로세스에는 다음에 관한 사항을 규정하고 있는가?

- 누가 심사를 수행하는가?(자격, 객관성 확보)
- 심사 대상
- 심사방법
- 심사 시기
- 심사결과 보고서 작성
- 시정조치 시행방법
- 정기심사와 수시 심사

③ 프로세스는 심사 일정을 명시하고 있는가?

④ 심사일정은 관련 절차서에 따라 최소한 연1회 이상 심사되도록 되어 있는가?

⑤ 심사는 심사일정에 따라 수행되고 있는가?

⑥ 심사는 심사대상 객관성과 공평성을 위해 심사원에 의하여 수행되고 있는가?

⑦ 심사업무를 수행하는 종업원은 필요한 교육 훈련을 받았는가?

⑧ 필요시 수시심사가 실시되고 있는가?

⑨ 심사결과는 심사대상 부서/종업원에게 통보되고 있는가?

⑩ 지적된 사항에 대해서는 적절한 시기에 시정조치가 취해지고 있는가?

⑪ 심사결과보고서는 다음사항을 포함하고 있는가?

- 부적합사항의 예(例, sample)
- 적정한 시정조치의 제시(필요시)
- 전 심사에서 지적되어 시정 조치된 사항의 효과성

⑫ 심사 프로그램의 실행 및 심사결과의 증거로 문서화된 정보를 보유하는가?

9.3 경영검토/경영평가(management review)

9.3.1 일반사항

최고경영자는 조직의 전략적 방향에 대한 품질경영시스템의 지속적인 적절성, 충족성, 효과성 및 정렬성을 보장하기 위하여 계획된 주기로 조직의 품질경영시스템을 검토하여야 한다.

9.3.2 경영검토 입력사항

경영검토는 다음 사항을 고려하여 계획되고 수행되어야 한다.

a) 이전 경영검토에 따른 조치의 상태
b) 품질경영시스템과 관련된 외부 및 내부 이슈의 변경
c) 다음의 경향을 포함한 품질경영시스템의 성과 및 효과성에 대한 정보
   - 고객만족 및 관련 이해관계자로부터의 피드백
   - 품질목표의 달성 정도
   - 프로세스 성과, 그리고 제품 및 서비스의 적합성
   - 부적합 및 시정조치
   - 모니터링 및 측정 결과

- 심사결과
- 외부 공급자의 성과

d) 자원의 충족성

e) 리스크와 기회를 다루기 위하여 취해진 조치의 효과성(6.1 참조)

f) 개선 기회

9.3.3 경영검토 출력사항

경영검토의 출력사항에는 다음 사항과 관련된 결정과 조치가 포함되어야 한다.

a) 개선 기회

b) 품질경영시스템 변경에 대한 모든 필요성

c) 자원의 필요성

조직은 경영검토 결과의 증거로, 문서화된 정보를 보유하여야 한다.

[출처: KS Q ISO 9001]

1) 요점사항

- 경영검토의 목적
- 경영검토의 일반사항
- 경영검토 입력
- 경영검토 수행
- 경영검토 출력

2) 해설

본 항에서는 최고경영자가 a)~f)에 관한 품질경영시스템 운영 결과와 이에 영향이 있는 정보를 근거로, 경영검토를 하는 절차, 인원, 시기 등을 결정하여, 그대로 실시할 것을 요구하고 있다.

(1) 경영검토의 목적

품질경영시스템은 지속적인 적절성, 충족성 및 효과성을 보장하기 위해 정기적으로 검토되어야 한다. 이러한 검토는 조직의 품질방침과 목표가 충족되는지를 언급해야 한다.

(2) 경영검토의 일반사항

경영검토에는 프로세스 개념을 도입하여 입력사항과 출력사항을 명확하게 제시하여야 하며, 최고경영자는 계획된 주기에 따라 품질경영시스템을 검토하여야 하며, 조직에 따라 경영검토의 방법은 다양하게 이루어질 수 있다.

그 경영검토의 내용은 품질방침 및 품질목표를 포함, 현재의 활동을 분석하여 개선의 기회로 삼아야 하며 품질경영시스템의 변경이 필요한지에 대한 평가를 포함하여야 한다. 또한 경영검토 자체 프로세스도 효과성을 위해 평가되고 필요시 개선되어야 한다.

이러한 검토결과는 기록하여 유지하여야 한다.

(3) 경영검토 입력

경영검토의 입력사항은 다음 사항을 포함할 수 있다.

- 고객만족 및 관련 이해관계자로부터의 피드백
- 품질목표 및 개선활동의 현황 및 결과 등을 포함하는 품질동향분석
- 프로세스 성과 그리고 제품 및 서비스의 적합성
- 부적합 및 시정조치
- 프로세스 및 제품 모니터링 및 측정 결과
- 내부, 고객 및 3자 심사를 포함하여 품질심사 보고 결과
- 외부 공급자의 성과

- 고객피드백(고객만족 동향분석 및 평가)
- 다른 이해관계자의 요구 및 만족도 측정 결과 피드백
- 품질경영시스템과 관련된 내부 및 외부 이슈 변경(마케팅전략과 성과를 포함한 시장 점유율 분석 등)
- 기술, 연구 및 개발과 경쟁자 성과와 같은 시장 관련 요소
- 이전 경영자 검토로부터의 사후조치
- 인적, 물적 자원의 충족성 여부
- 리스크와 기회를 다루기 위하여 취해진 조치의 효과성
- 개선에 대한 여부를 검토

(4) 경영검토 수행

효과적인 경영검토를 수행하기 위해서는 경영 대리인의 역할이 중요하다. 경영검토 기간 내에 발생된 경영검토 내용을 수집하고 분석하는 과정이 객관성, 신뢰성이 확보되어야 한다. 또한 품질경영시스템의 적합성, 적절성 및 효과성 보장이라는 거시적인 안목에서 시스템적인 접근과 기준을 설정하여 검토가 이루어져야 한다.

통상적으로 조직에서 실시하는 경영검토는 '보고서'에 의한 검토와 '회의'에 의한 검토 방법으로 실시하고 있으나 경영검토(자료)보고서를 작성하여 이를 근거로 최고경영자의 판단에 따라 회의를 개최할 수도 있겠다. 다음은 경영검토 회의 개최 방법에 관하여 설명하면 다음과 같다.

① 경영검토 회의
- 경영검토 회의는 간부급들이 참석하는 공식회의이므로 당연히 회의록이 비치하여 기록 관리하여야 한다.
- 경영검토 주기는 인증기관 심사 전 혹은 내부 심사 시기에 할 것인가? 혹은 년 1회로 할 것인가는 조직에서 결정하겠지만 흔히들 내부 심사 회수와 시기에 맞추어 경영검토를 실시하는 한다. 그러나 품질경영시스템(ISO 9000)을 도입한 초창기에는 격월 단위로 내부 심사와 경영검토를 실시하다

가, 6개월 후부터는 분기단위로 1년 이후부터 반기단위로 얼마든지 주기를 절차서의 정한 최소한의 범위 내에서 조절할 수 있다.

② 취급되는 의제/논의사항은 품질관련 사항이면 무엇이든지 아무 제한 없이 검토의 대상이 되는데 다음과 같이 정리 할 수 있다.

- 내부 심사 또는 외부 인증기관에 의한 심사결과
- 품질관련 업무 수행 시에 제기될 수 있는 사항들
  - 불량률 추이
  - 협력업체 관리 사항
  - 소비자 불만
  - 제안제도, 품질기술 분임조 활동사항
- 신기술의 개발, 영업방침의 변경 등에 따른 품질경영 조직의 개편 등 이미 전항에서 언급한 검토내용 등을 포함한다.

③ 경영검토 회의의 절차
다음과 같은 경영검토 회의에 관한 절차가 규정되어야 한다.

- 검토방법
  - 회의 참석 범위, 회의 소집통보
  - 누가 회의록을 작성하여야 하는지
- 검토주기
- 기록(회의록)의 보존 및 배부
- 검토(회의)결과에 따른 시정조치

④ 경영 검토 방법
영향이 있는 모든 경영자/관리자는 이러한 검토에 정기적으로 참여되어야 한

다. 이러한 검토에 참여하기 위해 다른 경영 계층 및 기능으로부터 인원을 참석시키는 것 또한 유용하다.

다음은 경영검토의 일반적인 방법론에 대해 설명한다.

- 해당부서장은 품질경영활동을 시행함에 있어 부서의 활동사항을 인지, 검토한다.
- 최고경영자가 경영 검토 회의를 주재한다.
- ISO 9000의 초기 시행단계에는 격월별, 분기별로, 어느 정도 정착 후에는 연 1-2회 주기로 개최함이 좋다.
- 기존에 운영하고 있는 QC 위원회, TQC 위원회, QM 위원회 등을 명칭에 상관없이 그대로 활용한다.
- 경영검토 의제에는 제한이 없으나 품질관련 문제를 우선순위로 다룬다.
- 경영검토 회의를 개최하였다는 객관적인 증거로서 회의록, 또는 보고서 등을 작성, 관리, 보관한다.
- 경영검토 중 또는 검토 후에 문제점이 발견 시에는 즉시 시정조치 한다.

(5) 경영검토 출력

경영검토 프로세스는 다음 사항들을 점검/수정하여야 한다.

- 품질방침 및 품질목표의 성취 목표
- 개선을 어느 시점에, 어떤 방법으로 할 것인지를 결정
- 품질경영시스템의 변경에 대한 개선 계획
- 조직의 구조 및 자원의 필요성(확보, 조달과 선발)
- 고객만족을 위한 전략 및 착수

경영검토는 최고경영자에게 품질경영시스템에 대한 객관적 자료와 정보를 제공하여 품질경영과 관련되는 고객과 이해관계자들의 요구와 기대에 부응하기 위한

경영활동에서 정확하고, 합리적인 의사결정을 할 수 있도록 검토하고 평가하는 것이다.

따라서 경영검토 결과 결정된 조치사항이나 권고, 지시사항 등은 기록되어야 하고 후속적인 조치결과가 이루어지도록 해야 할 것이다.

3) 점검사항

① 경영검토를 수행하기 위한 프로세스 수립은?

② 경영검토의 주기는 설정되고 실시하는가?

③ 경영검토 자료는 객관적이고 합리적인 자료를 수집하여 신뢰성이 있는가?

④ 경영검토 자료는 검토 항목별 동향분석(통계적 기법)을 나타내고 있는가?

⑤ 경영검토 상에 포함된 항목은 부적합사항에 대해서는 부적합 및 시정조치가 되었으며 그 시정 및 시정조치의 과정이 일목요연하게 알 수가 있는가?

⑥ 부적합 및 시정조치에 의해 해결되지 않는 고질적인 부적합사항은 검토항목으로 포함하여 최고경영자에게 보고하는가?

⑦ 경영검토 기록이 유지되는가?

10. 개선

개선은 9항 성과 평가에 대하여 품질경영시스템의 성과 개선과 제품 및 서비스 요구사항의 개선 기회를 포착하여 고객요구사항을 충족시키기 위한 지속적인 개선 활동을 실행하여야 한다. 이를 위해 부적합 및 시정조치, 지속적인 개선활동을 전개 하는 것이다.

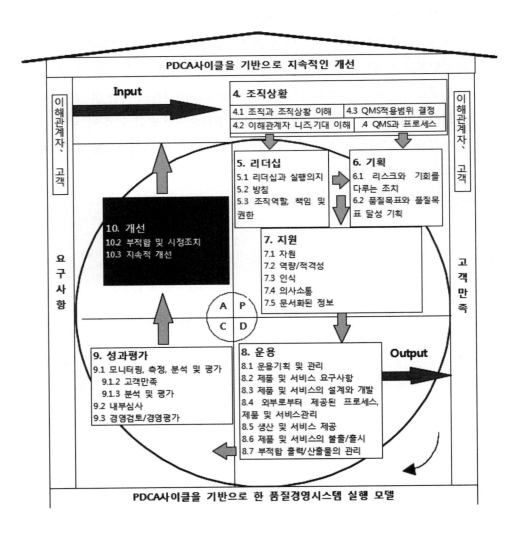

PDCA사이클을 기반으로 지속적인 개선

Input

4. 조직상황
4.1 조직과 조직상황 이해 | 4.3 QMS적용범위 결정
4.2 이해관계자 니즈,기대 이해 | .4 QMS과 프로세스

이해관계자、고객

5. 리더십
5.1 리더십과 실행의지
5.2 방침
5.3 조직역할, 책임 및 권한

6. 기획
6.1 리스크와 기회를 다루는 조치
6.2 품질목표와 품질목표 달성 기획

10. 개선
10.2 부적합 및 시정조치
10.3 지속적 개선

7. 지원
7.1 자원
7.2 역량/적격성
7.3 인식
7.4 의사소통
7.5 문서화된 정보

A P
C D

9. 성과평가
9.1 모니터링, 측정, 분석 및 평가
  9.1.2 고객만족
  9.1.3 분석 및 평가
9.2 내부심사
9.3 경영검토/경영평가

8. 운용
8.1 운용기획 및 관리
8.2 제품 및 서비스 요구사항
8.3 제품 및 서비스의 설계와 개발
8.4 외부로부터 제공된 프로세스, 제품 및 서비스관리
8.5 생산 및 서비스 제공
8.6 제품 및 서비스의 불출/출시
8.7 부적합 출력/산출물의 관리

Output

요구사항

고객만족

PDCA사이클을 기반으로 한 품질경영시스템 실행 모델

10.1 일반사항

조직은 개선 기회를 결정하고 선택하여야 하며, 고객 요구사항을 충족시키고 고객만족을 증진시키기 위하여 필요한 모든 조치를 실행하여야 한다.

조치에는 다음 사항이 포함되어야 한다.

a) 요구사항을 충족시키기 위한 것뿐만 아니라, 미래의 니즈와 기대를 다루기 위한 제품 및 서비스의 개선
b) 시정, 예방 또는 바람직하지 않은 영향의 감소
c) 품질경영시스템의 성과 및 효과성 개선

비고   개선의 사례에는 시정, 시정조치, 지속적 개선, 획기적인 변화, 혁신 및 조직개편이 포함될 수 있다.

— [출처: KS Q ISO 9001] —

1) 요점사항

- 개선 대상 및 조치의 실행

2) 해설

본 항은 개선에 관한 일반적인 방식을 나타내고 있고, 개선을 언제 할지, 개선의 방법(시정, 시정조치, 지속적 개선, 획기적인 변화, 혁신, 조직개편)을 고려하여, 필요한 조치를 취할 것을 요구하고 있다.

(1) 개선 대상 및 조치의 실행

고객요구사항을 충족하고, 고객만족을 향상시키기 위해 개선을 행할 필요가 있다. 개선 대상에는 다음 사항을 포함한다.

① 요구사항을 충족하기 위해 또는 장래의 니즈와 기대에 대처하기 위한 제품 및 서비스의 개선: 제품 및 서비스를 개선하는 고객요구사항의 변경 및 법적 · 규제요구사항의 개정에 수반되어 사전에 제품 및 서비스를 개선하는 것 등이 있다.

② 시정, 예방 또는 바람직하지 않은 영향의 감소: 설계 FMEA, 공정 FMEA, 설비 FMEA 등의 방법을 활용하여, 프로세스 개선으로 유도한다.

③ 품질경영시스템의 성과 및 효과성 개선: 품질목표가 미달인 경우에 품질경영시스템을 개선한다.

3) 점검사항

① 조직은 개선 기회를 결정하고 선택하여 고객요구사항을 충족시킬 수 있는 조치를 실행하는가?

② 조직은 미래의 니즈와 기대를 위해 제품 및 서비스를 개선하는가?

③ 조직은 시정, 예방 또는 바람직하지 않는 영향의 감소를 위한 조치를 취하는가?

④ 조직은 품질경영시스템의 성과 및 효과성 개선을 위한 조치를 취하는가?

10.2 부적합 및 시정조치

10.2.1 불만족에서 야기된 모든 것을 포함하여 부적합이 발생하였을 때, 조직은 다음 사항을 실행하여야 한다.

a) 부적합에 대처하여야 하며 해당되는 경우, 다음 사항이 포함되어야 한다.

1) 부적합을 관리하고 시정하기 위한 조치를 취함

2) 결과를 처리함

b) 부적합이 재발하거나 다른 곳에서 발생하지 않게 하기 위해서, 부적합의 원인을 제거하기 위한 조치의 필요성을 다음 사항에 의하여 평가하여야 한다.

   1) 부적합의 검토와 분석

   2) 부적합 원인의 결정

   3) 유사한 부적합의 존재 여부 또는 잠재적인 발생 여부 결정

c) 필요한 모든 조치의 실행

d) 취해진 모든 시정조치의 효과성 검토

e) 필요한 경우, 기획 시 결정된 리스크와 기회의 갱신

f) 필요한 경우, 품질경영시스템의 변경

시정조치는 직면한 부적합의 영향에 적절하여야 한다.

10.2.2 조직은 다음사항의 증거로, 문서화된 정보를 보유하여야 한다.

a) 부적합의 성질 및 취해진 모든 후속조치

b) 모든 시정조치의 결과

— [출처: KS Q ISO 9001] —

1) 요점사항

- 부적합 및 시정조치의 대상
- 시정조치 절차
- 직무별 시정조치 대상(사례)

2) 해설

본 항은 부적합이 발생한 경우에 a)~f)에 관한 조치를 취할 것을 요구한다.

(1) 용어해설

① 시정(correction): 발견된 부적합을 제거하기 위한 행위(응급조치)

② 부적합(nonconformity): 요구사항의 불충족

② 시정조치(corrective action): 부적합의 원인을 제거하고 재발을 방지하기 위한 조치

(2) 부적합 및 시정조치의 대상

부적합(nonconformity)이란 규정된 요구사항을 충족시키지 않은 것이다. 또한 품질특성이나 품질시스템요소에서 한 개 이상 규정된 요구사항을 벗어나는 경우이거나 미실행 사항도 포함된다. 여기서 규정된 요구사항은 합의된 요구사항을 의미하지만 구체적으로 보면 기술규격, 법적 규제사랑, 절차서 및 고객과의 계약서 상에 명시된 사항도 포함된다.

시정조치(corrective action)란 '발견된 부적합 또는 기타 발견된 바람직하지 않은 상황의 원인을 제거하기 위한 조치'라고 한다. 즉, 현재적(顯在的) 부적합 사항 및 고객의 불만사항의 근본원인을 제거하기 위한 일련의 조치를 취하는 행위를 말한다. 이와는 달리 시정(correction)은 부적합사항에 대한 응급조치의 행위로 원인보다 결과에 치중, 즉 근본 원인을 제거하는 것 보다 표면화된 문제를 중지, 정지, 제거하는 데 우선적인 조치를 취하는 것이다. 따라서 시정과 시정조치는 분명이 다른 의미라는 점을 이해하여야 한다.

조직은 시정조치를 하기 위한 공정을 수립하고 계획하여야 한다. 시정조치 계획은 운영비용, 부적합 비용, 성과, 신뢰성, 안전 및 고객만족과 같은 여러 측면에 대한 잠재적인 영향이 품질에 미칠 수 있는 문제점의 심각성을 평가하여야 한다.

시정조치에 필요한 정보수집은 정보의 출처를 파악하여, 시정조치 계획에 대한 정보수집 프로세스를 수립하여야 한다. 정보 출처의 대표적인 예는 다음과 같다.

① 고객불만

② 부적합 보고서

③ 경영검토의 출력자료

④ 내부 심사 보고서

⑤ 데이터 분석 결과

⑥ 품질경영시스템 기록

⑦ 자기 진단

⑧ 만족도 측정의 출력자료

⑨ 프로세스 모니터링 및 측정자료

(3) 시정조치 절차

시정조치 프로세스는 다음 사항을 포함하여야 한다.

① 부적합의 검토
  • 부적합의 중요도(경, 중, 치명) 검토
  • 부적합의 영향정도 평가
  • 유사 부적합의 존재 파악
  • 시정조치의 우선순위 결정
② 부적합 발생 원인의 결정
  • 프로세스 및 시스템 측면
  • 기술적인 측면
③ 부적합의 재발방지를 위한 조치의 평가
  • 개선대책의 제안
  • 주요 개선 대책의 선정
  • 개선 대책의 적합성 평가(실현성, 효과성, 경제성 등)
④ 필요한 조치결정 및 실행(예: 시정조치 책임자의 지정, 기간설정, 계획수립, 실행)

따라서 상기 내용을 기본으로 한 시정조치에 대한 보다 구체적인 시정조치의 프로세스의 내용을 〈표 2-10〉에서 제시하고 있다.

〈표 2-10〉 시정 조치 프로세스 내용

---

① 시정(응급조치)을 취하고, 부적합(고객불만 포함)에 의해 일어난 결과에 조치를 취함
  (예1) 제조 및 서비스 제공 단계에서 부적합 검출된 경우: 제공 중지, 관련 부서 통보
  (예2) 검사공정에서 부적합 검출된 경우: 제공 중지, 식별, 평가, 처리, 통보
  (예3) 클레임이 발생된 경우: 고객과 대응방법을 협의, 대체품 발송
② 부적합의 검토와 분석(부적합 원인을 탐색을 위한 분석)
③ 부적합의 원인 결정
④ 유사한 부적합의 존재여부(수평전개) 또는 잠재적인 발생여부 결정
⑤ 재발방지 대책을 수립 및 실시
⑥ 취해진 시정조치의 효과성 검토(타당성 확인)
⑦ 필요한 경우, 기획 시 결정된 리스크와 기회의 변경
⑧ 필요한 경우, 시정 조치의 결과에 따라 절차의 개정 등 품질경영시스템 변경

---

(4) 분야별 시정조치 대상(사례)

① 설계도면, 시방서, 규격

- 도면상의 각종 수치가 선명하게 표시되지 못함.
- 비현실적인 설계, 개개 부품의 공차와 완제품 조립시의 공차가 상이함.
- 구 도면 사용
- 도면의 개정관리 및 이력 미비

② 기계설비, 치공구, 금형 및 측정기기 등의 장비

- 설비점검 이행 미비
- 지그공구 설치 상태 불량
- 치공구 정리정돈 상태 불량
- 측정설비 관리상태(교정검사) 미흡
- 시험 및 측정장비 미비
- 설비/장비 관리상태 불량
- 설비관리를 위한 현장 환경관리 미비

③ 원, 부자재 및 소모자재 등의 구매

- 원, 부자재를 시험 검사없이 사용
- 원/부자재의 조달 문제로 부적합품의 발생빈도 상승추세
- 공급자에 대한 객관적 평가없이 임의로 자재 조달

④ 조직원/인원

- 조직원이 적정한 기술, 업무 수행력을 갖추지 못함
- 조직원이 관련 품질시스템의 절차(규정, 지침서 등)를 이행하지 못함
- 작업자의 작업 기능도의 저하로 품질에 문제
- 조직의 절차에 의한 교육, 훈련을 제대로 시행치 않음
- 새로운 방식에 대한 연구, 탐색보다 기존의 방식만 고집하는 인원
- 시스템적인 사고방식을 부정하는 조직원
- 자기 고유업무 따로, ISO 업무를 따로 생각하는 인원

3) 점검사항

① 다음 사항을 포함하는 시정조치에 대한 프로세스가 수립되었는가?

- 부적합의 검토(고객불만 포함)
- 부적합의 원인 결정
- 부적합의 재발방지를 보장하기 위한 조치의 필요성에 대한 평가
- 재발방지를 위한 조치의 결정 및 실행
- 취해진 조치의 결과 문서화된 정보 보유
- 취해진 시정조치의 효과성 검토

10.3 지속적 개선

조직은 품질경영시스템의 적절성, 충족성 및 효과성을 지속적으로 개선하여야 한다.

조직은 지속적 개선의 일부로서 다루어야 할 니즈 또는 기회가 있는지를 결정하기 위하여, 분석 및 평가의 결과, 그리고 경영검토의 출력사항을 고려하여야 한다.

——— [출처: KS Q ISO 9001] ———

1) 요점사항

- 지속적 개선 – Lee's PDCA 관리사이클의 제안
- 지속적 개선을 위한 시스템 수준대상
- 지속적 개선을 위한 조치 단계

2) 해설

(1) 지속적 개선–Lee's PDCA 관리사이클의 제안

지속적 개선이란 성과를 향상시키기 위해 반복되어 행해지는 활동으로, 성과지표가 기대한 결과로 이어지지 않는 것을 대상으로 할 필요가 있다. 지속적인 개선은 프로세스를 개선함으로써 달성된다. 이것은 개선기회를 포착할 때까지 문제점을 기다리는 것보다 항상 개선 기회가 있는지 여부를 찾는 지속적인 조치이다. 지속적인 개선을 위해서는 업무의 기본원칙이 지켜져야 한다. 이 업무의 기본 원칙이란 바로 'PDCA 관리사이클'의 과정을 밟아 가는 것이다. 지속적인 개선의 척도는 바로 이러한 과정을 거치면서 얼마나 쉼없이 어느 정도 속도로 회전하는가에 달려 있다.

본 항은 품질경영시스템을 지속적으로 개선해야 할 항목으로서, 적절성, 충족성 및 효과성을 고려할 것을 요구하고 있다. 지속적 개선을 실행 대상은 9.1.3 분석 및 평가, 9.3 경영검토의 출력사항을 중심으로 선정을 고려할 필요가 있으며 지속적 개선을 위한 원동력은 개선 대상들을 품질경영시스템 차원에서의 PDCA관리 사이클을 회전시켜 지속적 개선에 접근할 수 있도록 한다.

다음은 기존의 PDCA 사이클을 본 저자가 새로운 개념을 추가하여 Lee's PDCA 사이클을 제안한다.

Lee's PDCA 관리사이클의 회전

기존의 PDCA 관리사이클을 좀더 구체적으로 이해하기 위해 다음([그림 2-6])과 같이 Lee's PDCA 관리사이클의 신개념도를 통하여 설명할 수 있다. 우선, 관리사이클의 단계인 P – D – C– A에서 P는 계획(Plan)으로 업무의 기획, 계획단계를 말하는

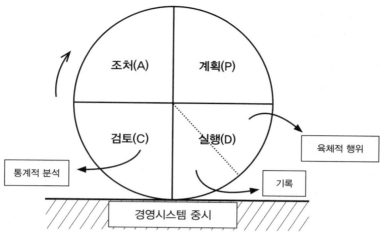

[그림 2-6] Lee's PDCA 관리사이클 신개념도

데, 시스템 수립에서의 P는 프로세스를 수립하거나 문서화하는 것이고, 어떤 업무를 추진하기 위해 작성한 계획서나 품의서 등이 바로 계획단계가 되는 것이다. 이러한 계획을 가지고 실행단계로 옮기는 D는 실시(Do)로 두 가지측면에서 실행을 하는 것이 중요하다. 첫째는 육체적으로 행하는 것이고, 둘째는 이러한 행위에 대해 기록근거를 남겨야 한다는 것이다. 즉 업무를 했다는 것은 육체적 행위뿐만 아니라 그 업무와 관련된 기록을 하는 것까지를 '실시'라고 한다.

다음의 C는 검토, 분석(Check)으로 이는 이미 실행한 것에 대한 기록근거를 가지고 통계적 기법을 이용하여 특성을 파악하고 동향을 분석하는 단계가 된다. 여기서 통계적 기법을 이용하는 것은 합리적이고 객관적인 의사결정을 하기 위함이기에 입력 자료인 기록근거의 진실성이 중요하다는 것을 알 수 있다.

A는 조처(Action)의 단계로 분석결과에 따른 적절한 조처가 이루어져야 한다. 이러한 조처의 대상은 현재적(顯在的) 부적합 사항을 비롯한 잠재적 부적합 사항까지도 도출, 분석, 제거하기 위한 절차가 이루어지고, 다시 피드백 되는 일련의 과정이 지속적인 개선의 기본 원칙이다.

(2) 지속적인 개선을 위한 시스템 수준대상

① 실천적 품질방침 및 목표의 실행, 비교분석, 조처 및 주기적 갱신

② 제품 및 서비스 제공의 적합성

③ 고객불만 및 만족도

④ 품질경영시스템의 성과지표 및 효과성 향상

⑤ 기획의 효과적인 실행 여부

⑥ 리스크와 기회를 다루기 위하여 취해진 조치의 효과성

⑦ 외부 공급자의 성과(품질수준, 경쟁력 등)

⑧ 경영검토 및 경영평가 결과(최고경영자의 검토사항으로 품질동향, 부적합사항 및 시정조치 동향, 고객만족 동향, 내부 심사에 관한 내용으로 전반적인 품질경영시스템을 경영자가 파악할 수 있도록 자료수집과 분석, 대책수립 및 조처사항, 검증결과의 과정을 상세하게 작성된 경영검토 자료 등)

⑨ 조직 내 부적합사항이나 문제점 등은 시정조치를 통하여 지속적인 개선으로 나아갈 수 있다. 조치결과는 타당성 확인이 되어야 한다.

⑩ 품질경영시스템의 개선 필요성

(3) 지속적 개선을 위한 조치 단계

지속적인 개선의 목적을 ISO 9000에서는 '고객과 기타 이해관계자를 만족시키는 가능성을 증가시키는 것'이라고 하며 다음과 같이 개선을 위한 조치단계를 제시하고 있다.

① 현상파악 및 평가

② 개선목표 수립

③ 목표달성을 위한 해결방법의 조사

④ 해결방법의 평가 및 선택

⑤ 선택된 해결방법의 실행

3) 점검사항

① 조직은 품질경영시스템의 적절성, 충족성 및 효과성을 다음 항목에 대하여
지속적으로 개선하는가?

- 품질방침 및 품질목표
- 제품 및 서비스 적합성
- 고객만족도
- QMS성과
- 리스크와 기회의 조치 효과성
- 외부 공급자 성과
- QMS 개선필요성
- 경영검토 등

1. 조직 외부와 내부 이슈에는 어떤 것들이 있는지를 제시하라.

2. 이해관계자란 무엇이며 요구사항들을 제시하라.

3. 품질경영시스템에 필요한 프로세스에 적용을 위한 실행내용을 제시하라.

4. 프로세스의 운용을 지원하기 위하여 문서화된 정보의 유지란 무엇이며 예를 제시하라.

5. 프로세스가 계획대로 수행되고 있다는 확신을 갖기 위하여 문서화된 정보의 보유란 무엇이며 예를 제시하라.

6. ISO 9000 품질경영시템 수립 및 실행에서 최고경영자의 책임과 역할을 설명하라.

7. 최고경영자는 고객중시에 대한 리더십과 실행의지를 실증하기 위하여 보장되어야 할 사항을 제시하라.

8. 최고경영자는 품질경영시스템에 대한 리더십과 실행의지를 어떻게 실증할 수 있는지를 제시하라.

9. 품질방침이란 무엇이며 왜 작성하는지를 설명하라.

10. 품질방침을 수립, 실행 및 유지를 위하여 포함되어야 할 내용을 서술하라. 그리고 방안을 조사하라.

11. 품질방침에 대한 의사소통을 위해서는 어떤 품질방침이 되어야 하는가?

12. 최고경영자가 품질경영시스템을 운용하는 사람에게 부여하여야 할 책임과 권한을 나열하라.

13. 조직의 리스크와 기회를 다루기 위한 선택사항을 제시하라.

14. 품질목표의 조건을 나열하라.

15. 인원의 적격성이란 무엇인가?

16. 기반구조란 무엇이며 예를 제시하라.

17. 프로세스의 운용환경을 인적 요인과 물리적 요인으로 제시하라.

18. 측정에서 소급성이란 무엇인지를 설명하라.

19. 조직의 지식에서 내부 출처와 외부 출처로 구분하여 제시하라.

20. 조직의 관리 하에 업무를 수행하는 인원이 인식하여야 할 내용을 제시하라.

21. 의사소통의 요소를 나열하라.

22. 문서화된 정보로 범주를 설명하라.

23. 문서의 식별에서 관리본과 비관리본은 어떤 의미인지를 설명하라.

24. 문서등록(관리)대장(Master Lister)이란 무엇이며 왜 필요한지 설명하라.

25. 문서와 기록의 관계를 설명하라.

26. 보관문서와 보존문서가 무엇인지를 설명하라.

27. 파일링 시스템이 무엇인지 그리고 목적을 설명하라.

28. 고객과의 의사소통에 포함되는 사항은 무엇인가?

29. 제품 및 서비스에 대한 요구사항의 검토란 무엇인지를 설명하라.

30. 제품 및 서비스에 대한 요구사항의 검토에 해당되는 내용을 서술하라.

31. 설계 입력의 요구사항을 나열하라.

32. 설계와 개발관리에서 설계검토, 설계검증, 설계타당성 확인/실현성 확인에 대한 의미와 추진방법을 설명하라.

33. 설계출력이란 무엇이며 예를 제시하라.

34. 생산과 서비스 제공 시 관리되는 조건에 해당되는 내용을 서술하라.

35. 결과로 나타난 출력이 후속되는 모니터링 또는 측정에 의해 검증될 수 없는 프로세스를 무엇이라고 하며, 이러한 프로세스의 종류 및 관리 방법에 대하여 제시하라.

36. 제품에 대한 식별과 추적성의 의미를 설명하고 이러한 것을 하는 목적이 무엇인가?

37. 부적합(사항)과 부적합품이 무엇인지를 설명하라.

38. 부적합품 관리절차를 설명하라.

39. 고객만족도 조사의 원칙 및 절차에 관하여 설명하라.

40. 내부 심사란 무엇이며, 그 목적에 관하여 설명하라.

41. 검사행위의 조건에 대하여 설명하라.

42. 경영검토를 하는 목적과 주요 검토내용은 무엇인가?

43. 경영검토 입력사항이 무엇이며 어떤 것이 있는지 제시하라.

44. 경영검토 출력사항이 무엇이며 어떤 것이 있는지 제시하라.

45. 품질경영시스템 운영에서 교육훈련의 중요성에 대하여 설명하고, 특히 자격이 요구되는 특수직무 종사자를 나열하라.

46. 프로세스의 효과성과 효율성의 의미를 설명하라.

47. 설계의 신뢰성 및 위험성을 분석하기 위한 기법을 설명하라.

48. 고객의 재산이란 무엇이며 보호방안에 대하여 설명하라.

49. Packaging와 packing의 의미를 설명하라.

50. 교정검사란 무엇이며 그 대상 및 등급에 대하여 설명하라.

51. 시정조치란 무엇이며, 이를 위한 정보출처의 예는 무엇인가?

52. 시정조치를 위한 절차를 제시하라.

참 고 문 헌

곽수일,《현대 생산관리》, 박영사, 1993.

기술표준원,《KS A 9000 : 2001 패밀리규격 해설집》, 2001.

박지혁,《ISO 9001: 품질경영시스템을 위한 24가지 포인트》, 한국표준협회미디어, 2017.

신재섭, "고품질로 21세기를", 한국표준협회, 1998.

안상형 외,《현대품질경영》, 학현사, 1998.

우창명,《리스크, 불확실성 시대의 품질경영》, 우리경영혁신연구소, 2016.

유영준,《품질환경 경영혁신》, 미래경영컨설팅, 1997.

이무성 외,《신편품질관리》, 학문사, 1999.

정규택 외,《품질경영시스템 2000》, 한국경영진단연구원, 1999.

지만원, "시스템경쟁력을 기르는 길",《품질경영(KSA)》, 1999. 5월, pp. 42-43

한국표준협회,《ISO 9001 : 2000 패밀리 규격 전환과정》, 2001.

한국표준협회,《ISO 9001 : 2015 시스템 전환 실무》, 2016.

한국품질인증센터,《프로세스접근방법의 이해와 적용》, 2001.

홍종인,《ISO 품질경영시스템 혁신 가이드》, 한국표준협회미디어, 2009.

황의철,《품질경영》, 박영사, 1993.

Robert Damelio,《The Basics of Process Mapping》, PRODUCTIVITY, 1996.

ISO 9000: Quality management system – Fundamentals and vocabulary(2015)

ISO 9001: Quality management system – Requirements(2015)

ISO 9004: Quality management system – Guidelines(2000)

KS Q ISO 9000: 품질경영시스템-기본사항과 용어(2015)

KS Q ISO 9001: 품질경영시스템-요구사항(2015)

http://standard.ksa.or.kr

http://techno.smba.go.kr

http://www.isokr.com

http://www.isosky.com

http://www.ktl.re.kr

http://www.sistem.co.kr

찾 아 보 기